NIL ET DANUBE

NIL ET DANUBE

SOUVENIRS D'UN TOURISTE

ÉGYPTE, TURQUIE, CRIMÉE, PROVINCES-DANUBIENNES

PAR

M. J. D. DE BOIS-ROBERT

ILLUSTRÉ DE 12 GRAVURES A DEUX TEINTES

et d'un très-grand nombre de vignettes sur bois

PAR J. B. ARNOUT PÈRE ET CAREY.

PARIS

LIBRAIRIE DE A. COURCIER, ÉDITEUR

9, RUE HAUTEFEUILLE, 9

CHAPITRE PREMIER

Un avis au lecteur à propos de la question d'Orient. — Le vieux neuf. — Que la question d'Orient est vieille comme le monde. — Ce que nous verrons du Nil au Danube. — Esquisses et tableaux de genre.

RIENT! Voilà un mot magique et qui, depuis les premiers jours de l'humanité, domine toute histoire, toute poésie, hélas aussi toute politique.

Un diplomate spirituel, on dit qu'ils le sont tous, entendait, il y a quelques mois, dire autour de lui, à propos de l'alliance anglo-française : Enfin, voilà la question d'Orient qui va se dénouer. — Non, répondit-il, voilà qu'elle commence.

Erreur des deux parts. La question d'Orient ne commence ni finit : elle a toujours existé. Berceau de l'humanité, source de toute population, de toute civilisation, patrie du soleil et témoin immuable des premières communications entre Dieu et la créature, l'Orient a

1

gardé, entre tous les lieux habités par l'espèce humaine, un caractère spécial et comme sacré. Il est resté le but où tout retourne, comme il fut la source d'où tout découle.

C'est dans les pays du Nord que les fils de la race caucasienne ont fait le rude apprentissage du travail : c'est sous les glaces du pôle et dans les forêts humides du centre de l'Europe qu'ils ont appris à lutter contre les difficultés de la vie. Mais toujours, après ce stage de misère féconde, après ces enseignements de la douleur et de la nécessité, ils ont pris leur route vers l'Orient, comme si là était la récompense de leurs efforts. Ils savaient vaguement que le soleil, plus fécond à sa source, répand dans les contrées de l'aurore des trésors de vie inconnus aux autres climats ; ils savaient que la nature y traite l'homme en enfant gâté, qu'elle lui prodigue ses dons les plus précieux.

Aussi, voyez, du jour où naît l'histoire, c'est-à-dire du jour où se produisent les premiers chocs des races différentes, l'histoire est tout entière dans la lutte de l'Orient et de l'Occident. La légende mystérieuse de Bacchus, conquérant de l'Inde, le poétique récit de la guerre de Troie, les formidables conquêtes de Cyrus, d'Alexandre, les croisades, tous ces grands faits ne sont que des phases diverses de la question d'Orient. A chacune de ces invasions du Nord correspond une réaction de l'Orient. Brahma, les Pélasges fondateurs de Troie, Darius, Xerxès, Artaxerce Mnémon, Bajazet, Mahomet, Saladin ne sont que les représentants de l'Orient cherchant une revanche.

La question est vieille, vous le voyez : remarquez seulement que, dans ce long duel, l'Orient est toujours le vaincu.

Or, le grand chemin de la lutte, à toutes les époques de l'histoire, c'est la Méditerranée, tantôt à son extrémité occidentale, là où elle s'ouvre sur l'Océan, tantôt à son extrémité orientale, là où elle se ferme en mers intérieures, mettant en présence, comme sur deux rivages opposés, les deux éternels adversaires.

Ceci vous explique pourquoi tout peuple qui se sent l'énergie de la lutte, que ses destinées appellent à l'expansion et à la puissance, commence inévitablement par prendre position sur cette mer, par s'emparer d'un point quelconque de ses côtes. Tantôt c'est Troie ou Athènes, tantôt Tyr ou Sidon, Carthage ou Gadès, Marseille ou Syracuse, Rome ou Alexandrie, Constantinople ou Sébastopol, Alger, Malte, Rhodes, Smyrne, Gênes ou Venise; il faut avoir un pied sur ces rivages pour peser dans la balance du monde.

Eh bien! aujourd'hui, il est arrivé ceci, à savoir qu'une seule domination, qu'une puissance sans contre-poids est impossible. Chacun des peuples favorisés peut avoir sa part, mais rien de plus. Les intérêts se font équilibre et se réunissent nécessairement contre qui tend à faire pencher la balance. Or, Constantinople est située d'une façon si privilégiée sur cette mer qui porte les destinées du monde, que celui qui la posséderait et qui joindrait à cet immense avantage une puissance d'expansion, une énergie de jeunesse redoutable, aurait infailliblement l'empire de l'univers.

En deux mots, voilà pourquoi la Russie n'aura pas Constantinople. Hâtons-nous d'ajouter qu'elle n'a peut-être pas eu un instant l'idée de s'en emparer.

Ceci dit, comme je n'ai pas la prétention de discuter gravement et lourdement les questions politiques du jour, je me contenterai de vous apprendre ce que, moi aussi, j'allais voir en Orient quelques mois avant qu'une lutte nouvelle ne s'engageât, qu'une nouvelle passe du duel sans fin n'attirât l'attention du monde. J'allais voir, et vous le verrez avec moi, où en étaient les acteurs de cette lutte, qui d'entre eux représentait la civilisation, qui la barbarie. J'allais, sans parti pris, en touriste curieux, demander aux uns ce qu'ils avaient fait de leur patrimoine, aux autres quels droits leur génie, leur intelligence, leur sociabilité, leur énergie propre leur donnaient à accroître leur part d'héritage.

C'est donc un voyage rapide à travers la Méditerranée orientale, une étude sans prétention des mœurs, des caractères, des localités que j'offre ici au lecteur. Il verra dans toute leur naïveté mes impressions en présence des nationalités diverses placées en présence sur les confins de l'Asie et de l'Europe.

Du Nil au Danube, nous rencontrerons ensemble l'Orient immobile et l'Orient qui s'élève à la civilisation moderne, l'Orient dégénéré et l'Orient plein de sève. Quelques croquis pris sur le vif, quelques tableaux de genre esquissés sur place vous en diront plus que bien des dissertations pédantes.

Je ne dirai pas tout ce que j'ai vu, et cela pour une foule d'excellentes raisons, dont voici peut-être la meilleure : *A beau mentir qui vient de loin*, dit la sagesse des nations, et Sancho répondrait : Qui veut trop prouver, ne prouve rien. Rechercher parmi ses souvenirs les plus excentriques, pour en décorer la narration d'un voyage, c'est donner une fausse idée des choses inconnues au lecteur, mais surtout c'est exciter sa défiance. Je me contenterai

donc de vous raconter de l'Orient ce que j'en ai vu de plus simple
et de plus croyable :

Car à Paris on me prendrait
Pour un vieux conteur de voyage,
Qui nous dit d'un air ingénu
Ce qu'il n'a ni vu ni connu,
Et qui nous ment à chaque page.

CHAPITRE DEUXIÈME

Our le Français, l'Italie est la préface naturelle de la Grèce. C'est dans notre Méditerranée provençale que, par des nuances insensibles, l'œil et l'esprit passent de notre civilisation raffinée à la civilisation primitive. La Corse prépare à l'Italie, l'Italie à la Grèce, la Grèce à la Turquie : et la Turquie elle-même n'est autre chose qu'un coin d'Asie oublié en Europe.

Ce n'est donc pas par les chemins de fer de l'Europe centrale que je voulais aborder l'Orient. De ce côté, grâce à l'extrême rapidité qui efface les nuances, les transitions disparaissent. Hier, on se promenait à Vienne, sur le Prater ou sous les frais ombrages du Thiergarten : aujourd'hui on galope à travers les steppes, et un postillon bulgare vous mène vers une ville aux minarets découpés, aux coupoles éclatantes, à une ville de l'Orient.

Je résolus donc de commencer mon voyage de la façon la plus vulgaire, et de m'embarquer sur un des excellents bateaux à vapeur de la compagnie Bazin à Marseille. En huit jours j'avais vu Gênes la superbe, la ville aux rues de palais, Livourne, l'active commerçante, et j'avais rendu une visite d'ancien ami au baptistère, à la tour penchée et au Campo-Santo de Pise. Après une halte de quelques heures dans la triste Civita-Vecchia, le bateau à vapeur me reprit et me déposa à Naples sur le quai de la Chiaja. C'est toujours là que, dans mes excursions maritimes sur les flots du lac italien, je vois les premiers orangers, les premiers citronniers vigoureusement nourris par la terre et par le soleil. C'est là qu'est pour moi la capitale de ce beau pays de Mignon « où les orangers fleurissent ; » c'est là enfin que s'ouvrent au voyageur les premières perspectives de l'Orient.

Assez d'autres vous ont dit les charmes de la belle Parthénope, cette ville grecque oubliée en Italie ; assez d'autres ont décrit les hauteurs enchantées de Castellamare, le majestueux Pausilippe et les splendides points de vue du golfe de Naples. Je me contente d'admirer une fois de plus cette ville dont il a été dit : Voir Naples et puis mourir, *Veder Napoli e poi morir.*

Au lieu de continuer ma route vers l'Orient par les échelles accoutumées des paquebots, j'avais conçu le projet de me préparer insensiblement à l'Orient, craignant toujours de brusquer les transitions et de perdre par là le sentiment intime de ces affinités secrètes qui relient les peuples les uns aux autres sans les confondre. Je partis donc de Naples sur le *Palermo*, vapeur italien qui, en vingt heures, me jeta sur les côtes de Sicile, après m'avoir montré en passant Caprée, l'antre de ce lion terrible qu'on nommait Tibère, Caprée l'inexpugnable avant Lamarque. Après une nuit délicieuse passée sur le pont du *steamer*, sous les étoiles d'Italie, plus pures et plus brillantes que notre lune du Nord, les premiers rayons roses du matin me montrèrent le *Capo di Gallo* en face de moi et derrière, à l'horizon chargé de vapeurs d'un gris doux qui s'élevaient de la mer, les pitons estompés des Calabres.

La Sicile, cette vieille patrie des Pélasges, des Cyclopes et des Lestrygons, tant de fois couverte des colonies Doriennes et Ioniennes accourant de l'Asie à la conquête de l'Europe, la Sicile Carthaginoise, dominée plus tard par les barbares de Genseric et par les sultans Fatimites, a été un des théâtres de la guerre éternelle entre l'Orient et l'Occident. Aussi a-t-elle conservé quelque chose d'oriental dans ses habitudes, dans son esprit, comme elle a certains aspects de l'Asie et de l'Afrique arabe dans son climat.

Le panorama de Palerme est à mon sens plus curieux, plus étendu, plus riche que celui même de Naples. Sans doute le golfe de Naples n'a rien ici qui l'égale : mais l'admirable vallée tout africaine de la Conca d'Oro, les ombrages vigoureux de l'Olivezza et de la Flora se découpant sur les croupes dorées des montagnes donnent à *l'heureuse* Palerme, *Palermo felice*, une incontestable supériorité sur les paysages qui entourent sa rivale italienne.

Mais surtout ce qui donne aux vues de la Sicile une majesté, une beauté indéfinissable, c'est la lumière, cette chaude lumière qui les revêt. Qu'est-ce donc que notre pâle soleil, tout frissonnant, tout embrumé, à côté de ce soleil de feu qui inonde les objets de ses chaudes effluves, qui donne au roc le plus nu des apparences de richesse et de vie, qui pénètre et anime l'ombre elle-même ! Soleil de l'Orient, qui sembles retrempé dans ta source de chaleur et d'éclat, c'est en Sicile que tu m'apparus toujours pour la première fois lorsque je m'élançais de notre froide Europe vers l'Afrique ou vers l'Asie.

Certes, l'Italie est aimée du soleil. Il couronne comme à plaisir les hauteurs de Gênes la superbe, il se joue comme un ami dans les flots de l'Arno, il n'épargne pas ses baisers à Naples, la belle paresseuse : mais, si faible que soit la distance, il y a dans la lumière du soleil sicilien un fauve éclat que vous chercheriez en vain par toute l'Italie. Sous ses rayons, tout est transparent, même la pierre : aucun voile n'est étendu entre l'homme et le ciel, et on comprend qu'ici l'homme dans l'antiquité crut se sentir incessamment en communication avec les dieux.

A Palerme finissait pour moi la navigation à vapeur : car je n'étais pas venu là pour retourner à Naples. Après une visite à l'Etna, ce volcan gigantesque auprès duquel le Vésuve n'est qu'un joujou, je partis pour Syracuse.

De l'intendance de Catane, car c'est cette intendance qui possède en toute propriété le volcan, j'avais, pour gagner Syracuse, à contourner la côte orientale de la Sicile, sur une longueur de douze lieues environ. Malgré le mauvais état de la route, je préférais les hasards d'une journée de marche à la course en *speronare* : car, bien qu'en ait dit un spirituel conteur, ces charmantes barques siciliennes vous mènent souvent partout ailleurs qu'à l'endroit désigné.

D'ailleurs, ce coin de Sicile vu dans tous ses détails, comme on voit un pays qu'on traverse à pied, devait m'en dire plus long sur la vieille île des Sicanes que la pittoresque revue d'une côte à peu près déserte.

La Sicile a avec l'Afrique, avec l'Orient si vous voulez, un autre rapport que celui du climat, et ce rapport c'est la richesse exubérante du sol jointe à la misère la plus profonde, à la stérilité factice créée par la paresse et par la barbarie. Jamais l'œuvre de Dieu ne fut plus grande, plus féconde ; jamais la main de l'homme ne donna un démenti plus complet aux largesses du Créateur. La décadence de la Sicile, ce vieux grenier de Rome, ce trésor inépuisable des Carthaginois, est comme un avant-goût de la décadence de l'Orient. Les causes, les résultats sont les mêmes.

Ici, par exemple, dans cette plaine de Catane, à quelques lieues de la moderne *Siragossa*, qui vous cache l'antique Syracuse, s'étalaient autrefois les jardins embaumés de Gélon et du tyran Denys. Sur ces collines, aujourd'hui dépouillées, autrefois vertes et ombreuses, blanchissaient les villas des proconsuls romains. Je cherchais à recomposer par la pensée ces splendeurs disparues, lorsque mon guide et les deux ânes qui nous servaient de montures (je me hâte de dire qu'en Sicile l'âne n'a rien de trivial et qu'il ne ressemble en rien au quadrupède que nous connaissons en France sous ce nom), s'arrêtèrent d'un commun accord sur la rive sablonneuse d'une petite rivière dont je devinai l'embouchure à l'horizon. Tout est prétexte au Sicilien lorsqu'il a décidé qu'il doit se reposer : aussi, bien que partis de bon matin nous eussions pu arriver avant le soir à Syracuse, mon guide, fort de l'obstacle peu sérieux que nous opposait ce filet d'eau, dessangla ses bêtes, s'assit à l'ombre d'un monticule de sable, dégusta en connaisseur une gorgée de gros vin, contenu dans une *botteya* garnie de cuir, rongea une croûte de pain bis-noir rehaussée d'un angle de fromage dur comme un caillou, et s'endormit avec béatitude.

Force était de se résigner. Je voulus au moins mettre à profit cette halte pour interroger ces solitudes. Je remontai le cours de la petite rivière et m'enfonçai dans les arides broussailles qui croissaient sur ses bords. Je n'eus pas fait cinq cents pas que je vis la rivière creuser un port spacieux dans sa rive, et je me trouvai bientôt au milieu de colonnes renversées, de fûts gisants à terre, de débris de toute sorte. C'était là, évidemment, le cadavre d'une ville autrefois florissante. Une végétation sauvage et des marais aux effluves mortelles, recouvraient ces vestiges d'une ancienne splendeur.

Quelle admirable solitude, mais quelle désolation dans ces monceaux de briques, dans ces murs renversés, dans ces dalles sortant du sol comme le bras d'un homme mal enseveli ! Je m'avançai vers une éminence où l'œil distinguait encore l'enceinte circulaire d'un théâtre, un de ces théâtres romains qui renfermaient des multitudes, et dont la mer, les bois et les montagnes formaient les sublimes décorations. Des débris du gros mur de soutènement, les Normands et les Génois avaient bâti une petite tour ronde qui servait sans doute à observer et à protéger cette partie de la côte. J'y montai. Aussi loin que la vue pouvait s'étendre, je n'apercevais devant moi que la mer bleue, tout étincelante de soleil, et à mes pieds la dune déserte, la campagne aride, silencieuse. La vie s'était retirée de la terre : elle était restée dans les flots qui, aujourd'hui encore, comme au temps d'Archias l'Héréclite, des Phéniciens, des Carthaginois ou des Romains, roulait régulièrement ses longues lames. Une compagnie de perdrix courait dans les buissons d'arbousiers, le long de la rivière : un héron se tenait immobile entre deux lauriers-roses au bord du marais, et plus loin, nos deux ânes broutaient avec résignation les maigres bruyères qui tachaient le sable. Quant à l'homme, ni sa présence ni ses œuvres n'animaient cette scène désolée. C'était le désert, mais le plus triste de tous les déserts, celui qui recouvre la civilisation.

Et voilà, malheureusement, ce que nous trouverons trop souvent dans l'Orient, dans tous les pays aimés du soleil. Les magnificences de la nature y sont attristées par les misères de l'homme, par les terribles contrastes du présent et du passé. Sous ces climats privilégiés, il semble que le ressort de la volonté humaine soit brisé. Bien des ruines se sont faites sur le sol de notre Europe occidentale ; mais l'énergie de l'homme les a toujours relevées. Le travail a métamorphosé en plaines fécondes une terre souvent ingrate. Eh bien ! le mot des ruines de l'Orient, le secret de ses misères, c'est la paresse qui courbe l'énergie humaine et la rend esclave des forces de la nature. Le secret de la régénération de l'Orient, c'est l'infusion du principe vital de la civilisation européenne, c'est *le travail*.

Voilà ce que je me disais à moi-même en descendant de ma tour en ruines, et en regagnant la dune où dormait comme un bienheureux mon guide, amateur forcené de sieste et de *far niente*, qui personnifiait assez bien à mes yeux l'Orient endormi dans la misère et dans l'incurie. Je réveillai le drôle qui ressangla en murmurant nos montures, nous passâmes à gué la petite rivière, et, trois heures après, nous entrions dans Syracuse.

Placée sur la côte orientale de l'île aux Trois Pointes, Syracuse n'est qu'à vingt-cinq lieues de Malte, et à Malte j'étais sûr de trouver des occasions pour tous les points de l'Orient. Je pris donc place sur une petite felouque qui portait à Malte une cargaison d'oranges et de melons d'eau, et je me confiai au dieu qui veille sur les flots plutôt qu'à la vigilance et à l'adresse des matelots siciliens chargés de nous conduire.

Le matelot italien se distingue entre tous par son insigne paresse. Il est ingénieux à éviter le travail et dépense plus d'efforts d'imagination pour arriver à ne rien faire qu'il n'en faudrait pour s'acquitter d'une tâche.

S'agit-il de larguer une manœuvre : « Oh ! Carmel ! » s'écrie le patron de la barque. « Oh ! Artese ! » crie à son tour le matelot interpellé. « Andiam' Ognisanti ! » répond le troisième, jusqu'à ce qu'enfin l'ordre arrive jusqu'au souffre-douleur, jusqu'au *slavo* de l'équipage, celui qui travaille pour tous.

J'avais eu raison de me méfier de mon équipage. Une dure brise du sud qui nous contrariait depuis le départ, mais qui n'eut pas suffi à dérouter des marins sérieux, nous poussa d'abord en plein détroit de Messine, puis vers les *Lipari*. Je ne le regrettai pas, car ce coup de vent me fit passer pendant la nuit sous les jets éblouissants du phare gigantesque allumé dans ces parages par la main de la nature.

Ce phare des nuits n'est autre chose que *Stromboli*. Ainsi l'on nomme le cratère toujours fumant d'une petite île volcanique du même nom, l'une des *Lipari*. Stromboli paraît n'avoir d'autre mission que celle de guider les vaisseaux allant de Naples à Messine. Le cône du volcan a près de trois lieues de circonférence, et s'élève à sept cents mètres environ au-dessus du niveau de la mer.

La brise redevenue maniable, notre coquille de noix reprit sa route et le lendemain soir nous arrivions à Malte.

Débarqué à la cité Valette, je m'assurai d'une chambre à *Clarence Hôtel*, et, comme il me restait encore une heure de jour, j'en profitai pour jeter un rapide coup d'œil sur la ville.

Malte n'a rien d'imposant ou de coquet. Elle apparaît à l'œil, sortant des flots bleus, comme une grande pierre blanche, oblongue, assise gigantesque et isolée d'une construction interrompue. On approche, et la ville se dégage de ce bloc mat, une ville qu'on dirait taillée dans la pierre, avec des arêtes vives, un profil sec et coupant. Pas un arbre n'égaie cette monotone muraille.

L'intérieur de l'île répond à ces approches : c'est un bloc de pierre blanche, réduite en poussière tenue par un soleil africain.

Malte placée à vingt-cinq lieues de la Sicile, à soixante lieues de la côte d'Afrique, est un de ces points privilégiés dont je vous parlais à propos des luttes de races et de continents. Sa position centrale dans la Méditerranée la rendit le point de mire des Phéniciens, des Carthaginois, des Romains, des Vandales. Les empereurs grecs l'arrachèrent aux barbares, les Arabes la possédèrent ; puis après

eux les Normands. Tour à tour conquise par l'Allemagne, donnée aux défenseurs de la chrétienté, elle appartient aux Anglais qui ont compris son importance. C'est une des stations stratégiques de la question d'Orient.

Ce qu'on appelle la campagne à Malte, c'est une suite de petits murs, de petites maisons blanches, alignées sur une route poudreuse. Pas un bouquet d'arbres, pas une touffe d'herbe verte pour reposer l'œil. Seulement, à l'intérieur de ces maisons, entre quatre murs torrides, se cachent de petits jardins grands comme les squares des plus petits carrefours de Londres. Là, s'étale une végétation luxuriante, digne des tropiques, mais toute artificielle. Il a fallu aller chercher ce peu de terre en Sicile. C'est dans ces oasis en miniature que se récoltent de délicieux melons, que poussent de petits figuiers aux figues savoureuses, des orangers célèbres, mais fort rares et dont assurément les fruits ne viennent jamais en France. Aussi vous ai-je dit que la felouque syracusaine qui m'amenait apportait des oranges à ce pays des orangers.

J'avais le choix à Malte de steamers touchant la côte d'Égypte, ou passant directement par les ports grecs et par Constantinople. Je me décidai pour l'Égypte : mais le *Packet* ne devait passer qu'au bout d'une quinzaine. Je me résolus d'employer ces longs jours. Un grand brigantin Maltais chargeait du blé pour la Grèce : les premières inquiétudes, les premières difficultés d'une lutte prochaine, la récolte compromise dans la plus grande partie de la Grèce, toutes ces causes réunies renversaient étrangement les habitudes du commerce. Car, ordinairement, ce sont les bâteaux grecs qui apportent du blé dans la Méditerranée occidentale.

Le mauvais temps, qui s'annonçait dès mon départ des côtes de Sicile, ne fit que s'aggraver dès que nous eûmes levé l'ancre. *Le Charpentier africain*, ce terrible *Notus* qui dispersait et fracassait autrefois les vaisseaux d'Énée, et qui aujourd'hui encore brise tant de mâts et sème tant d'épaves sur les rivages de l'Adriatique, nous poussa rapidement vers le nord. Heureusement ce n'étaient plus des Siciliens qui conduisaient notre barque : nos Maltais, commandés par un patron écossais, n'étaient pas gens à avoir peur d'un coup de vent.

Il nous fallut toutefois ranger de plus près que nous ne l'aurions voulu les rivages de la Dalmatie.

Cette côte dalmate où je ne devais pas aborder, ces abruptes flancs de la Montagne-Noire que je comptais bien visiter plus tard en revenant de Turquie en Autriche, m'apparurent avec la physionomie que leur a prêtée si justement le poëte latin. C'est bien là une mer figée, servant de rivage à la mer véritable :

Rara nec hac felix in apertis eminet arvis
Arbor, et in terra est altera forma maris.

Seulement peut-être Ovide a-t-il exagéré l'image en exhaussant outre-mesure, au profit de l'effet poétique, ce que l'on voit des montagnes dalmates en les côtoyant par mer. Au lieu de ses murs escarpés, de ses *bras* de rochers s'élevant subitement à l'œil : « *Subita montanæ brachia Dalmatiæ,* » je n'aperçois qu'un rideau de petites îles dessinant une côte anguleuse. La terre se montre derrière sous forme d'une longue ligne grisâtre, avec des mamelons bas et onduleux.

Au loin seulement, une ligne d'un bleu noir se découpe dans le ciel : ce sont les Alpes de Dalmatie, c'est le *Tsernogore* ou *Montenegro*.

En attendant, il faut veiller à la barre. Le vent nous pousse avec persistance vers cette rangée de *scogli* (écueils) qui semblent plantés dans la mer pour arrêter la quille des navires. Ces écueils sont la demeure d'une pauvre race qui vit maigrement de la pêche : ils étaient autrefois le repaire de ces terribles bandits de l'Adriatique, les *Uscoques*.

Uscoque, uscocco, vient du dalmate *scoco*, et signifie transfuge. Descendus des montagnes de l'Albanie, échappés à la domination des Turcs, ces farouches émigrés faisaient à leurs anciens maîtres une guerre terrible. L'Autriche, qui se servait d'eux pour la défense de ses villes de l'Adriatique, fermait les yeux sur leurs pirateries. Car, du fond du golfe de Carnie, la rapide felouque de l'Uscoque s'élançait indifféremment sur les tartanes ottomanes ou sur les bricks pesants du marchand istriote ou dalmate.

Ainsi, à chaque pas fait dans la Méditerranée, nous nous heurtons à des lieux témoins de la guerre acharnée qui toujours divisa le monde. Car cette Dalmatie, autrichienne aujourd'hui et peuplée d'Esclavons ou Slaves, a été longtemps la frontière de l'Orient en Europe, le sanglant théâtre des luttes entre le Hongrois chrétien et le Turc.

Aujourd'hui encore, au milieu de ces montagnes noires que j'aperçois à l'horizon, habite un petit peuple chrétien dont les fusils sont toujours braqués sur la Turquie. Seulement, singulière transformation des races, c'est le Monténégrin, c'est le chrétien qu'on pourrait appeler le barbare, à plus juste titre que son adversaire.

Nous descendons enfin vers l'Albanie et vers la Grèce. Le vent s'est apaisé. Le brigantin coupe la lame et, trois jours après notre départ, nous rangeons les îles Ioniennes.

Les îles Ioniennes sont au nombre de sept, d'où leur vieux nom de république septinsulaire. C'est d'abord Corfou, puis Paxos, Sainte-Maure, Ithaque, Céphalonie, Zante et Cérigo.

Dans Cérigo, reconnaissez s'il vous plaît Cythère ; dans Zante, Za-

cynthe; dans Sainte-Maure, Leucade; dans Paxos, Éricuse; et enfin
Corcyre dans Corfou.

C'est la Grèce, mais la Grèce morcelée, dégénérée, esclave.
Là-bas à l'horizon, c'est encore la Grèce antique, mais tombée aux
mains de la Turquie. Ici, c'est une station militaire et politique de
la Grande-Bretagne. Mon patron écossais trouve tout cela tout
simple, et se réjouit de voir l'ancien archipel hellénique aux mains
de l'Angleterre. « Qu'est-ce qu'ils feraient, *dear sir*, de ces îles, ces
rufians de Grecs, des nids à pirates. »

Voilà l'avis de mon Écossais, et qui sait, s'il n'a pas raison.

L'ensemble des îles Ioniennes, avec les îlots et rochers qui en
dépendent, forme une chaîne qui borde les côtes de l'Albanie et de
la Morée, depuis Butrinto (l'antique *Buthrotum*) au nord, jusqu'au
cap Matapan au sud. Corfou, leur capitale, a été comme la Sicile,
comme Malte, disputée par tous les conquérants de la Méditerranée.
Soumises par Alexandre le Grand, puis par les Romains, elles firent
partie de l'empire d'Orient. Puis elles tombèrent au pouvoir des
rois normands de Naples, passèrent sous le joug des Vénitiens,
et eurent à subir les attaques toujours victorieusement repoussées
de la Turquie.

C'est un peu à la domination de Venise qu'il faut attribuer la
cause des détestables habitudes, des penchants barbares de la
population de ces îles. Car, enfin, il faut bien le dire, la majorité
de la population grecque y justifie amplement l'énergique appellation de mon patron écossais.

Si l'on veut être juste, et ne pas trop s'étonner de la mauvaise
foi et de la perfidie cruelle des Ioniens, il faut se rappeler ce qu'a

été longtemps pour eux la domination étrangère. Les maximes du gouvernement de Venise, par exemple, sont ainsi résumées par Fra Paolo Sarpi, membre du conseil des Dix, et historien de l'administration vénitienne :

« Dans les colonies, se souvenir qu'il n'y a rien de moins sûr que la foi grecque. Être persuadé qu'ils passeraient sans peine sous le joug des Turcs. *Les traiter comme des animaux féroces*, leur rogner ongles et dents, *les humilier souvent, surtout leur ôter les occasions de s'aguerrir ! Du pain et le bâton*, voilà ce qu'il leur faut ; gardons l'humanité pour une meilleure occasion. »

Et cependant il y avait, il y a encore d'admirables qualités dans cette race grecque abâtardie par une longue décadence. Nous sommes trop portés à oublier, nous autres Européens : nous vivons si vite. Mais enfin, ils ne sont pas si loin de nos esprits, les souvenirs de cette rude guerre de l'indépendance qui révéla chez ces Grecs, si longtemps écrasés par une domination étrangère, un ressort inespéré.

Tenez, là, en face de nous, derrière la pointe nord-est de cette petite île de Paxos, l'une des Ioniennes, voyez-vous une côte abrupte, montagneuse, sévère, brusquement creusée. C'est la côte de Roumélie, c'est Janina, le sombre rivage où les anciens plaçaient l'Achéron. A côté de Paxos, en suivant la côte de l'œil, vous apercevrez une petite citadelle blanche, perchée sur un rocher.

C'est Parga. Parga ! Ce nom qui ne dit rien aux jeunes générations, comme un jour il fit bondir nos cœurs. Quels élans, quand nous lisions ces beaux vers de Delavigne ou de Viennet, inspirés par l'héroïque révolte de la Grèce ! La Grèce elle-même, la Grèce tout entière, c'était alors un sujet de poésie généreuse, enthousiaste, indignée. Poëtes, historiens, hommes d'État, capitaines, nous applaudissions tous cette belle morte qui sortait tout à coup de son cercueil. Rois, peuples, soldats, tous dans notre Occident civilisé, nous prenions part à ces joies et à ces douleurs de la nouvelle Athènes, de Lacédémone rajeunie.

Et quelle épouvante, quel serrement de cœur, je me le rappelle, à cette nouvelle horrible : Parga est prise ; elle est au pouvoir des Turcs ! Et nous redisions avec le poëte :

> Armons-nous, armons-nous ! courons à nos frontières !
> Cent guerriers de Parga valent mille Ottomans.
>   A leurs phalanges meurtrières
> Disputons pas à pas nos rochers et nos champs.
>   Ne les cédons à leurs bannières
> Qu'ils ne soient tout couverts de cadavres fumants ;
> Et s'il faut dans nos murs nous chercher un asile,
>   Si pour les fermer au vizir,
>   Notre vaillance est inutile,
> De l'antique Sagonte apprenons à mourir.
> Que dans notre ville embrasée
> La flamme par nos mains soit partout attisée :
> Qu'il ne reste de nous qu'un brillant souvenir ;
> Et faisant à Parga de nobles funérailles,
>   Sous les débris de nos murailles,
>   Jurons de nous ensevelir.

De tous ces beaux enthousiasmes, me direz-vous, qu'est-il sorti ? Un petit peuple hargneux, indocile, mal policé, ambitieux, sans énergie et sans puissance, une difficulté politique. Cela est vrai, mais ce petit peuple, nous lui devions tant, car son pays, c'est la Grèce.

C'est à la Grèce, mais c'est surtout à Athènes, que nous devons la plupart des connaissances qui font notre orgueil, et cette civilisation moderne qui s'étend sur le monde entier. C'est en interrogeant ces ruines, en fouillant ce sol fécond, qu'on en a fait jaillir des sources d'intelligence et de goût qui ont abreuvé l'Europe moderne. L'Italie d'abord, la France après elle, toutes les nations ensuite ont participé à cette régénération, et la chute de l'empire grec a été le signal d'une ère nouvelle pour l'esprit humain.

Après cela, si nous n'avons ressuscité qu'un fantôme, si la Grèce de Navarin ne sera jamais celle de Salamine, ne nous en plaignons pas trop. Nous avons rempli un devoir et donné un bon exemple à l'avenir.

Il y a vingt-quatre ans que la Grèce, redevenue une nation, a retrouvé sa place en Europe. Depuis ce jour, les puissances protectrices, et surtout la France si désintéressée en Orient, ont suivi ses premiers pas avec sollicitude. C'était un petit peuple, mais faut-il mesurer les peuples à la taille? Et celui-là n'avait-il pas pour se grandir un passé gigantesque? Ne pouvait-il retrouver dans sa seconde enfance les gloires de son premier berceau?

On le crut un instant. La Grèce dégénérée revint à la langue d'Homère. Athènes, qui n'était qu'un misérable village, devint en quelques années une ville de trente mille habitants. Il restait à la Grèce à changer ses armatoles en officiers, ses palikares en soldats, ses pirates en matelots, ses klephtes en agriculteurs. C'est à peine si elle a su le faire, et nous assistons à ce curieux et instructif spectacle de la Turquie s'élevant à la civilisation quand la Grèce s'obstine dans la barbarie.

Mais que de chemin à faire des deux côtés pour arriver à une civilisation comme celle de la France ou de la Grande-Bretagne. Mon patron écossais, homme de sens, mais ne doutant de rien en sa qualité d'Anglo-Saxon, prétendait que la vapeur précipitera cet avénement de la civilisation occidentale et que, sous peu d'années, Grèce et Turquie devront entrer de concert dans le tourbillon de l'Europe.

Cet honnête *Mac* pourrait bien avoir raison : la formule sociale au xixe siècle a en effet quelque chose de singulièrement absolu dans ses termes, et on pourrait l'écrire à peu près ainsi : Se civiliser, ou mourir.

Et déjà quels progrès accomplis sur cette côte d'Albanie qui blanchit à babord de mon léger brigantin ! La vapeur a fait ici une révolution profonde, et cette révolution, ce qu'on ne sait pas bien encore, s'est accomplie tout entière au profit de l'Angleterre et surtout de l'Autriche. Il y a quelques cinquante ans seulement, Marseille avait le commerce de l'Epire par Arta et Prevesa. Pendant les grandes guerres du commencement de ce siècle, Malte hérita de nos dépouilles, et, depuis 1843, l'Angleterre et l'Autriche nous ont tout à fait remplacés.

Mais bientôt l'Autriche l'a emporté sur l'Angleterre. L'établissement du Lloyd autrichien a donné à Trieste le pas sur Corfou. Les centres d'affaires se sont déplacés, et le marché a suivi la vapeur à toutes ses stations. Salonique, dans le golfe de ce nom, Belgrade, sur le Danube, sont devenues par suite de la sûreté et de la régularité des communications, les deux entrepôts du commerce de la Serbie, de la Thessalie, de la Roumélie et de l'Albanie.

En Albanie, un autre déplacement du courant commercial se fait au profit des villes de l'intérieur et au détriment des Échelles de l'Adriatique, c'est-à-dire en fin de compte, au profit de la civilisation de hordes à moitié sauvages. Ochrida et Gortscha, mises en relations directes et régulières avec Salonique et Belgrade seront appelées à une prospérité certaine le jour, qui n'est pas loin, où la vapeur unira les deux rives du beau lac où se mire Ochrida, la vieille capitale des rois bulgares. Quant à Gortscha, principal dépôt de l'Albanie, elle menace déjà d'éclipser Janina. C'est à Gortscha, en effet, que se rencontrent la route de l'Adriatique par Avlona et Bérat, celle de la Grèce et du golfe d'Arta par Janina, et celle de la Thessalie par Castorie. Par Ochrida, Monastir et Novie-Bazar, on communique avec l'Albanie septentrionale, la Roumélie, la Bosnie et la Serbie.

Comprenez-vous maintenant comment l'action du Lloyd a détourné peu à peu le commerce de ses routes ordinaires, comprenez-vous avec quelle persévérance intelligente l'Autriche pénètre en Orient ? Imaginez maintenant ce qu'ajouterait de puissance à cette action de l'Autriche le libre commerce du Danube jusqu'à l'embouchure de Soulina dans la mer Noire, et vous aurez la clé de la politique autrichienne dans la guerre présente.

Que la ligne de Dalmatie multiplie ses escales et touche à Durazzo, comme on l'espère dans un prochain avenir, et Trieste aura le monopole de l'Adriatique.

Que de Vienne à Soulina, l'Autriche ne trouve plus d'obstacles, et Vienne aura la plus belle part du commerce de la mer Noire.

En attendant ces jours de triomphe pour la civilisation, l'Albanie n'est pas tout à fait aussi sûre, aussi policée, que le voudraient les agents du Lloyd autrichien, ou que pourraient le désirer MM. Cobden et Bright, ces dignes utopistes du congrès de la paix. Le duel de famille à famille y est en permanence. Les maisons n'y sont souvent que des tours fortifiées, sans ouvertures à moins de deux mètres du sol, et isolées sur des tertres pour plus de sûreté. Les puissants et les riches y ont leurs *leudes*, leurs fidèles, tout comme les anciens Germains. Un proverbe albanais dit : « Qui n'a pas d'amis, Dieu l'abandonne. » Et les amis qu'un puissant entretient à sa solde ne sont pas très-rassurants pour le voisin. « Le sang n'est pas de l'eau, » ont-ils l'habitude de dire encore, pour justifier leurs *vendettes* acharnées.

Il y a pourtant dès à présent un adoucissement dans ces mœurs par trop primitives. Il y a quelques années, par exemple, le sadrasem Reschid-Pacha-Kutagi, décida les habitants d'Argyrokastron à établir un prix de rachat pour le meurtre ; la rançon fut fixée à douze cents piastres au profit de la famille du mort. Le lendemain de cette convention, la circulation fut, pour la première fois, libre dans cette petite ville. Il y avait là des gens qui n'étaient pas encore sortis de leur maison depuis qu'ils étaient nés.

Ainsi, pour certains cantons de l'Albanie, le progrès de la civilisation, au XIXᵉ siècle, consiste dans l'établissement de la composition salique !

Si l'Albanais est amoureux de la vengeance, il est presque à un degré égal passionné pour le pillage. Dans les montagnes, comme dans le grand désert d'Afrique, *le nuit est la part du pauvre*, quand le pauvre a de bons pistolets, un long fusil et un kandjiar bien affilé. Aussi faut-il mettre au compte de ces aimables habitudes la plupart des entreprises de la dernière révolte, qu'on s'est plu à attribuer à l'esprit d'indépendance et à la haine de la domination turque.

J'eus bientôt occasion d'étudier de plus près cette tyrannie ottomane qui, à entendre les Grecs, pèse sur les rayas d'un poids si terrible.

Notre léger brigantin avait passé, vent arrière, entre *Cérigo*, la plus méridionale des îles Ioniennes, et *Cérigotto*, îlot assez maussade, situé à quelques lieues au dessus du cap *Busa*, à l'extrémité occidentale de *Candie*. Nous longeâmes la côte nord de la grande île turque et nous jetâmes l'ancre dans une petite crique de *Standia*. Standia est une sentinelle avancée de Candie, coquettement placée dans une des échancrures de la grande île, de la reine de l'Archipel. Mon patron écossais y relâchait habituellement pour faire quelques achats de soie et de gomme de lentisque. Tandis qu'il se rendait à la Santé, j'avais fait le projet de battre les buissons et de tirer quelques-unes de ces excellentes perdrix qui abondent dans l'Archipel. Quand le patron me vit armé de pied en cap, il appela un de ses hommes et siffla un magnifique *pointer* gris que j'avais plus d'une fois caressé sur le pont du brigantin. « Prenez avec vous *Grey-King*, me dit-il ; avec lui vous ne ferez pas buisson creux. C'est le meilleur chien d'arrêt de tout l'Inverness, et j'ai fait avec lui des chasses miraculeuses sur le Ben-Nevis et sur le Cairngorm. Vous pouvez allumer un cigarre quand il tient une perdrix à l'arrêt : seulement c'est un grand seigneur, et vous pourrez ramasser votre gibier vous-même ; *Grey-King* a du sang des Argyle et des Campbell et ne descend pas jusqu'à rapporter. Mais, si vous voulez m'attendre, je suis à vous dans une heure ; je connais tous les cantons de l'île, et nous ferons quelque chose. Pour prendre patience, allez avec Williams chez un de mes vieux amis de Standia, le seigneur Michalachis, nous y ferons le *lunch*, et nous partirons de là pour battre la vallée. »

Je suivis donc Williams, et *Grey-King*, qui avait compris de quoi il s'agissait, nous précéda avec des bonds joyeux.

Nous laissâmes sur la gauche un amas de maisonnettes peintes et de chaumières délabrées, puis nous entrâmes dans une vallée délicieuse, parfaitement cultivée, toute remplie de jardins odorants et

de kiosques blanchis à la chaux, dont les contours vivement arrêtés se profilaient gaiement sur le vert dur des grands platanes.

Au fond de la vallée, sur la pente d'un coteau couronné d'oliliviers, s'élevait une maison entourée d'orangers et dont le toit rouge souriait à travers les feuilles de quelques sycomores. C'était la maison du seigneur Michalachis, un de ces malheureux rayas qui gémissent, à les entendre, sous la dure tyrannie des Ottomans. Le seigneur Michalachis, vieux corsaire de la guerre de l'indépendance, pirate à l'occasion dans sa jeunesse, marchand dans son âge mûr, finissait doucement ses jours en pleine idylle et labourait ses champs comme Ulysse revenu dans Ithaque. Un bon cheval bien évidé au flanc, quelques bœufs bien nourris, des moutons de Smyrne à la queue lourde et à la laine frisée, une basse-cour richement garnie, deux grands lévriers pour la garde et pour la chasse, quelques paires de charrues et un pressoir bien luisant composaient la fortune de maître Michalachis. On disait aussi que les piastres ne manquaient pas dans ses coffres, et que sa ménagère eût pu tirer de ses armoires assez d'étoffes de soie, aux couleurs étincelantes, pour habiller tous les Standiotes un jour de Pâques.

Avec tout ce *comfort*, Michalachis se posait en victime. Il eût pu vendre ses biens, réaliser sa petite fortune et retourner à Hydra, sa patrie; mais sans doute il se trouvait, au fond, trop bien de la tyrannie turque pour échanger son bien-être en pays ottoman contre la liberté dans son île natale.

Williams, le matelot qui devait me servir d'introducteur, partit en avant et porta au seigneur Michalachis les compliments de son patron. Moi, je pris un sentier bordé de lauriers roses, le long duquel passait un mince filet d'eau courant vers le fond de la vallée. Quelques minutes après, j'étais à la porte de Michalachis.

Mon hôte, orné d'une barbe blanche qui descendait majestueusement sur sa poitrine, était assis, ou plutôt couché, sur une banquette de bois assez basse : ses épaules reposaient sur un vieux coussin jaune frangé d'or rougi. Un long tuyau de cerisier, terminé par un bouquin d'ambre, était négligemment placé entre ses lèvres. La *bonne femme*, vieille Pénélope au visage parcheminé, tracassait dans les coins d'un immense foyer où chantait, suspendue à une crémaillère, la vaste marmite sous laquelle pétillaient des branches d'olivier. Un long fusil, incrusté de nacre et de fausses pierres, était attaché à deux clous au dessus de l'âtre. Des pots de cuivre, reluisants de propreté, s'étalaient sur une planche avec leurs ventres rebondis sur lesquels jouait la lumière. Tout cet intérieur respirait l'aisance et le calme.

J'entrai, et je ne manquai pas d'adresser à ce couple homérique la salutation d'usage : εἰς ἔτη πολλά (pour plusieurs années). Le vieux Grec se souleva sur le coude, me salua d'un sourire plein de bienveillance et de curiosité, examina mon costume de voyageur dans tous ses détails, et considéra surtout avec attention un assez beau fusil de Gastine-Renette, aux canons brunis, arme simple, mais excellente, dont l'ancien corsaire avait d'un coup d'œil apprécié la valeur.

Sur un signe du maître, la *bonne femme* apporta sur un plateau de cuivre ouvragé des confitures et des sucreries.

Jusque-là, j'avais eu devant moi bien plus un Turc qu'un raya. Le Turc est bienveillant et hospitalier, mais grave et réservé : à travers sa politesse exquise, perce toujours un sentiment intime de dignité qui inspire le respect. L'attitude du seigneur Michalachis se ressentait évidemment d'une longue fréquentation des maîtres du pays; mais le Grec reparut bientôt. Les premières politesses échangées, je retrouvai dans ce beau vieillard à barbe blanche, le Grec loquace, familier, vantard, flatteur, amusant, empressé, que j'ai rencontré si souvent dans la Méditerranée. Michalachis m'eût bientôt questionné sur tout ce qui pouvait satisfaire une curiosité souvent privée d'aliments. Je reconnaissais dans son langage gracieux et pittoresque, plaisamment hyperbolique, les aimables qualités et l'éclat superficiel de sa nation.

Il m'eût bientôt raconté tout au long son histoire, avec des roulements d'yeux tout à fait mélodramatiques et des airs de Child-Harold vraiment amusants, lorsqu'il me dépeignait ses expéditions assez peu orthodoxes en compagnie des Canaris et des Tzavellas. Puis il me fallut entendre l'histoire de ses pérégrinations commerciales, de son mariage, de son établissement à Smyrne, où il tenait boutique et où les affaires de son commerce, grâce à Dieu et à la Panagia, ayant prospérés, il avait acheté de ses économies la jolie maison des champs où je le voyais aujourd'hui.

Je le félicitai, bien entendu, et me récriai sur les grâces rustiques de cette habitation, sur les champs d'oliviers, sur son aisance paisible. Alors, fronçant le sourcil et prenant à pleines mains sa barbe d'argent d'un air tragique, mon homme se mit à débiter une tirade d'invectives contre la tyrannie des Turcs qui lui faisait ces loisirs. Les Turcs! ces barbares, ces païens au cœur d'acier, qui sèment partout la désolation et la ruine! N'était-ce pas une douleur bien vive pour un chrétien, que de voir profaner ainsi et stériliser, comme à plaisir, une terre féconde. Et, insensiblement, Michalachis revint à l'idylle. Ce que je voyais à présent, ce n'était rien. C'est deux mois plus tard qu'il faudrait contempler ces jaunes moissons, ces récoltes bénies du ciel ; et les olives livrant au pressoir leur liqueur dorée, et le miel parfumé des abeilles, et les blondes moissons se couchant sous la faucille, au chant des moissonneurs, et le *mantie* coulant dans les paniers d'osier, et les rondes animées des jeunes filles. C'était une bucolique, c'était l'âge d'or, et mon vieux corsaire se transformait en pasteur de Théocrite.

Je restais ébahi de ces contradictions bouffonnes et j'admirais les résultats de cette odieuse tyrannie des Ottomans, lorsque j'entendis quelque bruit derrière moi. Je me retournai et j'aperçus Mac-Linnhe, mon patron du brigantin, debout près de la porte. Il avait entendu la tirade et riait à sa manière, c'est-à-dire silencieusement et du fond de la gorge : « Eh bien ! me dit-il en anglais, les voilà tous ces beaux parleurs avec leurs plaintes éternelles. A les entendre, vous les croiriez pressurés, accablés. Rien de plus faux. Ils sont Grecs et rayas, c'est vrai ; mais ils ont su se faire une indépendance véritable. Ils sont presque tous sous la protection de quelque consul étranger, de quelque nationalité occidentale. Michalachis, par exemple, est protégé anglais ; d'autres relèvent de la France ou de l'Autriche. Lui et ses pareils sont administrés par leurs papas, qui répartissent entre les familles le *témétuat* ou impôt à payer au gouvernement turc et perçoivent le *kharadj* ou capitation. Ils ont leur justice civile, leurs écoles, leurs notables. L'autorité turque ne s'ingère dans leurs affaires que pour la poursuite des crimes. N'est-ce pas que ces gens-là sont bien à plaindre ? »

Michalachis avait bien compris qu'il était question de lui, et il nous regardait avec des yeux inquiets et soupçonneux : mais Mac-

Linnhe s'avança vers lui en souriant, lui donna une poignée de main à lui briser les os et adressa quelques compliments à la *bonne femme*. Alors Michalachis invita les *illustres* étrangers à la collation que m'avait annoncée mon patron écossais. Nous fûmes servis sur une table d'olivier, dans un charmant verger entouré de haies de myrtes et rempli d'odorants orangers ; on apporta le *glico*, les gâteaux sucrés, la pipe et le café, et notre vieux corsaire recommença, dans cett charmante oasis, ses doléances ordinaires contre la tyrannie des Turcs.

Je n'avais cependant oublié ni *Grey-King*, ni les perdrix, et je rappelai au patron ses promesses. Nous partîmes, et Michalachis nous fit promettre de dîner avec lui. Il venait, nous dit-il, de marier sa fille Pigi à un pauvre opprimé comme lui, riche cultivateur candiote. Monsieur et madame Caros, c'était le nom de son gendre, devaient assister au repas, dernier épisode des noces interminables de la Grèce. Mac-Linnhe et moi nous descendîmes dans la vallée qui grouillait de perdrix et de cailles, *Grey-King* fit des prodiges, et nous revînmes le carnier bien rempli.

Au détour du petit sentier bordé de lauriers roses, sous une sorte de quinconce formé par les sycomores, j'aperçus un ravissant spectacle.

Charmant souvenir de l'antiquité païenne ! Dix à douze jeunes filles conduisaient en dansant un chœur dont les chants et les danses remontent sans doute aux temps d'Eschyle et de Sophocle ; une pantomime grave et sobre, dont je ne pus saisir l'action, faisait comme la trame de cette danse modulée. C'était ainsi que les vierges d'Athènes devaient conduire la Théorie aux fêtes de Minerve,

De temps en temps, les jeunes filles se séparaient en deux groupes ou demi-chœurs, chantant des strophes et des antistrophes. Un groupe s'approchait et reculait en cadence : l'autre en faisait autant, puis les deux groupes se réunissaient, et le chœur général reprenait son thème poétique.

Une pareille scène l'emporte, pour l'intelligence des temps antiques, sur les plus savants commentaires.

A la tête de chacun des groupes marchait une gracieuse jeune fille. La plus petite était toute vêtue de blanc, des fleurs de myrtes étaient attachées en petits bouquets à son voile, et un μαχμουδιέ, petite pièce d'or, passée dans un ruban de soie, pendait à son col. « C'est l'*archontopoula* (la fille du seigneur), me dit Mac-Linnhe. L'autre coryphée, la plus grande, et, entre nous soit dit, la plus jolie, c'est la sœur de Caros, une fille de Larnecca, c'est tout dire. Toutes ses compagnes du premier groupe sont parentes du mari, et Cypriotes comme lui, car la famille tout entière est de Larnecca et s'est établie depuis quelques années seulement à Candie. »

Il faut dire, pour l'intelligence des paroles de mon Écossais, que de toutes les femmes grecques la Cypriote est celle qui a le plus de ce que nous appelons la beauté, c'est-à-dire de grâce. Quelque chose de voluptueux dans la démarche, de fin dans le sourire, un costume élégant, mi-grec, mi-ottoman, un charme particulier, inexprimable, distinguent les femmes de *Larnecca*. Les Hellènes du continent le reconnaissent, et ils appellent les Cypriotes les plus *politiques* des femmes, πολιτικώταται.

Après avoir admiré quelque temps cette charmante théorie, nous fîmes, à notre tour, une entrée triomphale dans la maison de Michalachis. Nous et nos perdrix nous étions, cela va sans dire, du repas donné à l'occasion du départ des époux. Ce fut un repas homérique ; les moutons entiers, les pilaus à la turque, les volailles nageant dans la graisse fondue et relevées de condiments incendiaires, les vins à goût de poix et d'outre vieillie, les mille confitures inventées par le génie gourmand des Orientaux parurent à leur tour. La fête durait depuis cinq heures et n'en était encore qu'à l'exorde lorsque nous nous retirâmes, émerveillés de cette abondance, de ce luxe campagnard, de ce bonheur sans nuages des pauvres opprimés de Standia.

Notre petit brigantin avait encore quelques courses à faire dans l'Archipel avant de retourner à Malte. Nous mîmes le cap sur le Nord, et bientôt nous aperçûmes *Christiana*, que nous laissâmes à bâbord ; puis ce fut *Milo*, l'île désolée, qui n'a d'autre mérite que de nous avoir donné la *Vénus Victrix*, cette admirable conquête, payée seulement d'un peu d'or. Le patron Linnhe me signala l'île d'*Argentière*, puis nous passâmes au milieu du groupe de *Siphno*, de *Serpho* et de *Paros*, cette pépinière de dieux antiques. De là nous gagnâmes la pointe orientale d'*Hydra*, ce vieux nid de pirates. « C'est ici, dit Mac-Linnhe, que vous allez pouvoir comparer tout à votre aise les résultats de l'indépendance à ceux de la prétendue servitude du seigneur Michalachis. J'ai ici quelques commissions, et nous pourrons voir dans tout son éclat la prospérité du libre cousin de Michalachis, le seigneur Antoniordis. »

Nous débarquâmes dans une anse peu sûre, autour de laquelle s'élevaient quelques masures en ruines. Le pays était âpre et pelé ; quelques buissons croissant sur le rocher composaient toute la ver-

dure et le romarin sauvage remplaçait, pour le plaisir des yeux,
les platanes vigoureux, les ombreux sycomores, les éclatants lauriers roses et les orangers aux fruits d'or de Standia. La seule
industrie des tristes habitants de cet îlot paraissait être la pêche,
et quelques lourdes barques, montées par des pêcheurs presque
nus, donnaient seules un peu de vie à ces mornes rivages.

Parmi les cabanes chétives collées au rocher comme des cham-
pignons malsains, la plus riche en apparence était celle d'Antoniordis. Nous y montâmes, et le maître de la maison nous reçut en
homme qui s'attend à tirer quelque chose d'une visite plutôt qu'en
hôte empressé. Ses joues creuses, ses yeux ardents, son teint
jaune citron, ses longues mains osseuses composaient un ensemble
qu'on eût médiocrement désiré de rencontrer dans un lieu peu fréquenté des hommes. Ajoutez à cela un ton patelin, une volubilité
inquiète et flatteuse, et vous aurez quelque chose qui ressemblera

passablement à maître Antoniordis, mi-mendiant et mi-bri-
gand.

Par une singulière imprudence, chez un homme aussi sage que
Mac-Linnhe, il n'a rien apporté du brigantin, faisant trop d'honneur à l'avance à la cuisine d'Antoniordis.

Il n'y a rien dans la cahute délabrée de notre hôte, mais notre
capitaine n'est pas embarrassé; il connait les habitudes du pays, et
il sait qu'on n'y peut avoir que ce qu'on prend. Il s'éloigne un moment et revient tout fier, tenant par les pattes un grand dindon
maigre qu'il a bel et bien assommé. Ce sans-gêne m'inquiète bien
un peu, mais l'impassible figure de mon Anglais ne trahit aucun remords. Il parait décidément que le maraudage est bien porté dans
cette île.

Notre hôte misérable sourit à la vue du bipède, dont sans doute
il connait le propriétaire; sans le moindre scrupule, il plume l'animal, le vide, lui passe une forte baguette au milieu du corps et le
fait tourner lentement au-dessus d'un feu clair de brindilles : cela
s'appelle un rôti *à la palicare*.

Le dindon est dur, mais l'appétit est féroce. Notre Grec, qui parait
de longtemps n'avoir été à pareille fête, ronge les os à moitié dé-
pouillés et ne les abandonne qu'à regret à un grand lévrier étique,
qui suit nos mouvements et écoute le bruit de nos mâchoires avec
le plus vif intérêt.

Le repas fini, Mac-Linnhe va à ses affaires, et il m'a annoncé à
l'avance qu'elles ne le retiendront guère en ce misérable pays. Moi,
je me débarrasse des politesses inquiétantes d'Antoniordis, en payant
sa maigre hospitalité du don d'une canne à pomme de métal, dont

le maillechor, invention perfide de notre civilisation avancée, a trompé l'avide admiration de mon hôte.

Je redescends au rivage et bientôt le brigantin appareille, tandis que je jette un dernier coup d'œil sur cette terre de misère et d'indépendance.

Je voulais pourtant rendre une visite de reconnaissance au berceau de l'esprit européen. Je décidai le patron du brigantin à faire relâche au Pirée après avoir vendu son chargement. Il y consentit, et nous abordâmes bientôt à un petit port de Morée décoré d'un nom turc aux syllabes gutturales que je ne pus parvenir à déchiffrer.

Le hameau assez important qui s'était élevé sur ce rivage était fréquenté par les marins albanais : car une assez bonne route, chose rare en Grèce, y conduisait à Athènes en suivant le rivage, et on évitait là les frais d'ancrage du Pirée.

C'était une population curieuse que celle de ce petit caravansérail maritime.

Le fonds de cette population se composait de matelots grecs avec leur petite veste ronde, leur large pantalon et leur bonnet rouge. Mais ici, comme dans toute la Méditerranée, la variété des costumes et des idiomes était inouïe. L'Arménien s'y trouvait, avec sa coiffure noire pareille à une toque d'avocat, son long cafetan et son ample ceinture, où un petit livre de comptes remplace le plus souvent le poignard et les pistolets paternels. L'Illyrien se promenait sur la jetée de bois, semblable encore à l'homme des siècles écoulés, vêtu comme l'étaient ses ancêtres. L'homme porte la veste ronde, brodée et soutachée, le gilet étincelant d'une longue rangée de boutons de métal, le pantalon flottant qui s'arrête à un pouce au-dessus du genou, et le haut bonnet en peau de loutre ou de renard taillé comme une mitre. La femme porte sur la poitrine un étroit corsage aux larges manches brodées ; un jupon rouge ou bleu s'y rattache, et sur sa tête se modèle un mouchoir de toile blanche, dont les bouts brodés retombent gracieusement sur ses épaules.

Au milieu de tout cela, des Grecs aux fustanelles élégantes, des Turcs à la redingote étriquée, au fez rouge à flot bleu, et aussi quelques marchands italiens, avec le triste costume de l'Europe et notre affreux chapeau rond.

A cent pas du hameau s'ouvrait une petite vallée formée par l'embouchure d'un ruisseau. Dans ce ruisseau, par extraordinaire, m'assura le patron écossais, il y avait de l'eau, chose rare en Attique. Aussi quelle végétation luxuriante, quels beaux lauriers roses touffus sur ces rives, quels platanes ombreux sur la route qui suivait le ruisseau.

> O campo, o monte, ô rio,
> O secreto seguro deleitoso !

s'écriait le pieux Ponce de Léon, et c'était sans doute à la vue d'un de ces paysages frais, calmes, reposés, qui donnent l'idée d'une sécurité complète, d'un bonheur parfait. Vallées *glacées* de l'Hémus, *gelidi valles*, qui inspiriez de si beaux vers à Virgile, vous n'étiez pas plus belles, plus délicieusement rafraîchies sous le ciel pur et chaud de l'Attique que cette petite vallée sans nom.

A une demi-lieue environ, sur le revers de la colline, j'avais aperçu une petite église grecque, fort simple, mais bâtie dans le vieux goût byzantin ; j'y entrai, après avoir donné quelques *paras* à une sorte de moine. Le *para*, qui vaut un peu plus de huit centimes de France, est un talisman qui, en Grèce, ne manque jamais son effet. Il fut le *sésame ouvre-toi* de l'église solitaire. J'y trouvai des décorations curieuses.

Sur la coupole est une image colossale du Christ, peinte d'une manière assez naïve. Le Fils de Dieu a le teint *couleur de blé*, les cheveux blonds, la barbe et les sourcils noirs. Autour de lui, mais plus petits de taille, sont des archanges vêtus de dalmatiques d'or. Puis, diminuant encore de taille selon leur importance, les apôtres avec leurs attributs spéciaux. Toutes ces figures à nimbes dorés se détachent sur fond noir. L'aspect général est simple et la maladresse du peintre n'exclut pas le sentiment religieux : c'est colorié plutôt que peint. Au reste, l'art byzantin est le même partout. Ses règles sont immuables, et il ne serait pas possible de trouver dans les types sacrés quelque chose qui ressemble à la fantaisie.

Le lendemain, suivant nos conventions, le brigantin entrait dans le Pirée. Le Pirée est encore à deux lieues d'Athènes, à l'embouchure du Céphise, petit fleuve qui descend du mont Parnès et passe au pied d'Athènes. Mais déjà, dès l'endroit où le golfe Saronique se rétrécit pour former le port, commence le faubourg dont les dernières maisons touchent à Athènes.

Le rivage du Pirée est tout couvert de maisons modernes, comme Vaugirard et les Batignolles peuvent vous en montrer, à moins de frais. Ces maisons, bâties sans plan, semées sans ordre, ces hangars, ces magasins inélégants, rappellent tout au plus les quartiers les plus sordides de Livourne ou d'Ancône. Pas une seule construction imposante, à moins que vous n'honoriez de ce nom la grange de pierre et de plâtre qu'on nomme la Douane. Décidément ma première désillusion date de mon premier pas sur la terre classique et, malheureusement, ce ne sera pas la seule. Je veux pourtant vous dire simplement ce que j'ai vu et ne pas vous faire, moi voyageur indigne, des phrases réchauffées de Byron ou de Châteaubriand sur la Grèce éternelle de Périclès et d'Alexandre. Vous m'accuserez peut-être de barbarie et de prosaïsme, mais au moins vous aurez une impression juste, celle que vous auriez recueillie vous-même si vous aviez de sang-froid visité cette terre autrefois illustre.

Pourtant, il ne faut rien exagérer. L'ensemble du rivage, vu à vol d'oiseau, ne laisse pas d'être assez imposant, et une nation de quelque importance pourrait se créer ici une capitale sérieuse. Oublions l'œuvre des hommes et ne considérons que l'œuvre de la nature.

Il y a là encore la place d'une belle, d'une riche et puissante ville pour un peuple qui se sentirait quelque foi dans l'avenir. Le Pirée au triple port, avec ses voisins de Phalère et de Munychie ; la rade de Salamine, dont le sein majestueux peut contenir toutes les escadres de l'Europe ; la belle plaine qui s'étend sur trois lieues de profondeur du Pirée aux pieds du Pentélique et de l'Hymette, tout cela pourrait servir de cadre à une activité féconde.

Au sud, s'élève des flots comme une conque marine taillée dans le rivage, Égine, rivale d'Athènes, sa maîtresse dans l'art de la navigation. Au couchant, cette plage, c'est Salamine qui a conservé son nom glorieux. L'horizon du côté de la mer est fermé par les gradins taillés à pic de l'Argolide.

Au milieu de la plaine athénienne, qui ressemble ainsi à un cirque assez étroit entouré de montagnes, se dresse une petite arête de collines, desquelles se détache l'aride Lycabette. C'est sur la pente méridionale de cette arête que commence la ville. Elle s'étend sur les deux versants de la petite chaîne et vient mourir au sud sur les rochers de l'Acropole et de l'Aréopage.

J'ai hâte, vous le comprenez, de courir à Athènes, et les formalités de police une fois terminées, je m'enquiers des moyens de transport. L'obligeant William se met en quête et me ramène avec un air de triomphe une voiture à un cheval ; cette voiture, ô désappointement, c'est, devinez.... un *milord !* Oui, un affreux milord à la capote délabrée, au cheval poussif, au cocher narquois, orné d'un chapeau de cuir bouilli, et sur les épaules duquel je cherche involontairement le classique carrick jaune.

Je demande, dans la langue de Démosthènes, à cet affreux automédon, combien il me prendra pour me conduire à Athènes. Il me répond en mauvais français que le prix de la course est de deux *drachmes.* La *drachme* vaut 97 centimes 1/2 : ce sera donc 1 fr. 95 cent. Voilà tout ce que je puis obtenir en fait de couleur locale.

Le vieux *fiacre* parisien, avec ses immenses portières, sa caisse jaune et son velour d'Utrecht en haillons ; le *landau* allemand criant sur ses ressorts ; le *corricolo* efflanqué de Naples, ombre de voiture traînée par une ombre de cheval ; enfin l'*omnibus* anglais, avec ses places d'impériale, tels sont les gracieux véhicules qui s'offrent à moi pour me conduire au sein d'Athènes. Je me prends à chercher des yeux le *coucou* obstiné de la Porte-Saint-Denis.

Ainsi la Grèce voit s'effacer insensiblement ce caractère original qui nous charmait surtout dans ses coutumes et qui nous rappelait à chaque pas sa vénérable antiquité. Au milieu des préoccupations de la vie matérielle des civilisations modernes, le cachet distinctif des fêtes traditionnelles s'efface tous les jours, comme disparait lui-même ce costume élégant et bizarre qui nous semblait inséparable de sa nationalité.

Nous partons, et nous parcourons au trot essoufflé d'un cheval qui éveille dans mon imagination les souvenirs hideux de Mont-faucon, une route sans arbres, couverte d'une poussière ténue, brûlante, encaissée dans d'affreuses murailles en maçonnerie.

La route du Pirée à Athènes a été construite par des ingénieurs bavarois. Ces respectables docteurs ès-routes ont consciencieusement nivelé le terrain, et fait disparaître avec un esprit de propreté qui les honore les murailles pélasgiques, les débris vénérés de l'Athènes de Périclès.

Au bout de cette route, un amas informe de maisons basses, semées comme au hazard : c'est Athènes. Voilà le premier plan ; à l'horizon, quelques monticules et une plaine poudreuse.

Faut-il que je le confesse, la vue d'Athènes est loin d'égaler tout ce qu'en attend le voyageur. Peut-être faut-il s'en prendre à la magie des souvenirs, mais ces collines fauves et sèches n'ont rien de pittoresque ou d'important.

La plaine d'Athènes s'étend entre la petite chaîne de l'Egialée, avec les monts Corydalle et Icare, et la croupe oblongue de l'Hymette, la montagne du miel. Cette plaine est ouverte au sud-ouest du côté de la mer et fermée au nord-est par le Pentélique, cette colline que les poëtes ont comparée à un aigle aux ailes étendues. Entre le Corydalle et l'Icare, fuit dans le bleu lointain du ciel la montagne d'Œdipe, le mystérieux Cythéron ; vers le nord, une croupe plus accentuée, le Parnès, s'allonge vers Éleusis avec des flancs ravinés et sauvages. Par delà, c'est le port de Phalère, c'est Égine.

Je ne veux pas me donner le ridicule ordinaire de ces touristes qui, pour avoir fait une partie de cheval jusqu'à l'Ilyssus ou jusqu'au Pentélique, ou bien pour avoir poussé jusqu'à l'Hymette, peut-être même jusqu'à Eleusis ou jusqu'au cap Sunium, écrivent d'énormes volumes sur la Grèce.

Athènes, avec sa population hybride, ne peut pas plus donner une idée de la Grèce véritable, que Boulogne-sur-Mer ne peut donner à un étranger une idée de la France.

Il n'y a vraiment ici qu'une chose à faire, et je comprends bien vite la manie de descriptions pompeuses qui saisit tout les voyageurs à leur entrée dans la ville classique. Cela veut dire tout simplement qu'ils se réfugient dans leurs souvenirs, qu'ils cherchent à échapper à la réalité qui les offusque. Dans l'Athènes moderne, leur imagination cherche et trouve bien vite l'Athènes consacrée par l'admiration des siècles écoulés ; le guide du voyageur est oublié, et c'est Pausanias à la main qu'on se promène dans la cité des grands souvenirs.

Il faut bien faire comme eux et laisser de côté l'Athènes des fiacres, des chapeaux ronds, des paletots, des petites maisons de plâtre et se réfugier dans l'Athènes des monuments impérissables.

Comme eux, courons à l'*Acropole* et visitons le *Parthénon*.

Courbes admirables du Parthénon, désespoir de l'art moderne, sculptures divines, idéal de grâce, de délicatesse et de perfection, restes immortels du siècle de Périclès et de Phidias, je vous ai vues plus d'une fois dans les dessins où vous font revivre nos jeunes architectes, dans les descriptions poétiques où nos grands écrivains vous replacent dans votre point de vue d'autrefois. Cherchons donc à comprendre ce que fut cette Athènes des temps héroïques.

Et d'abord, ce petit rocher, c'est l'Acropole.

L'Acropole paraît isolé et semble ne plus tenir au système général de la chaîne. Il en a été, en effet, séparé par un tremblement de terre.

A côté de l'Acropole est un petit rocher, le rocher de l'Aréopage. Ici était le Pnyx, ici tonnait la voix de Démosthènes.

En vérité, tout ceci me confond par la petitesse, par la pauvreté des lignes, par l'aspect désolé de la terre, par la trivialité de la ville elle-même. Allons, oublions l'Athènes d'aujourd'hui, grosse bourgade avec d'affreuses maisons neuves et des palais semblables à des granges ; l'Athènes avec ses cochers de fiacre et ses habitants en chapeau rond. Évidemment ceci est un cadavre : ce qu'on vient chercher ici, c'est le nom du passé, c'est la poésie d'un souvenir.

Retournons donc au plus vite considérer cette colline sur laquelle s'élève l'Acropole.

Ainsi donc, c'est de ce monticule qu'est partie la civilisation européenne ! C'est là que, quatre cents ans avant notre ère, la philo-

sophie grecque préparait l'avénement au monde des dogmes chrétiens, en enseignant dans la plus belle langue qui fut jamais l'unité
de Dieu, l'immortalité de l'âme, la récompense et la punition, la loi
du devoir, par la bouche des Platon, des Aristote, des Socrate !
C'est là que l'architecture, la sculpture, et sans doute aussi la
peinture, firent éclore les plus merveilleux monuments de l'intelligence humaine. En vérité, presque tout ce que nous sommes vient
de là. Europe, salue ton berceau !

Au moment où je passai à Athènes, un des anciens membres de
l'École française, jeune homme déjà savant comme un bénédictin,
M. Beulé, retrouvait, à force de patientes recherches, le grand escalier conduisant aux Propylées et servant d'entrée principale à la
citadelle ou Acropole. Je pus, d'après ses indications, me rendre
un compte plus exact de ce monument sans égal.

Athènes s'éleva d'abord au sommet de ce rocher isolé qui domine
la plaine. Le centre de cette vieille ville forte était un Parthénon,
bâti par le tyran Pisistrate, et dont le Parthénon construit par Icti-
nus, sous Périclès, a fait perdre le souvenir. Puis, de ruines en
ruines, de chefs-d'œuvre en chefs-d'œuvre, se surajoutèrent les temples aux mille statues des Cimon et des Périclès. Ce rendez-vous
de palais respecté par Sylla, par Jules-César, par Antoine et par
Auguste, fut dépouillé une première fois par ce Néron, qui ne res-
pectait rien.

Puis vinrent les travaux d'appropriation de l'ère chrétienne, les
travaux de fortifications des ducs d'Athènes, entre autres de Neri
dei Acciajuoli, qui choisit les Propylées pour en faire un palais
fortifié. Puis, surtout, vint la prise d'Athènes, en 1456, par Ma-

homet II, dont l'artillerie déjà terrible renversa les murs de l'Acropole. Le Parthénon devint une mosquée , l'Érechteum un harem,
et les Turcs, iconoclastes par religion, s'empressèrent de détruire les
images peintes ou sculptées qui offensaient leurs regards.

Aux Turcs s'ajoutèrent les Vénitiens, qui vinrent un jour bom-
barder la capitale de l'Attique. Le 26 septembre 1687, le comte
de Koenigsmarck, lieutenant de Morosini , dressa ses mortiers sur
la plage du Pirée, et prit pour point de mire le Parthénon. Les
toits du vieil édifice hellène résistaient à la bombe, mais une étincelle mit le feu aux poudres, et le Parthénon se déchira sous l'effort
d'une explosion terrible.

La victoire lui coûta peut-être autant que la bataille. Morosini le
Péloponnésiaque voulut emporter à Venise en gage de ses succès,
ces admirables chevaux attachés par Phidias au char de Minerve.
Mais de maladroits ouvriers brisèrent le groupe, et du Parthénon,
des fragments déshonorés purent seuls être emportés par le vainqueur.
Il en arriva quelques-uns à Copenhague.

Enfin, un dernier ennemi restait à subir, les érudits vandales et
les amateurs. M. le comte Choiseul-Gouffier, ambassadeur de France
à Constantinople, rapporta à Paris un morceau de la frise du Parthénon, et, encouragé par ce bel exemple, lord Elgin enleva, en
1810, plus de deux cents pieds de la frise et presque toutes les statues des frontons. Il arracha les métopes de leurs coulisses, fit voler
en éclats par le maladroit marteau de ses travailleurs, les triglyphes
et les corniches. Fragments d'architecture, tambours de colonnes,
chapiteaux, entablements, fragments de la frise de la Victoire, ac-
tère des Propylées, cariatides de l'Erechtheum, tout cela fut em-

ballé tant bien que mal pour le British Muséum de Londres ! Vous vous rappelez j'espère la poétique indignation de Byron.

Franchement, quand on pense à ce qu'était l'antiquité grecque à la merci de la domination turque, on est tenté de pardonner aux Choiseul-Gouffier, aux Elgin, les heureuses déprédations qui ont au moins sauvé quelques fragments de chefs-d'œuvre condamnés à l'avance. En vain l'exagéré Byron ira écrire sur les murs du Parthénon : *Quod non fecerunt Gothi, hoc fecerunt Scoti*, ce que n'avaient pas fait les Goths, un Écossais a osé le faire. Il n'en reste pas moins vrai que le peu qui avait échappé aux barbares, aux guerres, au vandalisme parmi les monuments de la vieille Athènes, était plus en sûreté à Londres, à Paris, à Munich qu'en Grèce.

Une excuse suffisante pour lord Elgin, par exemple, c'est que, sous ses yeux, sous les yeux des artistes chargés de mouler les sculptures et les inscriptions, les soldats turcs s'amusaient journellement à tirer des coups de fusils sur les marbres. Les architectes ottomans tiraient des temples les matériaux des palais de leurs maîtres, et d'un temple entier qui existait près de l'Illyssus, au temps du voyage de Stuart, il ne restait pas en 1800 pierre sur pierre.

Faut-il le dire aussi, les touristes anglais, avec leur passion naturelle pour les curiosités, ont commis en mille fois plus de déprédations que lord Elgin en une seule. Ces touristes anglais, je les ai vus à Naples, à Herculanum, à Pompéi, en Sicile, en Égypte, à Athènes. Partout ils cassent sans pitié des bras, des nez, non pas, croyez-le bien, par amour de l'art, mais pour emporter, *at home*, quelque chose.

Les avez-vous vus ces marbres sublimes de Phidias? Eh bien !

la fausse antiquité, l'antiquité de seconde main, l'antiquité gréco-romaine qu'admirait et qu'imitait David, notre peintre français, n'est à côté de ces créations divines qu'un grossier pastiche. Ces figures des métopes, si calmes, si régulières, sont bien les types de la beauté immortelle. L'artiste y lit, comme dans un livre, les éternels principes du vrai beau.

Dans ces temples, merveilles de l'art et de la science humaine, s'élevaient ces statues colossales, filles d'un art inconnu aujourd'hui, la *torentique*. Cet art, dans lequel excella Phidias, consistait à modeler des statues colossales avec des plaques d'ivoire et des vêtements en or. Ainsi la statue colossale de Jupiter à Olympie ; ainsi celle de Minerve dans la cella du Parthénon.

C'était, à coup sûr, chose admirable mais étrange, et qui confondrait bien nos idées sur l'antiquité, que cette Pallas debout, s'appuyant de la main gauche sur son bouclier, haute de trente-sept pieds, sur une base de huit pieds, tenant dans sa main droite une figure de Victoire ailée, de six pieds de proportion. La figure et le cou de ce géant divin, les mains et les pieds étaient d'ivoire, la pupille des yeux en pierres précieuses, les vêtements d'or, tout le bouclier couvert de bas-reliefs, la semelle de sa chaussure était épaisse de quinze pouces, et Phidias y avait sculpté le combat des Centaures et des Lapithes.

Une autre statue de Minerve, exécutée par Phidias concurremment avec Alcamènes, était plus singulière encore. Placée également dans une cella d'un temple de l'Acropole, dont la hauteur n'était que de cinquante-cinq pieds, elle mesurait elle-même, *assise*, quarante-cinq pieds. Étrange disproportion qui n'avait pas échappé

à Strabon. Parlant du Jupiter colossal d'Olympie, Strabon dit :
« Cette statue est si grande, que malgré la hauteur du temple, elle
en excède évidemment les proportions. L'artiste l'a faite assise, et
cependant sa tête touche presque au plafond du temple, en sorte
qu'elle semble, si elle se levait, devoir enfoncer le toit. »

Le malheur est que peu d'entre les Grecs modernes sont capables
d'admirer et de comprendre cet art suprême de leurs pères. C'est
aux Européens, car je ne puis m'habituer à voir ici l'Europe, que
revient la tâche de mettre en lumière les restes de ces grands siècles
croulés.

Un des descendants de Phidias, à moins qu'il ne fût issu
d'Apelles en personne, un M. Zôgraphos, auquel j'avais été recom-
mandé, et qui m'avait montré les débris de l'Acropole, me conduisit
avec beaucoup plus d'empressement dans une sorte de grange où
était exposé un affreux tableau d'histoire, dû, me dit-il, avec orgueil, au pinceau d'un Athénien. Cela avait la prétention de repré-
senter l'émeute constitutionnelle de 1844. Mon introducteur, qui
me parlait dans une langue mêlée de français déguisé et d'italien
barbare, s'extasiait avec sincérité sur *la varieta de colori*. Fils
d'Apelles, vous êtes devenus des barbares.

Franchement, pour qui voit la Grèce avec ses souvenirs d'antiquité, à travers le prisme du génie et de la gloire, quelle chute
lorsqu'on retombe sur cette contrée appauvrie, avec ses routes à
peine tracées, infestées de brigands ; lorsqu'on voit ces Grecs modernes tout fiers d'un nom qu'ils ne sont pas assez forts pour porter ;
barbares déguisés, qui n'existent comme nation que grâce à la tolérance de l'Europe. Anarchie au dedans, misère méritée, arrogance

injustifiable, mauvaise foi proverbiale, voilà, à quelques exceptions près, les Grecs et la Grèce.

J'avais vu d'Athènes tout ce qu'il y avait à voir; il me restait à faire une excursion dans la campagne qui l'environne. Cette fois c'est à pied que je parcours ces lieux illustrés par tant de souvenirs. Si le fond de collines qui forme le panorama d'Athènes est assez imposant, la plaine elle-même est d'une sécheresse désespérante; à côté de cela, la plaine de Vaugirard peut passer pour une oasis de fraîcheur et de verdure.

L'aridité affreuse d'Athènes et de sa campagne ne saurait être, sans injustice, attribuée au sol même. L'occupation turque et l'incurie des Grecs sont les seuls coupables. Au temps des Turcs, les eaux du Céphisse et de l'Illyssus, détournées dans des conduits au profit des habitations particulières, apportaient la fraîcheur dans les cours plantées des maisons ottomanes, mais avaient cessé d'arroser ces poétiques ravins bordés de lauriers-roses et de grands sycomores, où Platon se reposait avec ses disciples.

De toutes les sources qui embellissaient l'antique Athènes et sa verte campagne, pas une seule n'existe aujourd'hui. L'aqueduc d'Adrien, l'*Enneakrounos* de Pisistrate, la *Clepsydre*, la fontaine de *Panops* ont disparu; l'oranger, le lentisque, les beaux cyprès aux grandes colonnes sévères, sont morts de soif.

O puissance des noms, magie des souvenirs! Qu'adviendrait-il de votre enthousiasme, voyageurs impressionnables, copistes de Byron, si le *Pentélique* se nommait du nom peu harmonieux de Montmartre, si les collines de l'*Aréopage* ou du *Musée* avaient nom les buttes Saint-Chaumont, si l'*Illyssus* devenait la Bièvre?

Si vous m'en croyez, touristes enthousiastes, n'allez à Athènes que comme voyageait M. de Maistre ; faites ce beau voyage sans sortir de votre chambre. Si l'illusion est un bien, vous aurez au moins gagné quelque chose ; ne déflorez pas vos souvenirs, et Athènes restera pour vous ce qu'elle doit être, ce qu'elle sera toujours, le nom le plus glorieux de l'antiquité, sans même en excepter Rome, la terre classique de l'héroïsme et du génie, la patrie des grands hommes et des grandes choses, le berceau de la pensée et de la philosophie, du patriotisme et de la liberté.

Revenu au Pirée, j'y retrouvai mon impassible Mac-Linnhe qui se préoccupait fort peu de Périclès et de Démosthènes, et qui haussait les épaules en voyant ce que ce peuple a fait de la liberté que nous lui avons conquise au prix de notre sang. Un pays qui n'a ni machines, ni chemins de fer n'existait pas pour mon positif écossais. Ce fut donc sans regret que, ses affaires finies, il retrouva son cher petit brigantin.

Le vent était bon, la mer belle ; nous cinglâmes vent arrière, et bientôt nous apercevions de nouveau le clocher de l'église de Saint-Jean et le port de La Valette.

Le lendemain, je montais à bord de la *Lavinia* et je faisais route vers l'*Egypte*.

CHAPITRE TROISIÈME

Peu à peu la mer, cette grande mer qu'on dit si monotone et qui cependant change si souvent de physionomie, tantôt calme et bleue à ravir, douce et paisible comme un lac d'huile, tantôt d'un vert profond et semée de lames moutonnantes, tantôt noire et soulevée, la mer changeait encore une fois d'aspect. Un brouillard épais la bordait à l'horizon, du côté de l'occident, comme un vaste rideau de ouate grise. Plus nous avancions, plus ce voile mystérieux prenait de transparence. A travers son tissu diaphane, une ligne plate, infinie, commença à se dessiner. La côte ne s'annonçait pas ici par ces montagnes qui introduisent d'ordinaire une contrée nouvelle auprès du voyageur. Rien de saillant, rien qui arrêtât les yeux ; cette bande basse, noyée dans la brume et qui se confondait avec les flots, c'était l'Égypte.

L'Égypte ! j'eusse aimé à la voir sortir brillante et couronnée du milieu des flots bleus, comme la vieille Isis entourée de lumière et de chaleur. Et voilà que je la cherchais dans un horizon noyé de vapeurs lourdes, dont elle se distinguait à peine.

Et pourtant c'était bien là la terre des grands souvenirs, l'Égypte des Pharaons, dont la main dressa les pyramides, des Alexandre et des Ptolémées dont le génie créa et développa Alexandrie.

Par delà l'antiquité grecque et romaine, sources immédiates de notre civilisation gréco-latine, l'Égypte, avec son sol exceptionnel, son fleuve unique, ses arts et ses sciences primitifs, ses monuments étranges, son passé théocratique, se montre non moins digne d'admiration que la Grèce et que Rome. La Grèce, fille aînée de l'Égypte, a pu ravir à son institutrice le droit d'aînesse à la gloire.

Mais la critique moderne rétablit chaque peuple à sa véritable place, et la première née de la civilisation appelle aujourd'hui notre étude et nos respects.

Admirablement douée par la nature, l'Égypte a dû exciter bien des convoitises. Aussi a-t-elle eu à souffrir de nombreuses invasions. Avant Moïse, elle avait été conquise par des tribus de pasteurs sorties du nord de l'Asie. Plus tard, elle passa sous le joug des Éthiopiens. Les Perses la soumirent à leur tour; Alexandre le Grand, qui eut un moment la pensée d'y fixer le siége de son empire, l'assujettit à cette domination grecque qui se répandait à cette époque sur la plus grande partie du monde connu. Cinquante ans avant l'ère chrétienne, l'Égypte fut réduite en province romaine. Elle passa ensuite à l'empire d'Orient et, en 640 de l'ère chrétienne, elle fut envahie et soumise par un lieutenant de Mahomet. En 1111, les Turcomans à leur tour l'enlevèrent aux kalifes et en furent chassés en 1250 par les Mameloucks. Au xvie siècle, en 1517, Selim Ier s'en empara et y établit un gouvernement aristocratique composé de vingt-quatre beys pris dans le corps des mameloucks. À leur tête fut mis un pacha nommé par la Porte. Peu à peu, ces beys se rendirent les véritables maîtres du pays, et l'Égypte fut pressurée et mise au pillage comme toutes les provinces lointaines.

Cet état de choses déplorable durait encore en 1798, lorsque l'invasion française trouva cet admirable pays dans une décadence complète. La courte occupation des Français ne put y laisser que des traces de gloire impérissable, et, depuis lors, l'Égypte a eu à supporter les conséquences de l'autocratie des vice-rois. Aujourd'hui, enfin, et c'est le mieux pour elle, elle n'est plus qu'un pachalik administré par un représentant du gouvernement central.

Rien de pittoresque, rien de saisissant dans la première vue de cette terre d'Égypte, si fertile en étrangetés sublimes. Au cri de *terre* poussé par la vigie, je n'aperçois à l'horizon, perdue dans des vapeurs d'un gris bleuâtre, qu'une longue bande grise et plate.

Nous approchons : un dôme vitré, dont les carreaux brillent et s'allument aux derniers rayons du soleil, et une ligne noire, fluette, sont les deux seuls objets que je distingue.

Je m'informe, et le pilotin me répond : Le dôme, c'est le palais du vice-roi ; la ligne noire, c'est la colonne de Pompée.

Je monte à mi-mât, en m'accrochant à quelques manœuvres, je regarde au delà des deux monuments, et je vois une bande fauve qui tranche sur le ciel déjà noir : c'est le désert.

Un auteur arabe qui visita l'Égypte l'an 511 de l'hégyre (1117), parle en ces termes de la colonne et de l'édifice au milieu duquel elle s'élevait.

« Les génies avaient construit pour Salomon, à Alexandrie, une grande salle qui est une des merveilles du monde. Elle est formée de colonnes d'un marbre rouge, nuancé de diverses couleurs, luisant comme la conque de Vénus de l'Arabie heureuse, poli comme un miroir et reflétant les images. Ces colonnes sont au nombre de trois cents environ ; chacune d'elles a trente coudées de hauteur et est posée sur une base de marbre, et sur le sommet de la colonne est un chapiteau, également en marbre et très-solidement établi. Au milieu de cette salle est une colonne haute de cent coudées, qui est aussi de marbres de couleurs diverses. Les génies avaient coupé, pour former le toit de cette salle, qui était la salle d'audience de Salomon, une pierre verte d'une seule pièce et de forme carrée ; mais, quand ils apprirent sa mort, ils jetèrent cette pierre sur les bords du Nil, dans la partie la plus reculée de l'Égypte. Parmi les colonnes de cette salle, il y en a une qui se remue et s'incline vers le levant et vers le couchant, au moment du lever et du coucher du soleil. C'est là une chose merveilleuse. »

Vous avez là un échantillon curieux de la manière dont les Arabes écrivent un récit de voyages. C'est à peu près de même qu'ils racontent l'histoire des faits les mieux connus.

Le lendemain, le soleil était dans son plein lorsque j'arrivai au beau milieu de la place des Consuls, c'est le centre du quartier le plus beau et le plus riche d'Alexandrie. En vérité je comprends maintenant pourquoi les Orientaux aiment peu les vastes espaces : ceci est une fournaise et non une place. Il est vrai qu'il n'y a personne à cette heure. C'est le soir, quand la brise de mer s'élève et rafraîchit la ville, qu'il faut venir ici chercher le spectacle animé des promenades.

Vu de près, le palais du vice-roi est lourd et triste : il s'élève, ou plutôt il s'étale sur une langue de terre nommée Ras-el-Tin, ou le Cap du Figuier. A côté sont des casernes noirâtres, construites d'une façon assez inquiétante pour leur solidité, en limon desséché du Nil. Avec quelques minarets de mosquées et les sombres bâtiments de la douane, c'est là tout ce qu'Alexandrie offre à la première curiosité du voyageur.

C'est à peine si je puis me croire en Égypte : et cependant voici bien, flottant sur les casernes, le drapeau rouge au croissant d'argent.

Il faut en prendre son parti. Il en sera bientôt ainsi de toutes les villes qui attirent un grand concours d'hommes, venant de tous les points du monde habité. L'originalité d'un pays n'est plus là. Si je veux voir l'Egypte des monuments, il me faut d'abord visiter le Caire et remonter le Nil ; si je veux voir l'Egypte des Egyptiens, l'Egypte pittoresque des fellahs et des ruines, il me faut chercher le désert.

Et d'abord quittons cette maussade Alexandrie, ville sans caractère, qui sera bientôt, Dieu et le chemin de fer de M. de Lesseps aidant, une rivale européenne de Marseille ou de Trieste. Allons au Caire. Je m'informe, et l'on m'apprend que, moitié barque, moitié bateau à vapeur, moitié canal, moitié Nil, le voyage se fait par eau. Je fais porter mes malles à la douane de l'embarcadère du canal d'Atfeh.

Le canal d'Alexandrie à Atfeh, aujourd'hui terminé et parcouru par des batêaux à vapeur de petite dimension, a rendu à l'antique création d'Alexandre une partie de sa splendeur première. Ce canal, œuvre des Ptolémées et des kalifes, était tombé dans un état de dégradation tel, qu'au temps de l'expédition française, il était à peine navigable pendant un mois de l'année. Bonaparte, car il ne s'appelait pas encore Napoléon, conçut le projet de réparer cette œuvre des temps anciens. Mais ce dessein s'évanouit avec tous ceux que le jeune général avait enfantés : sa fortune l'appelait à l'Occident et il laissa retomber l'Orient dans sa torpeur séculaire.

De nos jours, nous avons assisté et nous assisterons encore à un essai de résurrection de l'Égypte. Mehemet-Ali, entre autres travaux, entreprit de rendre la vie au désert et de rattacher Alexandrie au Nil. Il s'y prit à sa manière.

Le *régénérateur* de l'Égypte avait, vis-à-vis de ses sujets, des procédés assez sommaires. Le canal une fois décidé, il fit faire une immense razzia de *fellahs*, et trente mille de ces malheureux périrent de faim, de misère et de maladies pestilentielles dans les boues homicides échauffées par le soleil lybien. Mais le canal fut achevé en quelques mois !

Cette Égypte a, de tout temps, dévoré les hommes par milliers. Qui sait ce qu'ont coûté les Pyramides ?

Nous approchons d'Atféh. Jusqu'ici les deux rives du canal offraient l'aspect d'une nudité morne et désolée. Voici que le paysage s'égaye. Les sycomores étalent leur feuillage satiné : leur verdure s'étend et gagne la plaine. Bientôt nous voguons sous un dôme frais tout semé de perles de soleil. Au bout de de cette majestueuse avenue s'élève un blanc minaret : c'est Atféh.

C'est à Atféh que le voyageur s'empare du Nil. La première étape sur le fleuve sacré, c'est le Caire. Un fort bateau à vapeur va nous y conduire.

Mais que l'attente du Caire ne nous fasse pas oublier la vieille Égypte et la Grèce qui vécut, elle aussi, de sa vie la plus splendide sur ces bords aujourd'hui désolés.

Un salut à ces bouquets de palmiers, à l'ombre desquels sont étendues quelques pierres informes. Ici s'élevait Naucratès, la première ville grecque semée sur le désert égyptien par les précepteurs

du monde antique. Là, fleurissaient les arts et la corruption hellénique.

Les aubes des bateaux à vapeur ont battu le fleuve une heure de
plus, et nous voici en face d'un autre amas de ruines. Mais celles-
ci sont plus respectacles encore. Ici s'élevait la ville de Cécrops :
là était bâti le temple de la déesse égyptienne Neith. C'est d'ici que
Cécrops partit pour fonder Athènes, et la Minerve des Athéniens,
l'Athéné aux yeux vert de mer, n'est que la fille de la Neith
égyptienne. Ici, en un mot, fut Saïs, Saïs, la première grande ville
que rencontra Hérodote, en remontant la branche canopique du
Nil, la seule qui fût ouverte aux étrangers ; Saïs, résidence de la
dernière dynastie égyptienne avant l'invasion persane ; Saïs, le
berceau d'Athènes !

Tout ce qui reste de ces splendeurs, c'est un amas confus de murs
de brique. Champollion, Wilkinson ont en vain fouillé ces débris :
ils n'y ont trouvé aucun enseignement, aucun hiéroglyphe. Le seul
vestige historique qui soit resté de Saïs, c'est une petite statuette
d'hiérophante, que l'on voit à Athènes et qui rappelle un acte de
tolérance de Cambyse. L'inscription dit : Cambyse a fait ses cérémonies sacrées en l'honneur de la déesse Neith comme les anciens rois.

Les ruines ont fui derrière nous : ma pensée se tourne vers le
fleuve lui-même. Le Nil ! Avec le Gange et le Mississipi, le Nil est
un de ces fleuves majestueux et mystérieux, qu'il semble tout naturel à l'homme de personnifier, comme les Grecs personnifiaient autrefois les grandes forces de la nature. A ce fleuve s'est toujours
attachée une curiosité respectueuse.

Il y a vingt siècles bientôt de cela, César, le vrai César des Gaules et du Rubicon, le César des *Commentaires*, était à la veille de livrer la bataille de Pharsale. Que croyez-vous qui l'occupât le plus en ce moment solennel? Représentez-vous Napoléon à la veille d'Austerlitz. César s'occupait sans doute de plans stratégiques, de rêves ambitieux, d'un monde à conquérir, d'une Cléopâtre à traîner captive sur son char de triomphe? César, Jules-César, le héros, offrait à un hiérophante égyptien, à l'un de ces dépositaires de la tradition sacrée, de la science occulte, de quitter son armée, l'empire et Cléopâtre, si le prêtre voulait lui révéler la source mystérieuse du fleuve.

O magique attrait de l'inconnu! Chercher la source du Nil, ce fut la pierre philosophale de la docte antiquité. Ce fut la quadrature du cercle des géographes d'alors, le cachet de folie pour les esprits froids et peu enthousiastes. *Quærere caput Nili*, chercher la source du Nil, c'était là une locution vulgaire qui signifiait : Chercher l'impossible, vouloir prendre la lune avec les dents.

Et que de fables sur ce pauvre Nil qui n'en pouvait mais, et qui continuait à rouler ses larges eaux si terribles et si fécondes, sans se préoccuper des billevesées de la science et de l'ignorance. C'était Julien l'Apostat, ce grave philosophe couronné, cet athée roi, qui s'imaginait, à ses moments religieux, que les crues du Nil devaient être attribuées au dieu Sérapis. Ce dieu avait à Sérapeum, à l'extrémité des lacs Amers, un temple dont les restes subsistent encore.

Et Alexandre, ce héros, dit l'histoire, ce fou, ce l'Angély fougueux, dit Boileau, Alexandre lui-même, n'avait-il pas, bien long-temps avant César, étudié curieusement l'inexplicable fleuve. Seulement, ce conquérant qui n'avait rien de chimérique au fond, après avoir arrêté son imagination sur ces insondables mystères, employa sa raison et son bon sens à faire du fleuve mystérieux le lien de ses relations avec l'empire indien que venait de tailler sa fière épée. Alexandrie et un canal de soixante-dix-sept kilomètres de long, qui s'étendait jusqu'à la branche canopique du Nil, furent les résultats de cette pensée profonde.

Cette pensée, qui illumina un instant la jeunesse de Napoléon Ier, l'Angleterre l'a reprise à son profit et, pourquoi ne pas le dire, au profit de la civilisation du monde.

N'allez pas, au reste, voyageur trop crédule et nourri des descriptions antiques, chercher sur les bords du Nil le mystérieux lotus, la plante qui faisait oublier la patrie absente aux compagnons d'Ulysse : ne demandez pas l'ibis sacré. Tout ce que j'ai pu apercevoir ici, en fait de couleur locale, consistait, pour la *Faune* égyptienne, comme disent ces messieurs les naturalistes, en troupeaux de buffle au large museau, à moitié ensevelis dans la vase, en bandes de coqs de Pharaon et de petits faisans dorés voltigeant au-dessus des sycomores et des bananiers des palais.

Avant les temps de la création de l'homme, à ces époques mystérieuses dont le génie de Cuvier nous a révélé les animaux mystérieux, l'Égypte n'existait pas encore. C'est ce fleuve, à la source inconnue, qui s'échappe du milieu des montagnes inaccessibles de l'Afrique intérieure, qui l'a créée?

Deux branches principales conduisent aujourd'hui les eaux du Nil au sein de la Méditerranée, celle de Damiette à l'est, à l'ouest celle de Rosette. Ces deux branches forment, avec la côte méditerranéenne prise pour base, l'île que les Grecs nommèrent Delta, à cause de sa ressemblance avec cette lettre de l'alphabet grec qui dessine un triangle (∧).

Or, il est évident pour le géologue que le delta du Nil, comme tous les deltas des grands fleuves connus, est de formation relativement récente. Sans doute l'espace occupé par ce triangle l'était avant l'ère humaine par un golfe qui s'est comblé peu à peu par suite des alluvions du fleuve.

Un autre phénomène se produit également avec une sorte d'uniformité à l'embouchure des cours d'eau puissants : c'est la barre. De la lutte perpétuelle des vagues et des grands courants d'eau douce, il résulte des bancs ou bourrelets qui, s'exhaussant à la longue, sont devenus des îles. C'est ainsi que tous les grands fleuves, primitivement déversés par une embouchure unique, s'écoulent aujourd'hui dans la mer par des branches multiples. Le remous des brisants rapporte incessamment au rivage une portion du sable que le courant avait entraîné, et ainsi les bouches se resserrent graduellement jusqu'à ce que l'une d'elles s'obstrue et se réunisse à la terre ferme ou aux îles voisines.

Partout ailleurs, la source des abondantes moissons qui revêtent la terre et qui nourrissent l'homme, c'est la pluie : en Égypte, il ne pleut jamais, ou du moins presque jamais. Car, depuis les plantations d'arbres exécutées sur certains points pendant les trente dernières années, on a pu remarquer que le climat s'était légèrement modifié et était devenu plus humide. D'ailleurs, la situation géographique de cette contrée, son peu d'élévation au-dessus du niveau de la mer, la nature de son terrain, contribuent à y créer une température torride. En été, dès neuf heures du matin, le soleil n'est plus supportable pour un Européen. Dans toutes les saisons, à midi, l'air est embrasé, des vapeurs suffocantes, mêlées de sable ténu, y remplacent l'air respirable et dessèchent les poumons ; le ciel, un ciel de plomb fondu, étincelle comme le fer rougi dans la forge. Des vents chargés du sable d'immenses déserts dessèchent tout ce qui est humide.

Privée du bienfait des pluies, l'Égypte était donc condamnée à une effroyable stérilité : terre maudite, inhabitable, elle eût repoussé l'homme de son sein, si la Providence ne lui avait donné, en échange, ce fleuve aux miracles annuels, qui, avec la divine régularité qu'on admire dans le cours des astres, s'enfle et déborde en mai, juin et juillet dans ces régions équinoxiales où il cache sa source. Pendant trois mois, il couvre les campagnes, les pénètre de sa fraîcheur fécondante, et les recouvre d'un épais limon, gras et léger, qui est l'abondance, la prospérité, la vie.

C'est encore aux circonstances spéciales du climat, du sol et du fleuve de l'Égypte, que ce pays fut redevable d'une agriculture perfectionnée. Sous une température toujours uniforme, sous un ciel constamment pur et sans nuage, les Égyptiens avaient dû aussi, des premiers, étudier le cours des astres et régler l'année. Précédés par les peuples pasteurs de la Chaldée et de l'Inde dans cette science sublime, ils la conduisirent à un singulier degré de perfection. Arithmétique, géométrie, arpentage, irrigation, astronomie, le Nil fut le père de toutes ces sciences.

Là où le fleuve baigne une terre tant soit peu cultivée, là où un jardin reçoit quelques soins, ce sont des merveilles de végétation luxuriante dont on ne peut se faire une idée quand on ne les a pas vues. Ce sont des palmiers élégants, avec leurs panaches de dattes, des bananiers aux larges feuilles, des roseaux géants, des tamarix aux feuilles finement découpées, des colocazias, d'énormes touffes chevelues de riz et de cannes à sucre.

Mais le roi de cette végétation splendide, c'est le sycomore d'Égypte, ou figuier de Pharaon (*ficus sycomorus*). Ce bel arbre n'a rien de commun avec notre sycomore qui n'est autre chose qu'un érable (*acer pseudo-platanus*).

Grâce au limon bienfaisant déposé par le fleuve, le sable se féconde pour ainsi dire à vue d'œil. On peut, en certains endroits, à la limite de crue, poser un pied sur un sol fertile, tandis que l'autre foule un sable aride et stérile.

Du mois de janvier jusqu'au mois de mai, le Nil est d'un beau bleu profond, à peu près semblable à celui du Rhône; son eau est douce et claire. Vers la fin de mai, ou dans les premiers jours de juin, l'eau prend des teintes grisâtres et se trouble sensiblement. A cette époque, les bords du fleuve sont dangereux à habiter pour l'Européen. Il s'en dégage des vapeurs méphitiques, principes de fièvres mortelles.

Cette courte période une fois passée, le fleuve prend peu à peu une couleur sanglante si marquée que l'illusion est complète. C'est une rivière de sang qui coule sous les yeux. C'est là l'indice le plus certain de la grande crue.

« Nous somme arrivés, Sidi, » me crie le pilote. Je me précipite, je croyais être au Caire, je n'étais qu'à Boulaq.

C'est qu'en effet le Nil ne touche plus le Caire. Il s'en est écarté de plus d'un kilomètre. Je recommande mes malles au capitaine et, pressé de voir le Caire, j'enfourche un cheval et je vole sur une route magnifique bordée de sycomores séculaires. J'arrive à une place carrée, à l'européenne, bordée de palais et de mosquées : c'est la place de l'Ezbekieh. C'est sur cette place, autrefois régulièrement submergée par l'inondation, que se célèbre la fête du Nil. C'est de là qu'on jetait dans le fleuve la statue de la *fiancée*, souvenir des anciennes superstitions.

Voici des Moghrebins au burnous blanc, des Bédouins à la couverture grise, des Nubiens et des Fellahs avec leur blouse en lambeaux, des Arnautes avec leur coquette fustanelle blanche, avec leur veste rouge soutachée d'or ; des Abyssins au turban blanc ; des nègres magnifiques du Sennaar ; des Ababdiehs au large caleçon blanc ; des hommes de l'Hedjaz, à la robe rouge et au coufieh jaune. Voici le santon fanatique ou imposteur dont le costume est celui d'Adam dans le Paradis terrestre avant sa chute. Ajoutez à cela le Juif à robe sombre, le Turc à redingote étriquée, avec son fez disgracieux à flot rouge, l'Européen avec son habit mesquin et son chapeau tromblon, et vous aurez une idée de cette foule multicolore.

En somme, la physionomie du Caire est celle d'un immense bazar. Toutes les races s'y sont donné rendez-vous. La variété des costumes et des types y est plus grande que partout ailleurs. On m'affirme cependant que Constantinople m'offrira un pêle-mêle encore plus complet.

La promenade principale de la ville, *El-Ezbekych*, est une des plus fraîches oasis qu'on puisse rencontrer sous le soleil d'Egypte.

Elle se compose de plusieurs allées, formées de bouquets d'arbres irrégulièrement plantés, une sorte de petit bois au milieu duquel sont des cafés. On m'y montre une maison qui fut habitée par le général Bonaparte, et, près de là, une petite mosquée en ruines, près de laquelle fut assassiné Kléber.

Voici enfin les premières mosquées vraiment belles que j'aie encore vues en Égypte. Je ne pus me lasser de regarder celles de Haçanin, de Sultan-Haçan et d'El-Mouyed, avec leurs minarets blancs et noirs, leurs coupoles en faïence luisante, leurs balustrades délicates fouillées avec amour, leurs fraîches fontaines, leurs balustrades, véritables dentelles de bronze, leurs vitraux de couleur qui tamisent la lumière, et leur charmante irrégularité.

Une mosquée se compose d'un ensemble de bâtiments destinés

à des usages bien différents. Autour du temple de la prière, vous trouverez souvent une maison d'enseignement, des salles de cours pour la religion, les sciences, la jurisprudence, la littérature, des hôpitaux, une pharmacie et quelquefois un *okel* pour les voyageurs, des écuries, des bains publics.

La mosquée des Fleurs, par exemple, *El-Azar*, contient tout une université. C'est là qu'avait étudié le jeune assassin de Kléber.

Des ânes qui galopent, portant à l'extrémité de la croupe de vénérables marchands à longues barbes blanches; des chameaux allant au pas et à la file, d'un air grave et rêveur; des buffles qui traînent de longues poutres pour quelque construction voisine, et qu'un jeune drôle aiguillonne sans pitié; des spahis courant à cheval et distribuant à ceux qui ne se rangent pas des coups de courbache : voilà l'incroyable pêle-mêle d'une rue du Caire. Et encore figurez-vous que cette rue est étroite au point qu'à certains endroits deux chameaux ont peine à passer de front.

Et ces rues, comment les reconnaître à moins d'une étude longue et spéciale. Ce lacis de ruelles, de corridors, d'impasses, se divise en *ving-trois mille* quartiers. Il est vrai que dix-sept mille selement sont bien définis. Chacun de ces quartiers est fermé le soir par sa porte particulière, avec sa serrure de bois.

Livrer à l'air et à la lumière de larges espaces vides, ce que nous appelons des places, n'est pas dans les habitudes de l'architecture orientale. Un inextricable lacis de rues étroites, où les toits surplombent et souvent se touchent, un pêle-mêle de petites places et de petites fontaines, de baraques, d'échoppes, de palais, de minarets, de grands murs vides à peine troués de quelques fenêtres, tout cela dans un désordre qui fait croire au hasard, voilà la plus laide comme la plus belle des villes de l'Orient; voilà le Caire.

Les amateurs de pittoresque à tout prix mettent ce beau désordre bien au-dessus de nos constructions si parfaitement alignées, de nos maisons semblables à de grandes commodes et empreintes de toute la banalité bourgeoise. Chacun son goût.

Presque toutes les villes de l'Orient se ressemblent. Il y a toujours la vieille ville, celle qui échappe le plus au mouvement du commerce, à la vie ; celle-là se compose inévitablement de ruelles tortueuses, infectes. Les maisons sont généralement construites en briques mal cuites, quelquefois en terre séchée au soleil. Les toits pressés, les étages en saillie sur le rez-de-chaussée jettent sur la ruelle des angles désordonnés, des encorbellements capricieux. De temps en temps, on trouve un peu d'espace, un peu d'air, un peu de lumière : c'est une masure rongée par le temps qui s'est affaissée. Il a fallu une ruine pour vivifier ces cloaques.

Au milieu de tout cela, cependant, vous trouverez, en cherchant bien, de charmantes oasis. Au bout d'une cour carrée, derrière quelque mur aveugle, se cache quelque demeure mystérieuse, aux galeries pavées en marbre, aux riches bordures de portiques irréguliers, aux parterres plantés au hasard d'orangers, de citronniers, de figuiers et de jasmins ; aux vignes folles courant des arbres aux arcades.

Dans la partie la plus mystérieuse de ces pittoresques réduits, se découpe un grand bassin carré, au milieu duquel, sur un massif à rebord de marbre rose, s'élève une fontaine aux vasques curieusement fouillées, aux feuillages délicatement sculptés.

L'architecture de ces asiles des plaisirs et de la paresse emprunte à la magie des couleurs des effets gracieux. Si le fini, si le bon goût manquent souvent à ce luxe un peu barbare, les ogives et les cintres vivement enluminés, avec des entrelacs de fleurs et d'arabesques, s'opposent d'une façon charmante aux masses obscures des portiques et des jardins.

Mais allons au Fondouck : c'est là que se trouve la véritable originalité, la vie de la ville orientale.

Il y a nécessairement dans toutes les civilisations, sous tous les soleils, un point de rendez-vous où tous abondent à une certaine heure. Même en Orient, l'homme a besoin du contact de l'homme. Chez nous autres Français et chez nos voisins d'outre-Manche, ces points de contact sont multipliés ; mais enfin, il y en a toujours un qui l'emporte sur les autres et qui a le privilège de réunir, sans autre but apparent que la réunion même, les individualités les plus tranchées d'une grande ville. A Paris, c'est le boulevard des Italiens, près de Tortoni ; à Marseille, c'est la Cannebière ; en Espagne, c'est le Prado, la Puerta del Sol ; en Italie, c'est le Corso.

En Orient, c'est toujours le Fondouck et le caravansérail. C'est là qu'affluent, sous tous les costumes imaginables, Francs, Turcs, Persans, Juifs, Arabes, Biskris.

Pauvre architecture que celle des Turcs, à côté surtout des constructions cyclopéennes de la vieille Égypte et des délicieuses créations de la fantaisie arabe.

À deux kilomètres environ du Caire s'élève la sépulture de famille construite par les ordres de Méhemet-Ali. Le mauvais goût des Turcs brille là dans tout son éclat. Ce sont des stèles criardes, jaunes, bleues et rouges, ornés de rinceaux dorés, coiffés de lourds tarbouchs. Tout cela hurle de se trouver ensemble et la richesse de la matière ne fait que mieux ressortir l'ineptie de l'artiste. A qui se rappellera la noble richesse, l'élégance si pure des tombeaux et des turbehs de la race fatimite, les minarets curieusement découpés de Kansou-el-Goury, le portail prestigieux de Berkouk, taillé, disent les légendes arabes, par la main des génies, les galeries à jour des Ayoubites, les dômes splendides d'Ali-Bey, le contraste des deux civilisations apparaîtra dans tout son jour. Or, ces modèles d'une ère pleine de grâces et d'élégantes recherches sont à quelques milliers de pas des affreuses maçonneries si laidement badigeonnées par les vice-rois modernes.

J'ai vu ici un grand nombre de monuments qui n'ont pas trente

ans d'âge, palais, casernes, tombeaux, raffineries de sucre, filatures de coton; mais j'ai en vain cherché un art égyptien moderne.
L'art est mort ici.

Disons plus, le vandalisme y est intronisé. Chaque jour tombent
sous le marteau des fellahs des monuments précieux des époques
antiques, et les pierres sculptées par les Pharaons, par les Fatimites ou par les Mamelucks, servent à construire de vastes et ignobles
boîtes qu'on décore du nom de palais. La poudre travaille là où le
marteau n'est pas assez fort. Les pylônes antiques, les colonnes,
les chapiteaux sont traités comme des ennemis, et la sape les convertit en carrières pour le plus grand avantage de la nouvelle architecture.

C'est ainsi que les Turcs du xviiie siècle bâtissaient leurs maisons
de fragments arrachés au Parthénon !

Un souvenir chrétien vient tout à coup vous saisir au milieu de
la ville musulmane. Une église copte, dédiée à saint Serge, et qui
s'élève près de la mosquée d'Amr, contient des cryptes d'une haute
antiquité. Le musulman ou le pauvre prêtre grec chargé d'officier
dans cette masure s'accorderont pour vous dire que c'est dans ces
cryptes que se réfugia *Aïssa*, le fils de Marie, Jésus-Christ. A deux
lieues du Caire, près des ruines d'Héliopolis, coule la fontaine
d'*Aïn-Chems* ou fontaine du soleil. C'est le lieu du *repos en Égypte*.
Cette fontaine de *Matarea* (Mataryeh), la tradition dit que la sainte
Vierge la vit apparaître sur l'ordre de son fils et qu'elle y lava sa
tunique.

Si pittoresque que soit une ville de l'Orient, il faut s'en tenir à
la surface si on ne veut pas trop vite échanger ses impressions

poétiques contre la désillusion et le dégoût. Aussi je me décide à ne voir du Caire que son désordre original, et à ne pas fouiller trop au fond de ce chaos élégant et bizarre. D'ailleurs l'Égypte m'appelle, et le Caire n'en est que la porte. Ce que je veux voir en Égypte, c'est le désert immobile, image d'une civilisation morte ; c'est le désert vivifié par la civilisation moderne.

Commençons par l'Égypte du Nil et des monuments immenses, l'Égypte des Pharaons. Je fais prix avec un saïs qui se charge de tous les détails du voyage, sorte de *cicerone* arabe habitué à exploiter le voyageur, et, soyons juste, à lui épargner les ennuis et les difficultés de l'ignorance. Il fait prix pour une cange, un patron et quatre rameurs, achète les provisions nécessaires pour une excursion de quelques jours, et nous voilà partis pour le désert par la grande route verdoyante du Nil.

La cange traverse le Nil au vieux Caire, s'arrête un instant à l'île de Rodah, oasis qui verdoie au milieu des eaux jaunes du fleuve, puis aborde à Gizeh. Près de là s'élève le petit village d'Embabeh, célèbre par une victoire française.

Il y a certainement dans les pays du soleil une sorte d'effluve poétique, un instinct naturel du beau que vous rencontrerez dans les âmes les plus vulgaires. La case de l'Indien, la hutte de boue du Fellah, la pauvre maison de l'Osmanli ont un cachet d'élégance et de bon goût qui manquent trop souvent dans nos pays du Nord à des constructions plus durables.

Je fais ces réflexions en découvrant tout à coup sur les bords du fleuve une hutte bâtie de boue séchée au soleil. La porte en affecte la forme ogivale la plus pure. Nouvelle preuve, à mon sens, de l'origine arabe de notre architecture religieuse du moyen âge.

Une cabane de Fellah, c'est une sorte de trou creusé en terre, recouvert de boue séchée au soleil, percé d'une unique ouverture qui sert à la fois de porte, de fenêtre et de tuyau de cheminée. Une guirlande de courges fraîches les décore le plus souvent. La courge, c'est presque l'unique aliment de ces malheureux. O misère !

C'est dans cette population déshéritée des Fellahs que vous retrouverez quelques vestiges de l'ancienne population de l'Égypte des Pharaons. Les joies ou les douleurs y sont encore accompagnées des accords disgracieux de deux instruments antiques, le *rebel* et le *naz*. Les mélodies qu'accompagnent ces sauvages instruments devaient avoir leurs similaires dans les chansons sacrées des anciens mystères. Les enfants glapissent en chœur, gloussent d'une façon convenue et réglée sans doute par la tradition invariable. Le paysan nubien danse encore aujourd'hui au son du *tarabouk*, espèce de tambour en terre cuite, et sa danse invariable est conduite par l'antique coryphée ou *loti*.

Et pourtant, malgré ces misères sans nom, cette race d'hommes est encore belle. Ces torses mal nourris, exposés à des émanations fétides, à des labeurs épuisants, ont conservé une énergie, une pureté de formes singulières. Il y a chez ce peuple un grand fonds de vitalité et de distinction primitive. La maladie la plus habituelle dans ces campagnes de sable brûlées par le soleil, c'est l'ophthalmie. Il y a tel village où il est rare de rencontrer un homme qui ne soit pas borgne ou aveugle.

Bakhchich, Bakhchich-Kébir, un pourboire, un gros pourboire, tel est le cri que vous entendrez incessamment sortir de la bouche d'un Fellah ou d'une Fellahin quand ils aperçoivent un Franc. Et comment en vouloir à ces malheureux de leur importunité, quand on réfléchit que ce pourboire demandé avec tant d'insistance représente souvent pour eux la vie d'une semaine. Que de travaux énormes ne leur faudrait-il pas pour le gagner avec leurs compatriotes ?

Les chiffres sont laids et tristes à voir, d'accord, mais ils sont quelquefois instructifs. Au XVIe siècle, l'agriculture en Égypte mettait en œuvre 10,000 feddans de terre, environ 15,000 arpents ; sous l'administration française, ce nombre était déjà réduit à 4,000 ; aujourd'hui, on n'en cultive plus que 2,300.

Voilà où a conduit le système de civilisation factice et industrielle imaginé par Mehemet-Ali.

Le costume des femmes est une grande pièce d'étoffe noire, le *habara*, des pantalons jaunes et des bottes assez courtes. La figure est recouverte du *bourko*, morceau d'étoffe blanche retenu par une tresse de coton. La femme des basses classes porte une grande tunique bleue ouverte par le haut, et un *milayeh*, sorte de châle étroit qui traîne jusqu'à terre. Le *bourko* ne cache pas leur figure, mais elles obéissent à la loi musulmane en dissimulant leurs traits sous des nattes nombreuses, en cheveux ou en soie, que réunissent des cordons nombreux et qu'ornent de petites pièces de monnaie.

Mon saïs, un vieux Bédouin, à l'œil intelligent, et c'est à dessein que je m'exprime ainsi, car il est borgne, me raconte en son jargon une histoire incompréhensible, dans laquelle je ne reconnais, à l'aide d'une pantomime furibonde, que le canon, les têtes coupées et le mot souvent répété de Bounaberdi. Comme il me montre en même temps le petit village d'Embabeh, je comprends qu'il me fait, à sa manière, le récit de la bataille gagnée en ces lieux par les Français. Allons donc à Embabeh, et, si vous le voulez bien, je prendrai la place de mon saïs, et, aidé par l'aspect des lieux, je reconstruirai ce grand fait historique. Ce sera à la fois de la géographie et de l'histoire patriotique.

Me voici sur la terre d'un des quatre villages réunis sous le nom commun d'Embabeh ; sur la rive droite se profilent les ruines de Boulaq et les minarets du Caire. Là-bas, en face de moi, s'étend la vaste plaine de Gizeh : j'ai à ma gauche les trois pyramides, toutes roses sous un soleil ardent. A ma droite, jaillit des sables blonds un frais repli du Nil, et un bois de maigres palmiers termine l'horizon.

Il est l'heure où le soleil, encore rouge de ses ardeurs de la journée, s'incline cependant déjà vers l'océan de sable qui fuit à perte de vue au couchant. Il est six heures du soir : c'était l'heure de la bataille.

Reconstruisons sur la scène immuable les faits écoulés dans ce glorieux passé. Sur cette plaine brûlée, s'agite comme un long serpent aux couleurs variées la cavalerie de Mourad-Bey. Ce serpent se replie et entoure quelques masses noirâtres perdues dans l'immensité du désert. Ce sont les cinq carrés de la petite armée française.

Au premier coup d'œil, ces cinq taches brunes, immobiles, donnent l'idée d'une armée perdue. La force, la vie, l'espace sont du côté des Mamelucks. Mais regardons de plus près. Ces carrés immobiles, placés à une demi-portée de canon les uns des autres, sont animés d'une intelligence supérieure. Leur forme, la place qu'ils occupent révèlent une pensée victorieuse. Déjà l'armée innombrable des Mamelucks est séparée de son camp d'Embabeh et de son avant-garde, restée plus bas sur le Nil. C'est la seconde heure de la bataille.

Des feux croisés ont fait une place assez large entre la petite troupe et les hardis cavaliers qui la harcèlent. Montés et armés comme les Sarrasins au temps de saint Louis, les Mamelucks combattent aussi comme eux. Même courage aveugle, désespéré, même absence de tactique. Au lieu de flèches et de lances, des fusils élégants, des pistolets richement incrustés, armes magnifiques qui ne portent pas. Ils sentent si bien l'insuffisance de ces armes nouvelles encore pour eux, qu'ils se ruent sur la barrière d'acier des baïonnettes et qu'ils cherchent à renverser ce mur à coups de cimeterres recourbés. Leurs chevaux frémissants, dont leur large éperon tranchant fouille les flancs ensanglantés, viennent se cabrer et tomber sur la pointe de fer qui les repousse. De temps en temps, un fauve éclair jaillit du sein des bataillons immobiles, et une large trouée fait le jour dans les rangs pressés des cavaliers. Chevaux emportés, cavaliers aux turbans rouges, aux vestes brodées, aux casques damasquinés, tourbillonnent impuissants autour des phalanges reliées par cette force du génie moderne, la discipline.

Mais voilà que l'une des cinq masses s'ébranle à son tour, d'un pas lent, sûr, irrésistible. Elle se place entre la cavalerie désorganisée de Mourad et le camp de Gizeh. Ce camp ne peut plus être défendu. L'infanterie française y pénètre, en culbute les défenseurs, et voit s'éparpiller devant elle les chameaux aux longues têtes busquées, tout chargés des richesses de l'ennemi.

La fuite des Mamelucks est générale. Une autre colonne française pivote sur la droite, décrit un demi-cercle vers la rive du Nil, barre aux fuyards le chemin du désert et les rejette dans le fleuve. Cavaliers luttant contre le courant, djermes, canges et caïques chargées de têtes humaines et coulant bas sous leur poids

ou sous les volées du fleuve, à la vue des habitants du Caire rassemblés sur l'île de Boulaq, voilà l'aspect général de cette fuite immense.

Au loin, un groupe de cavaliers bien montés s'élance vers les Pyramides. C'est Mourad-Bey qui va cacher dans le désert son désespoir et sa rage. Près de nous, sur la rive, un homme pâle et maigre, aux longs cheveux noirs, à l'œil profond, regarde le Caire, ses aiguilles sculptées, ses dômes étincelants sous les rouges rayons du soleil qui se couche. C'est le général Bonaparte.

Vous ai-je donné une idée du paysage du Nil et de la scène de cette immortelle bataille, la bataille des Pyramides ?

Un historien syrien, *Nakoula-el-Turk*, a laissé un récit de ces batailles de Napoléon Bonaparte, dans lequel j'ai pu lire ce curieux portrait du héros :

« Cet illustre guerrier, l'un des grands de l'assemblée des Frenghistan, était petit de taille, grêle de corps et jaune de couleur. Il avait le bras droit plus long que le gauche, était âgé de vingt-huit ans, rempli de sagesse et très-riche d'or. On dit même qu'il connaissait l'art de deviner d'après les astres. Beaucoup d'Egyptiens le regardaient comme le *Mahadi* (le prophète de la fin du monde), et ses habits du Frenghistan empêchèrent seuls qu'on ne crût à ses paroles. S'il avait eu le *féredjé*, tout le peuple l'aurait suivi. »

Vous voyez que tout le monde écrit l'histoire à sa manière.

Mais oublions l'Egypte des batailles modernes et remontons par la pensée ces quarante siècles qui nous contemplent, nous aussi chétif et obscur, du haut des Pyramides.

C'est vraiment quelque chose de mystérieusement étrange que ces monstrueux monuments, et l'esprit est confondu de penser que ces masses ont été élevées par la main de l'homme.

Pour élever des monuments gigantesques, les Egyptiens se trouvaient dans des conditions toutes spéciales. Des bancs immenses de grès et de granit leur offraient des matériaux à portée. Peu de mouvements de terrain, pour rendre difficile le transport de ces masses : et , pour exécuter ces immenses travaux, une organisation sociale qui fournissait, à défaut de machines perfectionnées comme celles de nos architectes modernes, des millions de bras esclaves.

Aussi, leurs statues sont des colosses, leurs colonnes des obélisques, leurs tombeaux des pyramides. Leurs villes, Thèbes, Memphis, étaient des montagnes de pierre et leurs temples des villes. Là est le secret de ces ouvrages inconnus aux autres nations, dont Delille a si bien dit :

Leur masse indestructible a fatigué le temps.

Les plus anciens monuments historiques nous montrent déjà ce peuple industrieux armé d'une civilisation régulière, plus de 2,000 ans avant J.-C. Longtemps avant l'ère historique, l'Égypte était le flambeau du monde. Ce flambeau, elle l'avait allumé sans doute au berceau de la civilisation primordiale dans l'Inde. Mais ici, la trace des emprunts se perd dans l'épaisse nuit des siècles.

La Grèce et l'Italie étaient encore couvertes de forêts vierges, habitées par ces sauvages autochthones dont le type peut être cherché dans les cyclopes d'Homère, dans les centaures, dans les géants vaincus par Hercule et par Thésée, quand déjà les nombreuses populations de la vallée du Nil cultivaient les arts et les sciences, vivaient sous des lois régulières empreintes d'une sagesse devenue proverbiale.

Longtemps avant Moïse lui-même, l'Égypte était déjà en possession de toute son importance politique, religieuse, scientifique. La Bible en est le plus sûr garant. A cette époque le législateur des Hébreux, élève des Egyptiens lui-même, donna sur leur modèle à la postérité d'Abraham et de Jacob ces lois que couronna la révélation divine.

Toute cette civilisation a disparu ; mais les Pyramides sont restées là, debout, imposant témoignage qui, à la fin des temps, attestera encore la puissance de ceux qui les élevèrent.

Au reste, il y a un fait curieux qu'on a peu remarqué à propos de la construction des Pyramides : c'est que la race européenne est en droit d'en revendiquer en partie la fabrication. Ceux qui élevèrent ces gigantesques monuments furent, en effet, des Mizraïmites ou descendants de Mizraïm, enfants de Cham et de la race caucasienne, c'est-à-dire mélangés d'hommes blancs circassiens et d'Egyptiens autochthones.

La grande pyramide a été incontestablement construite par les ordres du roi *Choufou* ou *Soufis,* dont le nom altéré se retrouve dans *Chéops.* Le nom du monarque est tracé sur beaucoup de pierres de la grande chambre sépulcrale. La seconde appartient au temps du roi *Chéfren* ou *Chafra.* La troisième par rang de taille fut construite pour servir de cercueil au roi *Mycerinus.* La boîte de bois qui contenait le corps est au *British Museum* de Londres. C'est le plus fragile et le plus ancien des monuments humains.

Ainsi, la plus petite des Pyramides remonte à quarante siècles, la plus grande à soixante. On voit que Bonaparte ne surfaisait pas l'histoire.

A ces monuments mystérieux les Arabes ont trouvé des noms empreints de toute la poésie du désert. Car ce sont de grands poètes que les Arabes. Les Pyramides sont pour eux *les Vieillesses, el Heramat,* et le Sphinx c'est *le père de l'épouvante, Abou-el-Houl.*

Si vous leur en demandez l'origine, ils vous répondront naturellement qu'elles ont été construites par les génies et par les péris avant la création d'Adam, à moins que leur mémoire n'ait conservé quelque autre légende moins reculée.

A quelque distance de ces géants des déserts, il y a encore une quinzaine de petites pyramides en briques crues, qu'on nomme les Pyramides de Sakkara. Elles sont placées au-dessus d'Aboukir, de Sakkara et de Dachour. En cherchant bien sous le sable, vous trouveriez pendant plusieurs kilomètres la poussière de cent autres monuments de ce genre qui se sont égrenés dans le désert et qui se confondent aujourd'hui avec la poussière des siècles accumulés. A vrai dire, toute cette vallée était, il y a soixante siècles, un rendez-vous de monuments de ce genre.

Toutes les hypothèses plus ou moins ingénieuses faites sur la destination des pyramides n'écarteront pas ce fait évident, à savoir que les pyramides ne sont que des tombeaux. Elles furent exclusivement destinées à la sépulture des Pharaons qui régnèrent à Memphis, avant d'être détrônés par les rois pasteurs. Cette longue suite de rois égyptiens s'étend depuis la première jusqu'à la treizième dynastie de Manéthon.

Le mode de construction des pyramides permettait de rendre leur élévation progressive. Chaque roi de la dynastie y ajoutait de nouveaux gradins, jusqu'à ce qu'enfin on arrivât à les couronner de leur pointe. Lepsius indique une autre loi de progression à laquelle nous ne saurions souscrire. Il prétend que la dimension de la pyramide était proportionnée à la longueur du règne sous lequel elle était bâtie : commencée, dit-il, au moment où le roi montait sur le trône, on finissait les travaux à sa mort. Les vastes pyramides indiquent de longs règnes, les petites, des règnes plus courts. Cela est d'autant moins admissible qu'il est certain que plusieurs pyramides ont eu des architectes différents, et que commencées sous un règne elles ont été achevées sous un autre. Telle pyramide, d'ailleurs, renferma les corps de deux rois.

Nous sommes restés jusqu'à présent dans l'Egypte moyenne ou *Vostani*. Suivez-moi maintenant dans le Saïd. C'est la *haute Egypte* des géographes, la *Thébaïde* des anciens, le lieu sanctifié par les anachorètes du christianisme naissant. Passons devant *Siouth*, point de départ des caravanes de la Nubie et du Darfour : c'est là que sont ces excavations singulières qui trouent la montagne comme les cellules d'une vaste ruche et qui paraissent avoir été, soit des tombeaux, soit les retraites des solitaires de la Thébaïde.

La vue de ces tombeaux étranges m'inspira une comparaison saisissante entre l'Orient et l'Occident. En France, Saint-Denis ; en Angleterre, Saint-Paul de Londres et surtout l'abbaye de Westminster ; en Espagne même, l'Escurial et surtout l'abbaye de Poblet ont une imposante et froide tristesse qui manque aux monuments funéraires de l'Orient, quelle qu'en soit la grandeur ou la magnificence.

Dans les pays du Septentrion, le style gothique donne aux monuments de cette espèce une apparence grave et désolée ; leur immense vaisseau présente de sonores espaces où le moindre bruit se multiplie par les échos, et où la lumière qui ruisselle à travers les mosaïques des vieux vitraux projette sur les ogives des teintes mystérieuses. Là, tout est grand, tout est religieux, tout prédispose au salutaire abaissement des âmes devant la majesté de Dieu : saisie de respect, l'intelligence se ramène en elle-même et se livre à la méditation, au repentir.

En Orient, au contraire, quelle que soit la grandeur éloquente des tombeaux, le jour éclatant qui les inonde ressemble à une

hymne de gloire et fait penser avant tout au bonheur de vivre. Je n'ai vu les Pyramides vraiment tristes, d'une grande et solennelle tristesse que la nuit, une nuit sans lune, dont les étoiles, avec leur lumière pâle et religieuse, revêtaient de fantastiques aspects ces masses imposantes, et jetaient de singulières ombres, pleines de la terreur antique, sur le sphinx de granit accroupi dans le désert.

On comprendra mieux encore ma pensée si de l'Egypte le lecteur me suit dans les profondeurs de l'Inde. Il y a quelques années, je passais, touriste infatigable, non loin de la Delhi moderne, si déchue elle-même de sa splendeur première depuis la furieuse visite qu'y fit, en 1738, le conquérant Nadir-Schah, mais dont les ruines récentes recouvrent des ruines bien autrement imposantes, celles de l'ancienne Delhi, l'Indraput des Persans.

Parmi ces ruines, la plus remarquable est celle du Kuttub-Minar, mausolée élevé au saint derviche Kuttub-Salnib. Cette tour élégante, délicatement cannelée, se projette dans les airs avec une gaieté architecturale qui laisse bien loin de l'âme la pensée d'un tombeau.

A quelque distance, au confluent de la Jumna et d'un ruisseau qui s'y jette, s'élève la ville d'Agra, ancienne rivale de la superbe Delhi. Là fut aussi autrefois le théâtre des pompes inouïes de l'empire du Mogol. Là, au milieu des ruines, car tout est ruine dans l'Hindoustan, on voit encore le tombeau que Schah Jehan (Châh-Djihan, ou Sultan Khorrem, empereur hindou au seizième siècle) éleva à sa femme, la belle Nour-Maàl. Ce chef-d'œuvre d'architecture orientale est entièrement construit d'un marbre éblouissant que l'admirable climat des Indes a à peine empreint des blonds reflets du soleil. Quatre minarets, sentinelles avancées, dominent la plate-forme du monument. De cette plate-forme s'élance un magnifique dôme en granit rouge où le visiteur pénètre par des battants de bronze. Du portail, on pénètre dans des jardins, autrefois délicieux, aujourd'hui envahis par la luxuriante et capricieuse végétation de l'Inde. Des dômes de moindre dimension, des kiosques, des aiguilles et des croissants de métal doré, des mosaïques délicieuses entourent le frais asile où reposent encore Schah-Jehan et Nour-Maàl dans leurs sarcophages de jaspe et de lapis-lazuli.

Ce tombeau, on le comprend sans peine, ne laisse à l'esprit qu'une impression, celle du plus charmant des palais d'été. Est-il besoin de dire que la différence des religions explique, comme la différence des climats, ces oppositions saisissantes.

Et cependant, plus qu'aucun autre monument funèbre, les sépultures royales devraient être pleines d'enseignement. Devant elles, il semble pour nous autres Européens que la méditation soit inséparable de leur vue. Nulle part plus qu'en ces lieux, le voyageur chrétien ne retrace plus rapidement à son esprit ces paroles de l'Ecclésiaste : *Vanité des vanités, tout est vanité; vanitas vanitatum, et omnia vanitas;* et nous croyons encore entendre retentir à nos oreilles la sublime apostrophe de Massillon aux dépouilles mortelles de Louis XIV : *Dieu seul est grand, mes frères.*

Ceux qui ont visité l'Italie feront à ma théorie une seule exception peut-être, celle du Campo-Santo de Pise, ce délicieux jardin entouré de toutes les merveilles de l'art et inondé du beau soleil de la Toscane. Mais revenons au Saïd.

Depuis que la civilisation européenne envahit le désert, depuis que les canaux et les chemins de fer de l'Occident jettent leurs bras féconds sur le sable égyptien, c'est ici véritablement que commence l'antique Egypte, la vieille terre des Choufou, des Mere-Papi, des Seti, des Touthmosis, des Aménophis, des Rhamsès; l'Egypte des sables et des monuments impérissables de granit, l'Egypte morte et immobile dans sa beauté éternelle.

Le dirai-je cependant, il y a quelque chose qui me gâte les Pyramides et le désert. Ce désert-là est un peu trop fréquenté. Un voyage en Egypte est devenu chose si facile, et le voyageur européen a la bourse si bien garnie, que chaque tombeau recèle un noir *cicerone*, tout prêt à vous exploiter.

En Espagne, dans la plus grande partie de la Méditerranée, en Orient surtout, tout étranger qui n'est pas voyageur du commerce, qui ne porte pas d'échantillons de calicot ou de soieries, ou qui n'exerce pas la profession de coiffeur ou de cuisinier, est nécessairement un Anglais. Un voyageur en chapeau rond est pour tout le monde un *Inglesito*, et combien de fois, dans les îles de l'Archipel, ne m'a-t-on pas salué du titre de *Milordos frantsisos*, milord français.

Un jour M. de Forbin rencontra, au pied de la grande Pyramide, une dame anglaise, accompagnée de deux de ses filles, et d'un grand garçon en veste ronde orné d'un voile vert. Tout cela se livrait aux actives occupations d'un copieux *luncheon*, sous les yeux de quarante siècles. M. de Forbin eut la bonhomie de s'étonner. Il est vrai que la chose se passait vers 1825.

Aujourd'hui, un voyageur qui a un peu couru le monde s'étonne quand, arrivé dans un endroit curieux ou de difficile accès, il ne rencontre pas au moins un Anglais. Il y a, entre les voyageurs britanniques, une émulation singulière à ce sujet. Il ne s'agit pas de voir l'objet inconnu, d'analyser ses sensations, de vivre un moment par la surprise et la fantaisie satisfaite. Non, il s'agit d'arriver là-haut pour y arriver, de franchir ce désert sans autre but que de dire : Je l'ai franchi.

Deux touristes anglais s'étaient donné pour mission de surmonter tous les obstacles, d'imprimer une semelle britannique sur les endroits les plus inaccessibles. L'honorable James Wood et le très-honorable sir Mount Oliphant, au lieu de réunir leurs efforts, se déclarèrent une guerre acharnée. Pas de ruses qu'ils n'employassent pour se distancer. C'était un *steeple-chase* au monument : le *turf* était l'univers connu.

Mais dans cette partie sans fin, les chances n'étaient pas égales. Sir Mount Oliphant avait contre lui un ennemi sérieux, son obésité. Sir James Wood, maigre comme un Irlandais, agile comme un chat, ne dormant que d'un œil, était toujours le premier arrivé. Enfin, un jour, sir Mount Oliphant résolut d'en finir par un coup d'éclat. Il prit en secret toutes ses mesures, fit les préparatifs les plus minutieux, arrêta tout à l'avance, régla tout à trois mille lieues de distance, puis lança brusquement un défi solennel à sir Wood. Il s'agissait de savoir qui des deux poserait le premier le pied sur la pointe encore vierge du *Chamalari*, le pic le plus élevé de l'*Himalaya*.

Le défi accepté, sir Oliphant partit comme une trombe. Tout l'attendait, yacht à vapeur dans l'Océan, palanquins et porteurs à Calcutta, mules dans les montagnes de l'Hindoustani, guides sur les contreforts de l'Himalaya. Sir Oliphant arriva, monta, fit la plus heureuse ascension sur le géant de l'Inde. Mais, quand il atteignit le dernier sommet, sur la neige éternelle, il aperçut un bâton pointu fiché en terre et, dans une fente ménagée à la poignée du bâton, une carte porcelaine avec ces mots : *sir James Wood, baronnet. Grosvenor square, London.*

Et voilà comment, le plus souvent, voyage l'Anglais vulgaire, avec ses pieds plutôt qu'avec son intelligence.

Puis, aidé de quelque teinturier obscur, de quelque *reviewer* sans ouvrage, notre *dandy* publiera à son retour un petit volume jaune avec l'un de ces titres piquants :

Days and Nights in the East. Mes jours et mes nuits dans l'Orient.

Ou bien : *A journey from London to Rio de Janeiro.* Voyage de Londres à Rio de Janeiro.

Ou encore : *Personal adventures and excursions, by Turtlesoup, esq.* Aventures personnelles et excursions de Turtlesoup, esquire.

J'ai connu un bas-bleu, non des plus médiocres, miss Plimley, qui, n'ayant jamais quitté son *house* et son *poker*, crut devoir raconter à ses compatriotes et à l'univers, en deux volumes in-8°, un voyage qu'elle désirait faire.

Chose admirable, la faculté d'appropriation, d'acclimatation momentanée, de chez soi universel qui distingue l'Anglais en voyage ! Voici une famille au grand complet qui a pris place à la table d'hôte, mère, père, enfants de tout âge et de tout sexe, gouverneur, femmes de chambre. Ce clan a accaparé en un instant les meilleures places, les meilleurs plats. La mère de famille, le geste plein de fierté, découpe déjà, entasse les mets sur les assiettes de sa bande, que nous cherchons encore à nous placer. La fierté nationale anglaise, la *selfishness*, ne laisse pas même dans l'esprit d'un Anglais en voyage, une place, un coin pour les besoins de tout ce qui n'est pas lui ou sa horde.

Des ruines et toujours des ruines. Mon guide me signale, à deux kilomètres environ du Nil, celles de l'antique *Abydos*, où Hérodote vit le tombeau d'Osiris et le palais de Memnon. Les vagues jaunissantes du désert viennent aujourd'hui lécher ces respectables débris, au milieu desquels le voyageur européen trouve de temps en temps de vastes chambres décorées d'hiéroglyphes et de peintures admirablement conservées.

Ce petit village, que mon Bédouin appelle *Hen*, s'il est vrai qu'on puisse traduire ainsi l'aspiration gutturale et sauvage qu'il fait entendre, c'est l'ancienne *Diospolis*.

Puis, voici *Denderah*, l'antique *Tintyra*, avec son temple magnifique aux folles et fantastiques sculptures. Regardez avec moi ces bas-reliefs qui ont échappé en partie à l'action destructive du temps, et vous reconstruirez par la pensée ces fêtes solennelles où le bœuf Apis apparaissait, entouré des prêtres et des grands, dans une

mystique théorie promenée par les rangées d'obélisques et de majestueux pylônes.

Voici *Kous*, l'ancienne *Apollinopolis*, *Thèbes* la désolée, *Karnak* aux ruines imposantes, *Saïs* et la vallée des tombeaux.

Saïs se dérobe aujourd'hui sous le nom moderne de *Sa-el-Hagar*, (Saïs de la pierre). Au milieu de ses ruines de briques durcies au

soleil, l'œil reconnaît encore, dans un lac couvert de joncs gigantesques et fréquenté par des milliers d'oiseaux sauvages, l'ancien
lac sur lequel les prêtres du temple de Neith faisaient chaque
année leurs processions mystérieuses. Des fragments de poteries,
des colonnes de marbre, des stèles de granit indiquent encore la
place du temple immense consacré à la Minerve égyptienne.

Ici, réellement, le voyageur trouve la solitude ; car Saïs est peu
visitée. Ici, l'esprit cause avec les siècles passés et l'imagination
évoque les populations étranges qui habitaient ces ruines. J'ai fait
envoler un hibou d'un tombeau qui fut celui d'Amasis et je viens
d'abattre un grand flamant rose au milieu de ces colonnes entre
lesquelles fut étranglé le roi Apicès.

Cette vallée des tombeaux s'étend à une distance d'environ
200 milles de chaque côté du Nil. Elle marque par ses débris l'espace qu'occupait autrefois la civilisation le long du fleuve.

On m'avait signalé parmi ces ruines un fragment considérable,
dont une face sculptée représente, selon M. Lottin de Laval, le
pharaon Amyrté faisant une offrande aux dieux. Le moulage de ce
magnifique bas-relief, exécuté par l'ingénieux et rapide procédé
du savant voyageur français, est aujourd'hui l'un des plus précieux
ornements de notre musée du Louvre. J'avoue que ces restes des
anciens âges ont bien meilleur air dans une vaste salle où on peut
les étudier à son aise, qu'au milieu de pierres branlantes, de sables
amoncelés par le vent du désert. Ici, c'est l'ensemble qui fait sur le
spectateur une impression sérieuse. Les détails, qui passionnent
l'archéologue, sont perdus pour le voyageur.

Un des mieux conservés parmi les anciens temples est celui

d'Etfou , nom moderne de l'antique Apollinopolis , ou ville d'Apollon.

Cette ville était admirablement située : elle dominait le fleuve et toute la vallée de l'Egypte. Le temple, dont on visite encore les ruines imposantes, pyramidait sur le tout. C'était le plus beau temple de l'Egypte, le plus grand, après toutefois ceux de Thèbes. Aujourd'hui encore, c'est une longue suite de portes et de pylônes gigantesques, de cours décorées de galeries, de portiques, de nefs couvertes, construites, non pas avec des briques, non pas même avec des pierres, mais avec des rochers. *Super imposita saxis saxa.*

Contraste étrange et qui est tout une histoire ! Au pied de ces masses indestructibles, s'adosse honteuse, éphémère, la hutte du Fellah ! la boue séchée à côté du roc et du marbre, le trou du Troglodyte à côté de l'asile immense des rois et des dieux.

Par ce qui reste du temple d'Apollinopolis , on peut se con-vaincre qu'il fut élevé dans un temps où les arts et les sciences avaient acquis toute leur splendeur. Toutes les parties en sont également belles, le travail des hiéroglyphes également soigné, les figures plus variées, l'architecture plus parfaite que dans les temples de Thèbes.

Seulement, la main du temps et la négligence des hommes in-sultent incessamment à ces ruines et travaillent à les ensevelir à jamais. Des atterrissements progressifs l'envahissent de toutes parts et cacheront quelque jour jusqu'aux chapiteaux des colonnes sous d'ignobles amas d'ordures et de décombres.

Impossible d'inspirer aux Egyptiens ou aux Turcs quelque res-pect pour les ruines magnifiques qu'ils possèdent. Ils n'y voient que deux choses, ou des cachettes à trésors, ou des carrières pour leurs bâtisses.

A Thèbes, dans cet admirable pêle-mêle de monuments écroulés qu'on appelle Karnak, les splendides pylônes qui ont échappé à l'action du temps, à la main des hommes, aux tremblements de terre, sont renversés par ordre des pachas. Savez-vous dans quel but ? C'est pour chercher du salpêtre. Pour faire de la poudre en Orient, dit le docteur Bowring, dans son *Report of Egypt and Candia*, on prend *des ruines de vieille ville*.

C'était sur la grande route égyptienne, sur le Nil, que je poursuivais cette rapide investigation de l'ancienne Egypte. Tous les soirs, je revenais passer la nuit dans ma cange, et je m'endormais au bruit monotone des grandes eaux du fleuve sacré.

Avant de voguer sur les eaux du Nil, j'avais une idée fixe, celle de voir deux hôtes que mes souvenirs d'érudition rendaient inséparables dans ma mémoire : l'ibis et le crocodile. L'ibis, l'oiseau sacré, n'était-il pas devenu l'emblème de l'Egypte, presque toujours désignée par sa figure dans les hiéroglyphes. Or, l'Egypte, c'est le Nil. J'avais déjà vu, soit au Louvre de Paris, soit au British-Museum de Londres, soit à Munich, l'image de l'ibis mille fois répétée sur les papyrus, sur les médailles, sur les statues arrachées au désert. Il y avait peine de mort, dit Hérodote, contre celui qui tuait un ibis, et ce culte superstitieux qui les protégeait pendant leur vie les faisait embaumer après leur mort avec autant de soin que l'homme lui-même.

Tant de respects prodigués à ces oiseaux étranges avaient fait imaginer sur leur compte les plus incroyables fables. Le basilic, disait-on, naissait d'un œuf d'ibis, formé dans le corps de cet oiseau des venins de tous les serpents qu'il dévorait. Le crocodile et les serpents touchés d'une plume d'ibis tombaient aussitôt frappés de mort. Les prêtres d'Hermopolis accordaient à l'ibis le don divin de l'immortalité.

Enfin, au temps d'Hérodote, on racontait que des essaims de petits serpents venimeux, sortis de la vase échauffée des marécages, eussent causé la ruine de l'Egypte, si les ibis n'avaient été là pour les combattre et les détruire. Le bon Hérodote déclare même s'être rendu sur les lieux pour observer ce phénomène.

« Non loin de Butus, dit-il, aux confins de l'Arabie, là où s'ouvrent les montagnes sur la vaste plaine de l'Egypte, *j'ai vu* les champs couverts d'une incroyable quantité d'ossements entassés, et des dépouilles de reptiles que les ibis y viennent attaquer et détruire au moment qu'ils sont prêts d'envahir l'Egypte. »

Vous le voyez, le véridique Hérodote a vu; Cicéron et Pline l'ancien, Diodore de Sicile plus tard, confirment son dire, et Buffon lui-même, bien qu'il rejette la plupart des fables imaginées à propos de l'ibis sacré, admet cette dernière histoire, en ajoutant qu'il reconnaît dans l'ibis « un appétit véhément de la chair des serpents, ainsi qu'une forte antipathie contre tous les reptiles. »

Or, j'en suis bien fâché pour M. de Buffon, l'éloquent et ingénieux naturaliste; j'en demande également pardon à Diodore de Sicile, à Pline l'Ancien, à Cicéron et au naïf Hérodote, mais, ne connaissant encore de l'ibis qu'un sujet empaillé et ses congénères vivants sous d'autres climats, je mettais fortement en doute les exploits de l'oiseau sacré de l'Egypte.

Ne saute-t-il pas aux yeux, en effet, que l'organisation de ces oiseaux n'est pas propre au métier qu'on leur assigne. L'ibis blanc ou noir est évidemment un échassier, aux longues pattes taillées pour la vase, au long bec emmanché d'un long cou, fait pour saisir les insectes dans leur humide demeure. Le serpent, au contraire, se plaît aux terres sablonneuses. Ce sont là d'ailleurs les habitudes bien connues de l'ibis à tête noire des bords du Gange, de l'ibis huppé de Madagascar, de l'ibis à tête nue du cap de Bonne-Espérance, de l'ibis à cou blanc de Cayenne et de Surinam, de l'ibis rouge d'Amérique, que m'a fait connaître le plus habile et le plus véridique des naturalistes modernes, M. Audubon.

Quant à l'histoire des débris d'ossements vus par Hérodote, comment croire qu'ils provenaient de la cause indiquée par cet historien. Les très-petits os de reptiles incapables de résister à d'aussi faibles ennemis que les ibis n'eussent pu se conserver ainsi.

Disons donc avec un homme de bon sens et de sience, M. Dumont : « Dans un pays où le peuple, fort ignorant, n'était dirigé que par des idées superstitieuses, il est naturel qu'on ait imaginé des fictions, pour exprimer avec énergie les heureuses influences du phénomène qui, chaque année, attire et retient l'ibis en Egypte. Sa présence constante aux époques de l'inondation qui triomphe de toutes les sources de corruption et assure la fertilité du sol, a paru aux prêtres et aux chefs du gouvernement la chose la plus propre à frapper vivement les esprits, et à faire supposer des rapports surnaturels et secrets entre les mouvements du Nil et le séjour de ces oiseaux aimables et de mœurs innocentes, considérés alors comme la cause d'effets exclusivement dus aux débordements du fleuve. »

J'avais donc une vive curiosité de voir l'ibis sacré, le véritable ibis du Nil, qui ne se nourrit en effet, comme nos échassiers, que d'insectes, de vers, de coquillages fluviatiles et quelquefois de petits poissons. Mais hélas ! savez-vous où j'en aperçus le premier, l'unique exemplaire ? dans un marché de Damiette, où il me fallut le deviner, car le marchand avait déshonoré son gibier en lui coupant la tête.

Pauvre ibis, oiseau autrefois sacré ! te voilà donc réduit à doubler, et malheureusement sans doute, la bécasse et la bécassine ! Le respect des anciens Égyptiens est devenu un poétique souvenir, et le fellah ne se fait aucun scrupule de le tuer à coups de fusil. Aussi l'ibis est devenu rare : il ne niche plus en Égypte et on ne le voit que vers la fin de juin, alors que le Nil commence à croître ; il se retire avec les eaux.

Un oiseau bien autrement utile que l'ibis, c'est l'adjudant ; figurez-vous une grande diablesse de cigogne, véritable charnier ambulant, dont le rôle est d'avaler et de soustraire à la corruption les matières animales de toute nature, les charognes, les os même. Avec le vautour fauve, l'adjudant est un des plus utiles habitants de l'Égypte. Ces oiseaux fossoyeurs rendent sur la terre le même service que les crocodiles rendent dans l'eau.

Le crocodile ! autre superstition que j'apportais en Égypte. Mais dans celle-là, au moins, il y avait quelque chose de fondé. Cet animal effrayant, mi-poisson, mi-quadrupède, qui fend les ondes avec une rapidité effrayante, qui sait également saisir sa proie sur la terre ou dans les eaux ; couvert d'écailles dont la dureté résiste à la balle, d'aspérités tranchantes qui le protégent contre la gueule des autres animaux, a bien quelques droits à exciter la terreur. D'ailleurs, j'avais vu le terrible frère du crocodile, l'alligator du Gange, et celui-là, croyez-m'en, n'a pas été surfait.

Naviguant un jour sur le roi des fleuves de l'Hindoustan, sur l'Hougly, l'une des principales branches du Gange, j'aperçus un groupe de femmes et d'Hindous, ivres de terreur et suivant des yeux je ne sais quelle scène étrange qui se passait sur les eaux du fleuve. Nous approchâmes en quelques coups de rames et nous vîmes une chose horrible. Une jeune fille était venue avec ses compagnes faire ses ablutions au bord du fleuve. Au moment où elle se penchait sur les eaux pour y plonger l'élégant vase de cuivre qui sert à cet usage, un énorme alligator surgit tout à coup près d'elle, l'emporta dans sa gueule hideuse et fila comme un trait en remontant le courant. Mes rameurs se mirent à la poursuite du monstre : mais le courant de l'Hougly est dix fois plus rapide que celui du Rhône. Nous n'eûmes que le temps de voir passer à quelques pieds de nous la pauvre créature, emprisonnée entre les vastes mâchoires de l'animal, levant les mains au-dessus de l'eau pour implorer un secours impossible. Le monstre remonta le courant dans sa partie la plus rapide, laissant bien loin derrière lui nos rames impuissantes, puis il s'enfonça dans l'abîme avec sa proie et ne reparut plus.

Vous voyez que l'alligator de l'Hougly n'est pas un ennemi méprisable. Ces catastrophes, au reste, ne sont pas rares, et il arrive souvent qu'en ouvrant l'estomac de ces animaux, on y trouve quantité de bracelets, d'anneaux de jambes et d'autres ornements de femmes et d'enfants.

Mais j'avoue à ma honte qu'il m'en fallut rabattre et de beaucoup pour le crocodile. Escorté dans mon imagination de toutes les fables antiques, il ne s'y présentait que sous la forme de Typhon, le génie du mal, que l'hiérophante disait être incarné dans ce reptile. Mais, chassé de plus en plus, le crocodile ne se trouve plus aujourd'hui que vers la région supérieure du fleuve. Il n'atteint guère qu'une douzaine de pieds, et l'un des fellahs qui dirigeait ma cange, et qui était né dans la haute Egypte, m'assura que les habitants de ce pays le considèrent comme un gros lézard peu dangereux : ils ne craignent même pas de prendre les plaisirs du bain dans les parages qu'il fréquente.

Quant à moi, je dus me contenter, comme pour l'ibis, des divers exemplaires empaillés que j'ai pu voir dans tous les musées de l'Europe. Je puis seulement affirmer, pour l'avoir vu par moi-même, que le crocodile de l'Amérique est encore au-dessous du *gros lézard* de mon Lybien. J'ai vu à l'embouchure du Mississipi des bandes de crocodiles se chauffant au soleil sur les bords fangeux du fleuve. La rivière Rouge surtout (*Red River*) en contient un nombre immense. Mais, plus lâches encore, ou plus doux si vous l'aimez mieux, que ceux du Nil, ils plongent effrayés au moindre bruit. S'ils sont à quelque distance de l'eau, leur frayeur est grande à l'approche de l'homme : ils se blottissent contre terre et restent ainsi collés au sol, la tête immobile et roulant de tous côtés, d'un air inquiet, des yeux d'une mobilité remarquable. Si on s'approche, ils ne font aucune disposition d'attaque ou de retraite, mais ils se soulèvent péniblement, se gonflent, et font sortir de leur affreuse gueule entr'ouverte un son étouffé, comme celui d'un soufflet de forgeron. On peut alors les tuer à son aise, pourvu qu'on évite leur queue, instrument redoutable qui renverse et brise tout ce qui se trouve à sa portée.

Le chasseur américain qui veut éprouver une carabine, ajuste l'œil du crocodile, qui doit rester foudroyé si le coup a porté juste. Ces jeux d'adresse souvent répétés et une industrie nouvelle qui consiste à extraire l'huile de leur chair, me font croire que le crocodile aura bientôt disparu des eaux de l'Amérique, comme de celles du Nil blanc.

Voyageurs qui avez encore l'illusion de l'ibis et du crocodile, n'allez pas faire une excursion en Egypte et contentez-vous de lire Hérodote.

Tout en voyageant sur le Nil, n'oublions pas que l'Egypte du Nil n'est qu'un ruban verdoyant jeté à travers le désert. C'est surtout aux confins de la Nubie que cette comparaison est d'une justesse presque mathématique. En montant sur le mât de la cange, le voyageur peut apercevoir les sables jaunissants, entrecoupés de rochers arides et de chétifs bouquets de mimosas qui s'étendent des deux côtés du lit fécond du fleuve.

Ce désert immense, qui commence là pour se continuer jusque dans l'intérieur de la mystérieuse Afrique, n'est peuplé que de tribus errantes ou de peuplades à demi sauvages. Les caravanes le sillonnent, et autour des caravanes, rôdent les brigands du désert, comme des chacals affamés.

Pourtant n'oubliez pas que le désert n'est pas cette plaine de sable uniforme que l'on croit généralement. Ce sont tantôt d'effroyables ravins entrecoupés de crevasses gigantesques, tantôt des oasis délicieuses, plantées de sycomores, de palmiers fluets, de touffes vigoureuses de blé sauvage, d'acacias *terribles* aux épines dangereuses, de fleurs blanches et odorantes, de sources murmurantes et fraîches, rendez-vous de la timide gazelle. Près de Suez, par exemple, sur le chemin de Kosseïr, j'ai vu deux îles de verdure, deux charmants *retiros ;* ce sont les monastères de Saint-Paul et de Saint-Antoine, forteresses entourées de vergers odorants, véritables parcs d'oliviers, de dattiers, d'abricotiers. La vigne tapisse de ses pampres rougissants les rocs blonds qui surplombent la plaine.

Mais à l'ouest, c'est-à-dire à gauche de la vallée du Nil, je n'apercevais qu'une plaine sans fin, d'une aridité désolante. C'est que, là, les sables sont mouvants, l'eau rare. Il y a bien de temps en temps des oasis (*ouahs*), la grande oasis de Thèbes (*Ouah-el-Khardjeh*), véritable île de terre ferme, l'oasis de *Dakhel*, rendez-vous des caravanes de Darfour, l'oasis de *Farafreh* (l'*Ouah-el-Bahrieh*) ; mais presque toutes sont habitées par des tribus presque sauvages.

S'il est au monde une contrée déshéritée par la nature, c'est à coup sûr celle de ces pauvres tribus. Un soleil ardent qui calcine le sol et le réduit en une poussière ténue, qui aveugle, qui étouffe ; une terre sans végétation et sans sources, parsemée de rares puits d'où les habitants extraient avec peine une eau saumâtre et malsaine, la difficulté des communications, l'anarchie des tribus voisines, les embûches du désert, tout y rend l'existence affreuse, e pour nous autres Européens impossible.

C'est là le pays dont je voulais voir au moins la lisière, pour y retrouver les traces des civilisations disparues. Mais pour une expédition semblable, il me fallait un cheval. Mon saïs me signala un Bédouin maraudeur qui en avait à vendre.

Un préjugé religieux, qui commence à s'affaiblir dans nos possessions françaises de l'Afrique par suite du contact des deux civilisations, défend à l'Arabe de vendre ses chevaux à l'infidèle. Mais il y a chez l'homme quelque chose de plus fort que la tradition, que le préjugé : c'est l'intérêt. Et on sait si l'Arabe aime l'argent. Bien qu'on m'eût raconté de singuliers exemples de la force de ce préjugé; bien qu'on m'eût signalé des tribus livrées au pillage et au massacre en punition de pareils trafics, j'avais trop bien lu l'avidité écrite dans les yeux inquiets et rusés de mon maraudeur nomade, pour ne pas essayer de vaincre ses scrupules, s'il en avait de sincères. Il avait amené deux chevaux. L'un, bien nourri, au crin luisant, à la croupe rebondie, aux reins doublés ; l'autre, maigre, au crin ébouriffé, à l'œil sauvage, aux jambes grêles. Je choisis ce dernier.

Ah ! me dit-il avec un sourire, ah ! Sidi, vous avez reconnu, dans ce cheval exténué de fatigues et de privations, un *buveur d'air*, un *nedjih*, comme disent les gens de l'Yémen, un *hoor*, comme les appellent les cavaliers du Sahara. Oui, Sidi, continua-t-il en s'exaltant peu à peu, oui, celui-là est un de ceux qu'on aime à l'égal du fils de la tente. Il est si léger qu'il danserait sur la pointe des jeunes herbes, et quand il court, il dit à l'aigle : « Descends, ou je monte vers toi. » Si vous l'aviez vu comme moi le premier à la razzia, à la guerre, à la chasse de l'autruche ou de la gazelle ! Il a été bien longtemps le compagnon de mes périls et de mes plaisirs. Si vous le voyiez après une longue course mordre à l'orge avec furie, ou, si l'orge manque, se contenter, en vrai fils du désert, de jeunes pousses de palmier ou de tiges d'alfa et de dattes pilées, vous diriez de lui avec les anciens : « Il peut la soif, il peut la faim, il peut la fatigue. C'est le cheval d'un homme ! »

Quelque peu *arabisant*, et plié en Algérie aux habitudes et aux façons de dire de la race vaincue, je n'eus pas de peine à m'entendre avec le maraudeur. C'était un fin connaisseur en chevaux : il avait été autrefois maréchal-ferrant à Tripoli; chassé pour quelque méfait de la régence, il avait continué à exercer chez les nomades ce métier lucratif et l'un des plus honorables qu'on puisse exercer au désert. Le maréchal-ferrant chez les Arabes est vénéré presque à l'égal d'un marabout. Il est exempt de tout impôt et a de droit sa part de prise dans toutes les expéditions. Si sa tribu est vaincue, il n'a qu'à se faire connaître au vainqueur pour être respecté dans sa personne et dans ses richesses.

Me voici donc fièrement campé sur mon vieux *hoor*, que vous autres parisiens prendriez au premier coup d'œil pour la plus efflanquée des Rossinantes. Le corps porté sur les énormes étriers de la selle arabe, les talons ramassés sous le ventre du cheval et armés de l'éperon arabe, long et aigu comme un poinçon et qu'on nomme le *chabir*, je m'apprêtai au départ.

Et le fils du désert se prit à chanter sur un air monotone comme l'horizon de sa patrie cette chanson interminable dont j'ai retenu quelques stances :

> Sidi Hamza a une jument gris de pierre,
> Qui caracole et caracole.

Il a une jument rouge
Comme le sang des jours de fête,
Ou comme le cœur de la rose.
Il a encore une jument noire
Comme l'autruche mâle
Qui arpente les sables.
Il a aussi une jument gris pommelé
Semblable à la panthère.

L'Arabe est naturellement poëte ; entre tous les Orientaux il brille par la délicatesse de ses goûts et de son intelligence. Il ne juge même les autres peuples que par le degré de finesse de leurs instincts.

Un cheikh arabe était assis au milieu des principaux de sa tribu, attentifs à ses paroles. Un homme accourt, se plaint d'avoir perdu son âne, demande si quelqu'un ne l'a pas trouvé.

— Y a-t-il ici parmi vous, dit gravement le cheikh en promenant ses yeux sur l'assistance, un homme qui n'ait pas senti son cœur battre lorsqu'il poursuivait la gazelle ou l'autruche, emporté comme à la nage par un vigoureux cheval ? En est-il un qui n'ait jamais ressenti le bonheur de retrouver ou le désespoir de perdre sa femme bien-aimée ? En est-il un que n'ait pas ému le son d'une douce musique ou le suave parfum des fleurs ?

— Cheikh, dit un des assistants, je suis cet homme.

— Eh ! bien, dit le cheikh, se retournant vers l'homme qui cherchait son âne, voilà ta bête, ne cherche plus.

Voilà le poëte naturel, voilà l'Arabe. Vous retrouvez ces délicatesses de sentiment chez le plus vulgaire d'entre eux, comme vous retrouvez chez tous le sentiment religieux.

En me quittant, mon homme, comme pour remercier Dieu de son marché, fit retentir les airs de sa voix grave et sonore, répétant :

« *La illah il Allah ; Mohammed Resoul Allah !* »

Il n'y a d'autre Dieu que Dieu, et Mahomet est son prophète. Vieille formule de l'islamisme, moitié vérité, moitié erreur, que répètent aujourd'hui encore plus de 150 millions d'hommes.

L'Arabe a peu de respect pour le Turc, et on attribue, à ce sujet, une répartie significative à Si-Djoba, le bouffon arabe, sorte de polichinelle du désert, doublé de Jocrisse, mais Jocrisse rusé, hardi, quelquefois cruel.

Un jour, Si-Djoba, revenant de pèlerinage, passait par Constantinople. Il fut conduit devant l'inspecteur du *dirvâne*, autrement dit le chef de la douane. Il fallut exhiber le *firman* (passeport). L'inspecteur était un vieillard, aux lèvres rasées et dont la figure s'encadrait dans une barbe énorme. Si-Djoba, lui, ne portait que de longues moustaches. « Demande à cet Arabe pourquoi il a ainsi la figure nue, » dit le Turc au *drogman* (interprète). Le drogman traduisit cette question à Si-Djoba qui s'écria : « C'est parce que les moustaches sont l'ornement du lion, tandis que la barbiche est celui du bouc. »

Mais voici l'heure où les feux du jour commandent le repos, où la caravane à laquelle j'ai dû me joindre va procéder à son dîner sommaire.

La cuisine du Bédouï, ou de l'Arabe nomade, est effrayante de simplicité. Des dattes fricassées dans du beurre, si l'on a du beurre, dans de l'huile si l'on n'a pas de beurre, ou séchées au soleil si l'on n'a ni huile ni beurre ; du dourah cuit sur une plaque de tôle,

de la pâte d'abricot, des sauterelles fumées, voilà le menu du désert. C'était à peu près là la cuisine de saint Jérôme.

Dans les grandes occasions, si on possède une volaille maigre,
on la fait cuire à l'étuvée dans une sorte de casserole construite sur
place avec l'argile et l'eau du désert.

La première halte de la caravane, celle où j'avais pu l'accom-
pagner sans trop de danger pour le retour, c'était une oasis sans nom,
car elle n'est pas située sur l'emplacement d'une ancienne ville,
comme celles de Thèbes ou d'Ammon. Mais, pour être inconnue
aux géographes, elle n'en étoit pas moins belle. Les orangers aux
fruits d'or s'y groupaient par centaines autour d'un mince filet
d'argent qui courait en frémissant se perdre dans un bois d'acacias
et de palmiers, dont l'entrée était ornée de ruines qui me parurent

être les restes d'une ancienne fontaine arabe, bâtie sur la source
par quelque riche et pieux pèlerin.

Couché dans cet admirable jardin des Hespérides, sous l'ombrage
embaumé par des millions de fleurs au suave parfum, les yeux ré-

créés par ces pommes d'or que semait autrefois dans sa course le vainqueur d'Atalante, je pensais en souriant aux déceptions nombreuses que m'a values l'oranger pendant mes voyages. L'Italie d'abord : quel est le conte de nos plus charmants romanciers, quel est l'opéra de M. Scribe qui ne parle, et avec quelle profusion, des orangers de l'Italie? Or, il y a des orangers en Sardaigne, il y en a quelques-uns dans cette pauvre Sicile, terre féconde et désolée tout à la fois ; mais dans l'Italie proprement dite, à l'exception d'un petit bois dans un enclos de Nice, sur la rive droite du Payon, la forêt d'orangers est vraiment introuvable.

D'où vient cependant que tant de gens s'imaginent que l'oranger croît en Italie comme le blé en Beauce, ou la pomme de terre en Irlande. Le vrai coupable ici, c'est Goëthe. Tous les poëtes et tous les voyageurs du Nord ont dans un coin de leur cervelle le refrain de la chanson de Mignon :

> Connais-tu le pays où les orangers fleurissent ?

Le fait vrai et peu poëtique, c'est que même à Nice, même à Hyères, même en Sardaigne, l'oranger produit un petit fruit jaune détestable et bon tout au plus à servir pour assaisonner les perdrix rôties. C'est en Espagne, c'est à Malte, c'est à Blidah, dans notre Afrique si riche et si féconde, qu'il faut aller chercher l'orange vraiment mangeable.

Mais ici, je tenais enfin mon bois d'oranger, ma forêt des Hespérides. Je pouvais, tout à mon aise, rêver de paysages asiatiques, de fontaines embaumées, de vallée profondes et fraîches, *gelidi valles*, comme celles de l'Asie Mineure.

Et je m'écriais involontairement, récitant aux échos ces beaux vers de Charles Reynaud :

A toi Beyrouth, Ismir et Bassorah,
A toi Mossoul et la verte Angorah,
A toi Bagdad bâtie en briques,
Alep aux khans encombrés de chameaux,
Diarbékir, Damas aux belles eaux,
Et Brousse, et ses mille fabriques.

Je veux pourtant faire amende honorable à la Sicile, pour un de ses plus délicieux paysages.

Entre Palerme et Monreale s'étend une route bordée des deux côtés, je ne dirai pas d'une avenue, mais d'une forêt véritable d'orangers. Cette forêt, de cinq kilomètres de longueur, grimpe sur les pentes arides du mont Cucchio et du mont Griffone, et ne finit que là où commence le roc, patrie de l'aloès et du cactus.

Il y avait à peine deux heures que les chameaux étaient détélés et que les hommes réparaient leurs forces à l'ombre des grands arbres, ou sous la voûte de la fontaine, lorsqu'un cavalier bédouin arriva monté sur cet étrange quadrupède que je ne connaissais encore que de nom, le dromadaire. Le dromadaire est au chameau ce que le cheval est à l'âne. Je parle, bien entendu, du véritable dromadaire coureur, du *haïrie*.

L'allure du dromadaire vulgaire est d'une régularité parfaite et cet utile animal peut, au besoin, remplacer un chronomètre. Il fait environ 4,800 mètres à l'heure et, quoi que vous fassiez, il n'ira pas plus vite, à moins qu'il n'ait soif et qu'il ne sente l'eau. Mais le *haïrie* fait environ trois lieues à l'heure, et régulièrement, ou bien il dévore soixante lieues en quelques heures, une course à tuer trois chevaux.

Le *haïrie* du Bédouin était de la véritable espèce qui ne vit que dans le désert, et dont la race la plus belle appartient aux *Touarecs*, ces maraudeurs de l'Afrique intérieure. Mais le Bédouin n'était rien moins qu'un maraudeur lui-même ; c'était l'éclaireur d'une importante caravane venue du sud-ouest, et qui portait au Kaire des objets d'échange et des pèlerins pour la Mecque.

Ces caravanes sont la vie même du désert qu'elles sillonnent incessamment.

Ne vous étonnez pas de rencontrer sur toutes les routes des voyageurs turcs, arabes, marocains, tunisiens, maltais, indiens. La passion des voyages est un des caractères saillants du musulman. Et comment en serait-il autrement ? Le musulman n'a d'autre patrie que sa religion, l'*Islam*. De Tanger jusqu'au Caucase, du Danube jusqu'à la Malaisie, le musulman ne sort pas de son pays. Il est chez lui à Temboctou, dans le cœur de l'Afrique, comme à Constantinople. L'absence de nationalités distinctes, dans le sein de l'islamisme, dégage le musulman de ces liens qui nous retiennent attachés plus particulièrement à un point de l'espace. C'est ce qui fit autrefois la force incroyable d'expansion des Arabes : c'est par là qu'ils ont contribué, plus qu'aucun autre peuple au moyen âge, à l'avancement des notions scientifiques.

Puis, la curiosité est un autre trait essentiel du caractère. Enfin, la race tout entière est sobre et hospitalière par instinct, par religion, par habitude, et ces deux qualités sont éminemment propres à faciliter le voyage.

Il y a de tout cela dans le voyage annuel de tant de musulmans vers la Mecque. Beaucoup de fondations pieuses facilitent au pauvre l'accomplissement de ce devoir religieux, et, pour aider son frère à l'accomplir, le pèlerin riche ouvrira avec bonheur sa bourse et son sac aux provisions. Qui sait si l'instinct du commerce, autrefois si vif, dans cette race aujourd'hui engourdie, n'a pas été aussi pour quelque chose dans ce vaste et régulier déplacement? La Mecque, au temps du pèlerinage, était un vaste marché, quelque chose comme le centre des échanges du monde oriental.

Le commerce, presque exclusivement fait par caravanes, rapporte beaucoup sans doute à ceux qui l'entreprennent ; mais les chances à courir sont nombreuses. Celui qui a évité le désert et ses vents terribles, et ses brigands plus terribles encore, n'évitera pas toujours les exactions des gouverneurs turcs. En voici un curieux exemple.

On signala un jour au gouverneur d'Alep une riche caravane. Il appelle un de ses vieux tchokadars, dépisteur émérite, et lui ordonne de prendre des renseignements sur l'importance de la caravane. Celui-ci revêt ses habits les plus vieux, et, dans cet humble équipage, se rend au khan où s'est arrêtée la caravane. Il observe et revient apprendre à son maître que le convoi n'est pas de moins de huit cents chameaux ; que les marchandises, toutes de grand prix, sont destinées pour Constantinople et impatiemment attendues pour l'ouverture prochaine du Bayram.

Le rusé gouverneur, ne pouvant se permettre d'entraver par la force le voyage de la caravane, fait prévenir le propriétaire que son intention est de l'accueillir en grande pompe, de l'inviter aux fêtes du Bayram, et de choisir parmi ses marchandises quelques riches échantillons. C'était la ruine pour le marchand ; mais il comprit bien vite le motif secret de ces dangereux honneurs. Il se rendit en toute hâte près du gouverneur, lui exposa humblement sa position et fit déposer à ses pieds un cadeau de cinquante mille piastres. A ce prix, les *sarafs* (banquiers) de Constantinople purent recevoir à temps leurs étoffes précieuses. Et voilà comme on entend en Turquie la théorie de l'impôt indirect.

Cependant, la grande caravane était arrivée au rendez-vous de l'oasis, et, selon les lois du désert, prenait sa place d'ombre et d'eau. Le chef était un Arabe de l'intérieur, fort beau cavalier admirablement planté sur un coureur magnifique ; ses nombreux rap-

ports avec les Turcs, car il avait déjà fait sept fois le voyage de la

Mecque, avaient fait de lui un Turc plutôt qu'un Bédouin. Mais la fierté dédaigneuse de son regard, la mobilité farouche de ses traits laissaient deviner en lui le sang du désert. Je voulus l'interroger, il ne me répondit pas et me toisa d'un regard méprisant comme un chien de chrétien que j'étais. Je laissai ce saint et farouche personnage et je m'approchai du guide, ce Bédouin actif et intelligent qui avait piloté la caravane à travers le désert; il était renommé dans les tribus de l'ouest pour la connaissance parfaite qu'il avait des localités. Je m'adressai à lui pour savoir si quelques importants débris de l'antique civilisation égyptienne ne se cachaient pas dans les environs.

« Il y a des ruines par ici, *Sidi*, lui demandai-je ? — *Sahihh* (assurément), me répondit l'Arabe. — Et cela vaut-il la peine d'être vu, y en a-t-il beaucoup ? — *Nâam, fih kherabat ktir* (oui, il y a beaucoup de ruines). — Et où sont-elles ? — *Hon, oua hon* (là et là).

Et l'Arabe, décrivant un quart de cercle avec sa longue main maigre, embrassait une grande partie de l'horizon.

Le renseignement était évidemment insuffisant, mais cela valait encore mieux que la fameuse mystification du *manarf*. L'honneur de celle-ci revient aux Arabes de l'Algérie. C'était avant la création des bureaux arabes et dans les premières années de notre conquête. Des ingénieurs français levaient la carte des environs de Bône. Ils cherchaient à se renseigner auprès des Bédouins. « Quel est cet endroit, disaient-ils ? — *Manarf*. — Et cette montagne, comment l'appelez-vous ? — *Manarf*. — Et ce village ? — *Manarf*. »

Ce *manarf* obstiné excita enfin les défiances d'un savant moins....
savant que les autres. Il s'enquit et apprit que l'éternel *manarf* signifiait tout simplement en arabe : Je ne sais pas. Mais la mystification était complète, et déjà plusieurs plans portaient pour nom de
quelques localités : *Manarf !*

A l'heure où le soleil commence à descendre sous l'horizon, je
montai *Gazelle*, c'était le nom de mon acquisition récente, et, suivi
de mon saïs, je me dirigeai vers l'endroit indiqué. C'était une sorte
de carrière de débris informes, dont quelques fragments avaient
évidemment servi aux grosses réparations des citernes de l'oasis.
C'était toujours la même incurie, le même mépris des choses pas-
sées, le même esprit de destruction indifférente qui anime Turcs,
Égyptiens, Arabes. Mais je me hâte d'ajouter, pour la justification
de ces iconoclastes, qu'ils ne brisent pas par intolérance. Là où la
pierre ne leur fait pas défaut, là où les ruines ne les gênent pas,
ils les respectent, quand même elles seraient empreintes des signes
extérieurs de religions détestées. Les chrétiens ont quelquefois
cette tolérance. Pourquoi ne puis-je pas dire qu'ils l'ont toujours ?

C'est ainsi qu'à Palerme, dans les rues de l'indolente cité, j'ai
trouvé d'anciennes mosquées aujourd'hui consacrées au culte catholique, et dont les murs sont encore incrustés de versets
du Coran.

Quand les Turcs sont destructeurs, le plus souvent c'est par
ignorance ou par incurie, plutôt que par fanatisme. Ici, par exemple,
tout proteste contre les accusations trop nombreuses qu'on a portées
contre eux. Je connais, de par le monde, et plus près de nous que
l'Égypte, des peuples tout autrement iconoclastes que les Osmanlis.

Y a-t-il beaucoup de religions dominantes, absolues, guerrières comme la religion de Mahomet, qui auraient respecté, comme on l'a fait ici, les souvenirs des religions étrangères ?

Et cependant, à côté de la mosquée victorieuse, vous retrouverez intacts les autels d'Apollon et de Bacchus, ou la croix de Jésus-Christ. A Rhodes, l'écusson et les trophées des vieux chevaliers chrétiens, ces redoutables ennemis de l'islamisme, sont encore debout sur les murs effondrés par le canon.

L'erreur religieuse mise à part, le Coran n'est pas ce que l'on croit trop généralement. Une partie de la vérité divine s'y est infiltrée, rayon de lumière échappé de l'Evangile. Sous sa poésie un peu barbare, originale et grandiose à coup sûr, se cachent de sages préceptes qui révèlent une parenté secrète avec les dogmes chrétiens. Sans doute tout cela est embarassé des subtilités naturelles au génie arabe, voilé de contradictions nombreuses ; mais les principes supérieurs sont inébranlables. C'est le sens secret des formules religieuses et civiles qu'il faut saisir.

Composé pour les besoins variables de la conquête et de l'administration, à coups de révélations journalières, le livre de Mahomet renferme des préceptes provisoires qui ont fait accuser à tout jamais les populations musulmanes d'un incurable fanatisme. C'est là le moyen et non le but.

Ainsi, il est écrit dans le Coran :

Ya schehid, ya gazy.

Ya tackht, ya bakht.

Le martyre ou la victoire. Le trône là-haut, ou ici-bas la félicité.

Mais, à côté de ces sentences faites pour rendre le soldat invincible par le mépris de la mort, il est des maximes de modération et de tolérance bien faites pour étonner les détracteurs ignorants de l'islamisme.

Des deux caravanes que j'avais sous les yeux, l'une s'élançait vers le désert, l'autre retournait à la civilisation. Je laissai naturellement la première pour m'attacher à la seconde, mais non pas sans jeter, au moins par la pensée, un dernier coup-d'œil sur ce désert si difficilement accessible.

Là-bas, presque aux portes de l'Éthiopie, sur les rives du Nil, au-dessus de Thèbes et de Karnac, un petit village nommé *Louqsor*, c'est-à-dire les Palais, contient les débris des palais d'Aménophis III, le Memnon des légendes grecques. Ce pharaon de la dix-huitième dynastie laissa ses palais à Rhamsès, conquérant de la dix-neuvième dynastie. Rhamsès construisit à côté de ces monuments déjà magnifiques un palais si immense, que l'aiguille de granit placée sur la place de la Concorde, à Paris, n'en était pour ainsi dire qu'une borne.

L'obélisque, cette masse qui pèse trois cent soixante milliers, était placé, comme l'est encore aujourd'hui son frère, en avant du pylône colossal qui précédait la grande cour du palais de Rhamsès. Et ce n'était pas un ornement, un détail capricieux d'architecture, c'était un signe, une syllabe significative, un mot de la langue égyptienne. Il voulait dire *stabilité*.

Ce signe éloquent, il s'élève aujourd'hui, muet et isolé, sur la place qu'on appelait naguère place de la *Révolution*.

Celui qu'on a laissé dans le désert paraît petit à côté des ruines qui l'entourent. Comme son frère voyageur, il est couvert de dédicaces louangeuses à la gloire de Rhamsès. Il dit la grandeur de Sésostris.

« Le Pharaon Rhamsès II, fils du soleil, approuvé par le soleil, dieu bienfaisant, maître du monde, vainqueur des peuples, a réjoui Thèbes par des édifices grands et *durables*. »

Telle est l'explication que nous vous donnons, sous bénéfice d'inventaire, des canards et autres figures gravés sur l'obélisque de Louqsor. Si vous avez quelque doute, adressez-vous à Champollion et à ses héritiers.

Vous ai-je donné dans ces récits rapides une idée des deux Égyptes, l'Égypte du passé et l'Égypte du présent. Eh bien, il en est une troisième que je voudrais vous faire connaître : c'est l'Égypte de l'avenir. Aussi, quittez avec moi l'oasis ignorée et ses tumultueuses caravanes, redescendons le Nil que vous connaissez aussi bien que moi maintenant, et, revenus au Kaire, allons voir ce que la civilisation moderne prépare à l'Égypte régénérée.

Au moment de mon passage en Égypte, M. Ferdinand de Lesseps sollicitait en vain du vice-roi la concession du percement de l'isthme de Suez et l'exploitation d'un canal qui unirait la Méditerranée à la mer Rouge. Il a obtenu depuis cette concession du nouveau vice-roi Mohamed-Saïd ; mais alors l'influence anglaise, celle principalement de sir Strafford de Redcliffe, l'emportait à Constantinople et en Égypte, et un chemin de fer était en cours d'exécution.

Chemin de fer ou canal, et pourquoi pas tous les deux ensemble, auraient d'immenses résultats pour les deux mondes que tout rapproche aujourd'hui, pour les races de l'Orient et de l'Occident.

Ces destinées futures, un savant publiciste me les a fait mieux comprendre. J'ai suivi sur les lieux mêmes les explications de M. Friès et je vous les rapporte en les appuyant de l'autorité de son nom.

Or, canal ou chemin de fer, auraient pour résultat d'abréger de moitié la route d'Europe aux Indes, et d'ouvrir ainsi de nouveaux horizons au commerce du monde entier.

De tout temps, il a existé des relations commerciales entre l'Inde et les pays situés sur les bords de la Méditerranée et dans le nord de l'Europe; mais ces communications ont changé de direction, selon que les peuples qui se sont adonnés à la navigation et au négoce ont changé eux-mêmes et se sont succédé sur les différents points du globe. Dès que l'invention de la boussole, rendant les navigateurs plus entreprenants, eut permis de doubler le cap de Bonne-Espérance, cette nouvelle voie maritime, pour pénétrer dans l'Inde, fut bientôt parcourue, et de préférence à toute autre, par les Portugais, les Hollandais, les Français et les Anglais. On ne peut qu'applaudir aux efforts de ceux qui tentent aujourd'hui d'épargner un immense circuit à la navigation, en perçant l'isthme de Suez, au moyen d'un canal accessible aux navires du plus fort tonnage.

Les anciens maîtres de l'Égypte, et tous ceux qui leur ont succédé, se sont occupés avec plus ou moins de succès de cette entreprise, pour laquelle bien des études ont encore été faites dans ces derniers temps. A peine le jeune général en chef de l'expédition française d'Égypte eut-il mis le pied sur cette terre qui fut l'antique berceau du monde, qu'il porta ses regards vers l'isthme de Soueys ou Suez. Il en fit lui-même la reconnaissance au milieu du désert;

le premier il en découvrit les traces; et l'intérêt qu'éveillaient chez lui ces vestiges de l'ancienne industrie était immense. On voit, dans les auteurs anciens, que les différents princes qui tentèrent la jonction des deux mers n'eurent recours au Nil, pour l'opérer, qu'après avoir reconnu des obstacles presque insurmontables dans l'extrême mobilité des sables que présente le désert de Suez à Peluze (obstacles, du reste, que les progrès de la science rendent presque nuls aujourd'hui).

L'ancien canal de la mer Rouge au Nil, dans son tracé primitif et sous sa dénomination de *fossa Regum*, canal des Rois, était une dérivation de la branche Pélusiaque, près de Bubaste, sous les Pharaons, les rois de Perse et les Ptolémées, qui avaient successivement concouru à l'établir. Les Romains, sous Adrien, et les Arabes, sous Omar, y apportèrent des modifications pour obvier aux inconvénients que présentait cette première direction. D'après le mémoire de M. le Père, directeur du corps d'ingénieurs attachés à l'expédition d'Égypte, le canal des Rois devait comporter quatre parties principales et distinctes, présentant un développement total de 33 lieues de navigation, y compris le trajet des lacs. Cette distance qui, suivant Hérodote, était de quatre journées de marche, réduirait la journée à 8 lieues, ce qui paraît peu considérable, et doit faire supposer que cette navigation, où l'on employait des trirèmes, se faisait rarement à la voile, et presque toujours à la rame.

Les historiens diffèrent beaucoup sur la largeur du canal. Hérodote dit qu'il était assez large pour recevoir deux trirèmes de front; Strabon prétend qu'il avait 100 coudées (environ 150 pieds); Pline ne lui donne que 100 pieds.

Mais il est facile de concilier ces divers auteurs, en considérant que le canal, qui traversait des terrains hauts et bas de différente nature, ne pouvait avoir conservé le même profil ; ce qui paraît certain, c'est que sa moindre largeur était suffisante pour recevoir deux trirèmes de front. Quand à sa profondeur, il est à croire qu'il avait été creusé pour recevoir des navires propres à naviguer sur la mer, du moins avant la domination des Arabes, qui paraissent ne l'avoir destiné qu'aux besoins d'un petit cabotage. Aucun historien n'a mentionné la pente, et l'on peut estimer qu'elle a dû être insuffisante et devenir le principal obstacle à l'état régulier de la navigation.

Jusqu'en 622 de notre ère du reste, on n'a, sur toute cette question, que des données fort incertaines et souvent controversées ; mais les détails précis qu'on trouve dans Makryzy et El-Makin, doivent enfin lever tous les doutes sur l'existence et la durée du canal. On voit, dans ces auteurs arabes, qu'un canal antérieurement dérivé du Nil à Fostat (ancienne Babylone des Perses en Égypte), et aboutissant dans le canal des Rois que le calife Omar venait de recreuser, donnait dans la mer Rouge : ce canal, navigable pendant plus d'un siècle, de 644 à 767 de J.-C., s'encombra peu à peu par l'insouciance des gouverneurs arabes, qui le voyaient peut-être avec peine servir à exporter les denrées du pays au détriment des Égyptiens ; et il fut enfin fermé du côté de la mer par le calife Abou Gafar-el-Mansour, dans le but de couper les vivres à un rebelle de la Mecque qui voulait s'ériger en souverain de cette ville. Enfin, si ce canal a été navigable sous le règne des califes, si les Turcs ont pensé à rétablir cette importante communication, que ne doit—on pas obtenir aujourd'hui avec les moyens puissants dont dispose la science, en présence des travaux de géants qui s'accomplissent de toutes parts !

Dans le projet actuel de jonction des deux mers, on doit, dit—on, ne pas avoir recours au Nil : on se proposerait de trancher l'isthme sur une ligne presque directe, dans sa partie la plus étroite, en établissant un vaste port dans le bassin du lac Timsah et en rendant abordables aux plus grands bâtiments les passages de Peluse et de Suez sur la Méditerranée et sur la mer Rouge. Ainsi tomberait la barrière opposée par la nature à la rapidité des communications entre l'Europe et l'Inde ; ainsi serait réalisé un projet gigantesque à l'exécution duquel Napoléon Ier aurait voulu attacher son nom, si des intérêts puissants n'eussent hâté son retour en Europe.

Si le canal était encore en projet, le chemin de fer était au moins commencé.

Je voulus voir les travaux exécutés à titre d'essai pour cette voie projetée entre le Kaire et Suez. En 1833, Méhémet-Ali agréa les plans d'un ingénieur anglais, *Galloway-Bey*, dont la principale affaire était d'obtenir, pour son frère, négociant à Alexandrie, la fourniture des rails. Mais tout se borna à indiquer quelques travaux de déblai et de remblai.

Bien qu'il y eût à peine quelque chose de fait, la vue du chemin que doit suivre la ligne de fer devait me renseigner suffisamment sur la possibilité de construire le tronçon de 125 kilomètres du Kaire à Suez.

Je sortis donc du Kaire par la porte *Bab-el-Touloun*, laissant à gauche et à droite une foule de petits jardins et le vaste emplacement qui sert de campement aux caravanes de pèlerins. Là, on est sur la lisière du désert. Dans la plaine qui s'ouvre au sud-est et qui n'offre à l'œil que quelques ondulations de terrain, s'étend comme un long ruban la route suivie d'ordinaire par les Arabes du désert, *Dar-bel—Tarabin*. Bientôt les ondulations disparaissent, les monticules s'abaissent et on entre dans la région des dunes.

Ces dunes, *el-dama*, sont des monceaux de sable roulés par le terrible vent du sud, par le *Kamsin*. Elles n'offriraient aucun obstacle à la construction d'un chemin de fer, le vent du sud les poussant toujours dans une direction opposée à celle de la ligne de Suez.

Au reste, j'ai fait, sur cette route, la même remarque que j'avais déjà faite en Algérie. Il n'y a pas de vrai désert. Il y a des masses de sable qui ondulent, chassées par le vent et sèment la stérilité sur leur route ; mais il y a aussi des rudiments de végétation partout où s'infiltrent les eaux, partout où elles s'échappent de leur lit souterrain. Des herbes dures, des plantes grasses, des broussailles épineuses, aliment favori du dromadaire aux lèvres cornées, telle est la flore de ces lieux où la vie végétale ne fait pas défaut comme on le croit généralement. Le désert n'est, au reste, qu'un accident. Vienne la civilisation véritable, vienne l'agriculture raisonnée des Européens, que l'hydrographie déploie ici ses merveilleuses ressources, et le désert reculera progressivement devant l'homme. Ceci n'est pas une illusion, puisque des faits démontrent que la stérilité de ces sables est de création relativement récente. La guerre et l'incurie des populations l'ont évidemment produite. Ici, comme dans le grand désert d'Algérie, l'action neptunienne est évidente. La mer a passé par-là et elle a renversé sur sa route une végétation puissante, dont les restes sont encore visibles. De nombreuses pétrifications de palmiers attestent la présence de forêts considérables.

Ce qui manque surtout dans le désert, ce n'est pas l'herbe, c'est l'arbre. Sur toute la route de Suez, je n'ai vu qu'un seul arbre, si on peut appeler de ce nom un maigre *mimosa nilotica* à l'air souffreteux, de six pieds de hauteur.

Le climat de l'Égypte a déjà sensiblement changé, sous l'influence d'une culture encore à l'état d'enfance. Que sera-ce donc, quand l'homme aura fait ici tout ce qu'il peut, tout ce qu'il doit faire !

CHAPITRE QUATRIÈME

L'ÉGYPTE n'était que ma première étape dans le monde oriental. J'y avais vu les prémices de ces pays et de ces races que des événements récents appellent à des destinées nouvelles. Du Nil, je voulais, en longeant la côte sud-est de la Méditerranée, gagner la Turquie, où je verrais à la fois l'Asie et l'Europe réunies sur un même rivage, et, faisant le tour de la mer Noire, visiter en passant les populations asiatiques entamées par la civilisation moderne, les contrées soumises à la Russie, et revenir enfin par le Danube, ce fleuve allemand par ses sources, oriental par ses embouchures.

Je montai donc à bord d'un paquebot qui touchait à Smyrne. De là, en douze heures, je serais aux Dardanelles.

Smyrne ressemble à toutes les villes de l'Orient où le mouvement et la vie sont entretenus par le commerce, où les races les plus opposées se rencontrent dans l'incessante communion des besoins et des intérêts. Mais sa physionomie propre est déjà bien différente de celle des villes du littoral africain. C'est l'Asie, avec ses séductions naturelles, avec sa mollesse, avec ses recherches de plaisir et de bien-être unies au mépris le plus profond des commodités les plus vulgaires.

J'eus bientôt assez du spectacle bruyant des rues fréquentées, des places et des bazars. J'allai chercher au faubourg du sud un peu de repos sous ses beaux ombrages et des types moins mêlés. Un jeune Palermitain, depuis quelque temps placé à la tête d'une maison napolitaine qui fait à Smyrne un grand commerce de soieries, voulut bien me conduire au singulier établissement qu'on appelle ici le café du Saule. C'est véritablement un lieu de délices et le nom de café est assez mal approprié à ce charmant cottage asiatique.

Ici, tout respire la mollesse, le besoin de repos : le bonheur est dans le silence, et la jouissance elle-même semble avoir peur d'attirer l'attention. Rappelez-vous nos bruyants cafés de Paris et suivez-moi.

Voici, là-bas au bout du faubourg, auprès d'un cimetière semé de pierres blanches et de fleurs, un pont délabré, moussu, comme presque tous les ponts de l'Orient. Sous ses planches vermoulues, on voit courir une fraîche rivière qui coule sans bruit sur un sable fin. C'est là, dans l'énorme tronc d'un saule deux fois séculaire, qu'un vieux Turc à barbe vénérable a construit un café. Autour du tronc noueux s'élance un escalier branlant qui conduit à la retraite cachée dans les branches comme un nid de grives. Là, sous les feuilles argentées, les fumeurs couchés nonchalamment regardent passer l'eau et sentent s'écouler doucement leur vie. Ils se livrent au kief, ce repos oriental auprès duquel notre oisiveté semble un fatigant travail.

Quelle vue charmante à travers cette persienne de feuillages ! Voici les maisons de Smyrne, avec leurs façades peintes comme la joue d'une odalisque : voici les mûriers, les joncs qui bordent la rivière ; là, les arbres de la mort, les cyprès, chez nous si tristes et si rabougris, en Orient si majestueux et qui font si bien penser au ciel. Sur le chemin caillouteux, voyez passer des Grecques apportant au marché des melons d'eau, des fleurs ; des Arméniennes à la taille élancée, au féredjé violet, de graves effendis égrénant leur long chapelet, des jardiniers de Bournabat chargés de paniers pleins de figues et d'olives ; un cavalier turc qui passe rapide et disparaît, une famille juive tout entière portée dans le bât d'un mulet.

Mais voici le vieux pont qui tremble : une longue file de chameaux le traverse d'un pas triste et prudent : leur tête sérieuse et bienveillante contraste avec l'allure capricieuse et insolente de l'âne qui leur montre le chemin. C'est une caravane qui part pour la Perse.

Passer une journée sous ces frais ombrages, au bruit de l'eau qui murmure, couché sur un divan près d'une fenêtre dont le cadre renferme les tableaux les plus variés, c'était pour moi un plaisir si nouveau, que je retins à dîner chez le vieux Turc mon jeune Palermitain. Avec l'incroyable souplesse de l'Européen à prendre toutes les habitudes, il signor *Raffaello Dulci* avait déjà la gravité, la mesure et toutes les attitudes d'un Turc consommé. Ce fut lui qui m'initia aux difficiles évolutions de la sieste orientale, au maniement du *houka*, cette pipe des peuples paresseux. Bien plus, et sans changer de place, il me fit faire un voyage inattendu dans un de ces pays fantastiques connus seulement de notre imagination par les contes aimés de notre enfance.

Dans la petite hôtellerie du café du Saule, demeure, me dit-il, le plus original et peut-être le plus aimable de mes amis de Smyrne, à quelques bizarreries près. C'est un Persan, le digne Kérim-Zadéh. Voici comment je fis sa connaissance.

Dans les premiers jours de mon arrivée à Smyrne, isolé dans cette ville bruyante où je n'avais d'autres points de repère que ma maison de commerce et le consulat, j'allais tous les matins, un peu avant le lever du soleil, prendre un caïque pour faire une promenade dans cette délicieuse rade de Smyrne. J'avais remarqué, à la même heure, un bateau qui prenait le large en même temps que le mien. Au caftan, à la coiffure de peau de mouton, j'avais reconnu dans le propriétaire de ce bateau un Persan. Mais, bien que les deux caïques fissent souvent le même trajet, j'avais évité avec soin ces démonstrations de curiosité que se permet trop souvent l'Européen en pays étranger. Un matin même, comme mon batelier échangeait quelques rires et quelques paroles bruyantes avec son camarade de l'autre bateau, je lui ordonnai le silence. Les deux bateliers se turent et le Persan dont les génuflexions et les prières, peu orthodoxes aux yeux d'un Turc, avaient attiré ces démonstrations, me jeta un regard de bienveillante reconnaissance.

Quelques jours après, j'arrivais le matin au rivage pour faire ma promenade habituelle, et déjà j'étais monté dans mon caïque, lorsque j'aperçus le Persan cherchant en vain une embarcation pour se rendre en haute mer. Je lui fis signe et, me reconnaissant, il monta gravement, se plaça à côté de moi sans mot dire et nous gagnâmes le large.

Alors, les yeux tournés vers le soleil levant, il déploya un petit tapis de cachemire, le plaça soigneusement à l'avant et s'agenouilla. Je compris aussitôt combien de fois ces habitudes étranges avaient dû exciter des rires malséants ; car, malgré son attitude calme et digne, mon Persan nasillait d'une façon si grotesque une indescriptible cantilène, que vous, Français, vous n'eussiez pas peut-être résisté à la formidable envie de rire qui me saisit. Je me contins cependant et bien m'en prit, comme vous le verrez plus tard. Quelques minutes après, la monotonie bizarre de ce chant me semblait moins déraisonnable, et je finis par m'y habituer tout-à-fait. C'est une espèce de strophe parlée des profondeurs de la gorge, sur un rythme à la fois dolent et saccadé. J'en ai retenu ces paroles, que, bien entendu, je ne vous donne que pour des sons :

O Bombely, Bombely, dram, dram. Laïbo. Laïbo.

Eternel refrain d'une chanson mystique dont le sens doit être, à mon avis, quelque invocation au soleil créateur.

Ma discrétion, vertu si rare chez nous autres, fut mise plusieurs fois à l'épreuve, et il est probable que, dans nos promenades fréquentes, j'inspirai au Persan une grande confiance. Car, un jour, au moment où, descendus sur le port, j'allais me séparer de lui comme d'habitude, il me prit la main, la posa d'un geste amical sur son front et sur son cœur et me fit signe de le suivre.

Il me conduisit ici : car c'est ici qu'il demeure. Il a fait approprier à son usage la partie la plus reculée des bâtiments du café et il y vit avec ses femmes, s'occupant fort peu en apparence d'un petit commerce de tissus et de gommes précieuses. Je fus admis dans son intimité et, dès le premier jour, j'eus l'honneur d'apercevoir pendant quelques instants la plus aimée de ses femmes qui vint modestement prendre un sorbet glacé sur un tapis placé au bout de la salle dans laquelle nous dinions de compagnie.

Pourtant, il y eut à cette entrevue fugitive, qui se renouvela depuis plusieurs fois, quelques restrictions imposées par les habitudes du royaume d'Iran.

L'esclave favorite de mon Persan ne m'apparut jamais que dans le costume obligé des femmes hors de la maison conjugale. Ce costume consiste en un manteau qui descend de la tête aux pieds et qui cache la figure avec une sévérité qui commence à devenir assez rare dans la Turquie d'Europe. Sous la partie du manteau qui retombe sur le haut de la tête, s'étend un voile en filet de soie, percé de deux trous pour les yeux.

Si j'en juge par les quelques Persannes que j'ai, je ne dirai pas vues, mais rencontrées, la passion du bijoux et des parfums est chez elles poussée jusqu'à l'excès. Colliers d'or, colliers de perles, boîtes en filigrane d'or remplies d'une pâte de musc et d'ambre, sont les accessoires indispensables d'une *Kanoune* persane.

La petite salle était éclairée assez faiblement ; mais la *qualité* de la lumière suppléait la *quantité*. Elle était due à une douzaine de petites bougies faites de cire pétrie avec de l'huile de cannelle et de girofle. Je remarquai ici une fois de plus que les parfums, et surtout les odeurs chaudes, souvent désagréables dans nos climats septentrionaux, raniment et rafraîchissent les sens émoussés sous ces chaudes latitudes. Ils constituent ici un véritable besoin. C'est, au reste, l'histoire de tous les excitants, des poivres et des piments par exemple.

Mon hôte ne se servait ni de couteau, ni de fourchette, et, à mon grand étonnement, il accomplissait toutes ses évolutions à l'aide de sa seule main droite. La gauche est considérée comme impure. Le mets le plus singulier de ce repas oriental, et je ne dirai pas le plus mauvais, consistait en cœurs de laitue dorée, préparés avec soin, et trempés dans une espèce de sauce aigre-douce, qui me parut composée de miel et de vinaigre battus : c'était une sorte de mayonnaise assez agréable.

Immédiatement après cette salade, on apporta du café à la rose, que le seigneur *Frangui* trouva excellent, bien que cette combinaison aromatique surprenne d'abord le goût et l'odorat.

Je suis revenu ici presque tous les jours, et, avec beaucoup de bonne volonté de part et d'autre, un peu de turc, beaucoup de franc, nous avons fini par nous entendre, le seigneur Kérim-Zadèh et moi. Il m'a raconté une histoire assez confuse de persécution religieuse, de trésors enlevés, de fuite : en un mot, j'ai cru comprendre qu'après avoir occupé un emploi assez important près des jeunes Khans Schah-Zadèhs, les princes royaux de Perse, Kérim-Zadèh était tombé en disgrâce et avait dérobé sa tête et les débris de sa fortune aux poursuites d'un puissant favori.

Il s'est refait ici une existence indépendante, embellie par la poésie, car si détestable musicien qu'il puisse être, Kérim-Zadèh est vraiment poëte. Aussi, a-t-il cherché à reproduire dans sa petite, mais charmante habitation, le luxe et les élégances de bon goût qui distinguent son pays. Par ce que vous verrez, vous imaginerez ce que peut être une habitation de luxe dans son pays.

L'intérieur d'un palais en Perse est quelque chose de délicieux, surtout par le contraste presque continuel entre la sécheresse désolée des plaines et des routes qui l'environnent. Le cœur de l'habitation est toujours un petit jardin parfumé de fleurs odorantes, incessamment rafraîchies par un jet d'eau qui retombe en poussière liquide irisée par le soleil. Là, vivent en bonne compagnie la rose et son camarade *bulbul*, l'oiseau favori des poëtes persans; la rose, dit Saâdi, le Lamartine persan, c'est la *délicieuse coupe où vient boire le rossignol*. La vasque élégante du bassin de marbre est souvent entourée de longs jets de chèvre-feuille qui grimpe et s'attache à des fils d'or. Autour du bassin se groupent les fleurs plus communes, les jacinthes, les tubéreuses aux parfums pénétrants.

Le jardin est entouré lui-même d'une espèce de cour à arcades, pavée de marbre blanc : le long des murs se pressent les blanches fleurs du myrte et du lilas, tous les deux nés sous ces beaux cieux.

Au fond des arcades, s'ouvrent les fenêtres de l'appartement mystérieux, l'appartement des femmes. Un jour doux, tamisé par des vitraux de couleur, n'arrive qu'après avoir traversé l'obstacle des portières aux moëlleux tissus. L'eau, cette richesse de l'Orient, coule, s'élance, retombe en filets murmurants dans un bassin de marbre qui rafraîchit l'atmosphère.

C'est ici que le Persan trouvera les deux grands bonheurs des pays du soleil: le repos et la fraîcheur. Le repos, ce n'est pas ici seulement une volupté, c'est un besoin.

Pendant que nous causions ainsi, un garçon du Kafedgi avait prévenu Kérim-Zadèh qui vint nous prendre pour nous conduire dans ses appartements. C'était un admirable type de la beauté persane que cet homme au profil fin et cambré, aux yeux noirs, doux et fiers, à l'allure aristocratique, à la main fine et blanche. Je compris, à sa vue, les dangers qu'un pareil homme, aussi beau qu'intelligent, avait dû courir dans un pays où toute distinction est une menace pour ceux qui jouissent de la faveur royale. La politique de palais est, en Perse, aussi expéditive, aussi peu scrupuleuse sur le choix des moyens que la police. L'homme qui gène ou le voleur de grande route n'y font pas vie qui dure.

La terreur est encore aujourd'hui le secret de gouvernement en Perse. Et puis, il faut bien le dire, ce peuple aux passions vives a un certain goût inné du sang, une férocité instinctive. Un peintre français qui a su illustrer encore un nom déjà célèbre, M. Eugène Flandin nous donne quelques détails sur les raffinements de cruauté imaginés par les Persans. En voici un exemple entre mille.

Manoutcher-Khan, gouverneur d'Ispahan, avait été chargé de diriger une expédition militaire contre les *Mamacenis*, brigands dont les meurtres avaient enfin éveillé l'indolente sévérité du gouvernement. Quelques-uns de ces voleurs furent faits prisonniers ; Manoutcher-Khan résolut d'en faire un exemple terrible. Il fit construire, dans la plaine de Schiraz, une tour dans la maçonnerie de laquelle il fit *murer* ces malheureux, dont les têtes seules dépassaient l'intérieur du mur. Ainsi maçonnés tout vivants, les captifs furent abandonnés à une mort terrible, sous un soleil de feu : on put suivre jour par jour, sur leurs visages, les horribles souffrances qu'ils eurent à endurer dans cette lente agonie !

Et cependant, contraste étrange, les Persans sont renommés, et à juste titre, pour l'élégance de leur littérature, pour la subtile délicatesse de leur poésie. Ils sont de beaucoup supérieurs aux Turcs pour le sentiment des arts, de la musique et de l'architecture. Le Schah-Nameh, le Gulistan de Saâdi, les strophes de Hafixz témoignent de l'élégante culture de leur esprit. La peinture, naguère encore repoussée de la Turquie lorsqu'elle choisissait des modèles vivants, est depuis longtemps en honneur à la cour d'Ispahan. Il n'est pas rare de rencontrer des princes persans, fort habiles peintres de genre, de fleurs et d'animaux.

Kérim-Zadèh, vous le savez déjà, était poëte : il était peintre aussi et ses productions, scrupuleusement renfermées dans le cercle des autorisations religieuses, consistaient en chasses représentant des tigres frappés par un chasseur invisible, en vues de jardins, en intérieurs de *harems* moins les odalisques, le tout entouré de lacs de fleurs emblématiques très-finement dessinées. Cet homme-

là avait assurément dans l'intelligence quelque chose de plus que ces princes énervés de la Perse moderne qui usent dans les plaisirs du harem une énergie surexcitée dès l'âge le plus tendre et qui gouvernent à l'ombre de quelque ambitieux ministre qui les fera étrangler un jour, à moins qu'ils ne le fassent étrangler eux-mêmes.

Je quittai cet hôte charmant auprès duquel j'avais fait si vite un voyage que, sans doute si tard, je ne ferai jamais qu'ainsi. Je retournai au caravansérai dans lequel j'étais descendu la veille et je fis mes apprêts de départ.

Le caravansérai était adossé à un bazar immense que je visitai pour y faire quelques emplettes.

Vous pensez bien que je m'arrêtai peu devant les boutiques qui regorgeaient de nos produits du Nord : cartes à jouer des manufactures françaises; couteaux, canifs à douze lames, et rasoirs de Sheffield ou de Birmingham; cotonnades; soufre de Sicile; sucre raffiné; quincaillerie d'Allemagne; vins et liqueurs de France et de Grèce; charbon de terre, tout cela m'attirait peu.

Mais les produits de l'Inde et de l'Afrique, la myrrhe, l'encens, le benjoin, le baume de la Mecque, la gomme djedda, le sambo d'Arabie; mais l'assa fœtida, le cardamome, le curcuma de l'Yemen, le galanga, la zédoaire, le gingembre, les muscades, les noix vomiques de l'Inde, tous ces parfums, tous ces poisons, toutes ces essences des pays favorisés du soleil avaient pour moi le charme de l'inconnu.

Il y avait surtout, tout au bout d'une obscure galerie, une sombre boutique devant laquelle j'aimais à flâner pendant les heures de la grande chaleur. Le vieux Turc qui l'occupait, me faisait l'effet, avec sa grande barbe blanche, avec son chef branlant, avec ses petits yeux vifs, étincelants, au-dessus de traits immobiles, d'un de ces génies des contes persans, préposés à la garde des trésors. C'était au fond l'homme le meilleur et le plus placide.

Il y avait dans cette boutique des curiosités inouïes, des richesses bizarres, énormes. C'étaient des écailles de tortues, des ouvrages précieux de nacre et de corail. Sur les ais de sapin blanc qui composaient ce que nous appelons *la montre*, s'étalaient de splendides shâles de Kashmir ; des tapis épais et fleuris comme de verdoyantes pelouses émaillées de liserons et de marguerites ; des sébilles pleines de perles de toute grosseur et de tout orient ; des kandjiars à la poignée ciselée, garnie d'émeraudes et de rubis ; de grandes outres pleines d'essences précieuses ; des babouches, des tarbouchs, des baïks de la laine la plus fine ou de la soie la plus artistement ouvragée.

Mais ce qu'il y avait de plus intéressant encore que les richesses du bazar, c'étaient les belles visiteuses qui s'y promenaient aux derniers rayons du soleil, à l'heure où l'air devient respirable, où la brise de mer promène dans Smyrne la fraîcheur et la salubrité.

Les filles de la molle Ionie ont conservé l'admirable majesté, le profil divin de leurs ancêtres. Leur visage aux lignes droites, sévères, leur chevelure noire, luxuriante, emmêlée de piastres, de ducats, de médailles, de chaines d'or, leur front large, leurs grands yeux, ces *yeux de bœuf* de la fière Junon (*boôpis*), cette narine fine et dilatée, cette lèvre mince et rouge, ces épaules puissantes, tout cela me rappelle la Grecque des anciens jours.

Pendant que j'admire, un grand bruit se fait entendre. Ce sont des *cavas*, sortes d'agents de police, qui mènent deux hommes à figure rébarbative. J'interroge un Grec à l'œil éveillé qui me dit en souriant :

Seigneur français, ce n'est rien de bien extraordinaire à Smyrne, ce sont des brigands de la montagne. Ils sont dix mille ; de temps en temps on en arrête deux ou trois, qu'on pend pour l'exemple. Mais l'exemple ne profite guère aux autres. Car le métier est bon, et, qui pis est, assez honorable. Il y a ici quelques-uns de ces brigands retirés des affaires : ce sont de gros bourgeois, très-pieux, fort estimés. Quelques-uns sont *hadjis*, c'est-à-dire *saints* : ils ont fait leur voyage à la Mecque.

Et puis cela pose un homme d'être ou d'avoir été brigand. C'est un brave assurément, et il est tel honnête citadin qui aspire aux honneurs du *brigandisme*. On m'en a cité un qui a eu l'intention d'être brigand, et cela a suffi pour sa réputation.

Un jour ce brave homme, exalté par les récits de brigandages héroïques, se réveille saisi d'une noble émulation. Il achète un long fusil tout incrusté d'ivoire, un *flissa* ou yatagan recourbé, tout étincelant de corail et de pierreries fausses, passe à sa ceinture deux énormes pistolets, remplit une besace de provisions et sort de Smyrne, la tête haute, annonçant à tous ses voisins et amis qu'il va se faire brigand dans la montagne.

Arrivé dans un lieu écarté, il choisit pour repaire un trou de rocher, dispose ses armes, fait sa prière en bon musulman et attend patiemment une proie. Le fusil au poing, le corps dissimulé derrière un épais buisson d'olivier, il dévore de l'œil le sentier solitaire. Pas un voyageur ne trouble le silence du désert : la journée se passe, rien ; la faim vient, notre homme mange et s'endort.

Trois jours et trois nuits se passent ainsi. Pas de voyageurs. Les provisions de notre aspirant brigand s'épuisent, il retourne à la ville harassé, défait, l'œil hagard, la barbe hérissée. Mais il a été brigand d'intention, cela suffit, et depuis ce jour on le salue avec respect. Il ne lui a manqué que la chance. Il aurait pu détrousser son homme.

S'il y a quelques brigands ridicules, en revanche il en est beaucoup trop de sérieux. Aussi, ne faut-il pas juger toute cette côte de la Méditerranée qui s'étend de l'Egypte aux Dardanelles, par la sécurité relative qu'offrent aux chrétiens les villes franques, où le caractère de l'Orient s'est abâtardi mais civilisé. où s'il a pris de l'Occident la laideur, il lui a au moins emprunté quelques habitudes d'ordre et de police.

Mais en Syrie, mais dans le Liban, races, religions, habitudes, tout engendre le conflit. C'est le fusil à la main que le paysan sème et récolte, et malheur au voyageur qui s'égare sans escorte suffisante dans le désert ou dans la montagne.

Parmi ces populations, il en est cependant d'essentiellement civilisables et dont les mœurs ou la religion ont avec les nôtres des affinités singulières.

Le Druse a beaucoup de nos croyances : il admet la Bible et les évangiles; il prie sur le tombeau de nos saints. Chez eux un *akkal*, ou homme saint et savant, mêle dans ses respects le Coran et la Bible. Leur science un peu confuse, et qu'en vain ils ont voulu tenir secrète, leur vient surtout des livres arabes de la décadence. Il y a en eux quelque chose des doctrines gnostiques, avec des prétentions à une révélation particulière. Cette révélation serait la dernière faite à l'humanité. Elle aurait eu lieu vers l'an 1,000, quatre cents ans après la venue de Mahomet. Son messie est le sultan Hakem, fatimiste qui essaya sans succès, au moins pendant sa vie, de lutter contre le Mahométisme. Incompris pendant son règne sur la terre, le messie des Druses doit s'incarner une seconde fois à la fin des temps, sous le nom de *Mahdi*, juge des derniers jours. Son second règne, remarquez bien cette doctrine étrange, doit arriver lorsque les chrétiens auront entièrement triomphé du mahométisme en Orient.

Il y a dans les incarnations successives de Hakem, quelque souvenir lointain des religions indiennes. C'est même cette faculté d'incarnation qui constitue toute l'originalité de la religion Druse. Car, selon eux, c'est Hakem qui fut, en réalité, le véritable Jésus et le véritable Mahomet.

Ces similitudes, ces rapports d'origine on les rencontre aussi dans la religion mahométane. Les différences sont subtiles, plutôt que profondes. *Ayssé* ou Jésus, *Myriam* ou Marie sont honorés, mais l'un comme prophète, l'autre comme l'une des trois femmes saintes. Mais le principe qui sépare les deux religions, c'est l'adoration des images. Les Turcs et les Arabes croient très-sérieusement que nous adorons les figures peintes ou sculptées dans nos églises. Ils ne sauraient comprendre la subtile distinction entre l'image et la personne qu'on adore en elle. De même, le culte différent que nous rendons aux personnes divines, aux anges et aux saints leur est une énigme. Honorer et adorer n'ont pas pour eux des significations différentes. Nous ne sommes donc pas pour eux seulement des infidèles, mais aussi des idolâtres et des polythéistes.

Cependant on avait conduit les deux détrousseurs de grands chemins au corps de garde où la justice expéditive des Turcs ne les ferait sans doute pas longtemps languir. Un autre spectacle vint attirer mes regards. Sur deux files pressées s'avançaient deux cortéges qui encombrèrent bientôt l'étroite rue du bazar. Commodément assis dans l'arrière-boutique du marchand grec, je vis défiler devant moi ces bruyantes théories. C'étaient deux mariages. Les époux et les parents promenaient à travers les rues leur joie grave ou passionnée, suivant leurs races différentes. Il y avait là, en effet, deux peuples bien distincts, se coudoyant dans cet étroit espace.

Le cortége de droite était celui d'un Egyptien ; le cortége de gauche, celui d'un Syriaque. Dans le premier, toute la gravité turque ; dans le second, la passion désordonnée des Asiatiques.

La fiancée égyptienne, couverte de voiles nombreux qui la cachent de la tête aux pieds, marche entre deux femmes qui la mènent sous un dais porté par quatre fellahs. Nombre d'esclaves la précèdent, dont quelques-uns jouent du tambourin; d'autres portent des chasse-mouches; d'autres enfin répandent sur elle des eaux de senteur et des huiles parfumées. Toutes ses parentes, toutes ses amies la suivent, ainsi que des musiciens majestueusement montés sur des ânes. Il est déjà presque nuit, et la théorie s'avance à la rouge lumière des torches de résine.

C'est, me dit le Grec, une femme de la Haute-Egypte que vient d'épouser Mohammed-Touloun, collecteur des taxes, homme du Morzouk, près de Tripoli, naturalisé Egyptien par un long séjour. De ses coutumes locales, la fiancée n'avait retenu que l'abus des bijouteries de pacotille et du *kôhl* dont la noirceur étrange agrandissait outre mesure ses yeux déjà fort grands.

L'usage du *kôlh* ou *keuhl* existe dans la plus grande partie du continent africain et dans l'Asie presque tout entière. On le retrouve jusque chez les tribus les plus sauvages de l'Afrique centrale, et notamment dans le Darfour. Seulement les *Fôriennes* (femmes du Darfour) ne l'emploient point comme en Egypte, où on le fait pénétrer à l'intérieur même de l'œil. Elles l'étendent seulementà la surface des paupières, et l'y fixent au moyen de l'huile ou de tout autre corps gras. Une *Fôrienne* dont le teint est ainsi rehaussé, qui d'ailleurs porte suspendu à la cloison du nez le *khozâm* ou anneau d'or garni de grains de corail, et dont les bandeaux de coton exhalent l'odeur pénétrante du bois de sandal et de la racine d'iris, peut à bon droit passer pour une petite maîtresse.

L'autre noce était celle d'un marchand Syrien, non pas des plus riches. Et cependant quel faste, quelle profusion de vêtements coûteux !

Nos femmes d'Europe, avec leurs robes de satin, de soie ou de velours, avec leurs dentelles et leurs diamants plus ou moins authentiques, n'ont pas d'idée du luxe que déploient, à l'occasion du mariage, les familles les plus simples et les plus bourgeoises de l'Orient. Ce luxe est quelquefois emprunté, je le sais ; mais enfin il est de bon aloi. Le vêtement nuptial d'une femme Syrienne est de velours rouge brodé d'or. Les diamants, les rubis, les perles fines y mêlent leur éclat. Il y a, dans une noce de l'Asie-Mineure, des joyaux à faire pâlir la plus belle des soirées de notre Opéra.

C'est le fiancé qui, le plus souvent, paye tout cet étalage. Quelques jours avant la fête nuptiale, il fait remettre à sa fiancée une paire de bracelets en or ou en diamants, suivant sa fortune, une pièce d'étoffe brodée en or, et 160 piastres pour les frais du bain et du repas de noces.

Et maintenant, si vous voulez compléter notre revue ethnographique, suivez-moi dans ce quartier obscur et boueux qui longe le bazar et, par la première ouverture de porte ou de fenêtre, jetez un regard curieux dans une de ces maisons sombres et enfumées. C'est ici qu'habitent les réprouvés de la civilisation turque, c'est le quartier des Juifs. Eh bien ! c'est ici que vous trouverez les créatures les plus splendidement belles, les costumes les plus richement harmonieux. Je vis, par exemple, dans mon excursion, se dessiner sous un auvent humide et noirâtre, une admirable jeune fille.

Son élégant costume se composait d'un corset ou *punta* de velours noir brodé en fil d'or, et lacé sur la poitrine. Par dessus ce corset était placé le *caso*, gilet rouge sans boutons. Les manches de la chemise, les seules que porte la Juive, s'arrêtent au-dessus du coude. A la *punta* se rattachait une *faldeta*, ou jupe bleue ouverte par le bas et galonnée de fil d'or. Les petits pieds de la fille de Sion étaient chaussés de pantoufles rouges. Sa tête était ornée d'une *sfifa*, sorte de diadème où se jouaient les perles, les émeraudes et les rubis. Elle portait sous le diadème ses cheveux à longues tresses, emblème de virginité. Femme, elle les coupera ou les cachera.

Impossible de dépeindre la majestueuse harmonie des mouvements, la pureté des lignes, la justesse des attitudes de cette charmante enfant. C'est bien là la vierge de la Bible vaquant, comme Miriam, la sainte fille de Zacharie, aux occupations du ménage. Elle tresse, de ses mains effilées aux ongles polis, des feuilles de dattier

ou des roseaux cueillis au bord du fleuve et en compose la natte
agreste qui recouvre le sol de sa demeure. Elle file le lin jaunâtre

sur son fuseau de forme antique : elle moud le grain doré du froment, d'orge ou de doura, et pétrit en minces et rondes galettes la
farine qu'elle en tire. Puis, retroussant en partie sa longue robe qui
retombe en plis gracieux de ses reins, couverte de son voile blanc,
elle pose sur la couronne noire de ses cheveux luisants une urne
antique, et d'un pas léger va chercher l'eau du repas à la fontaine
voisine.

N'est-ce pas là un charmant souvenir de l'antiquité disparue, et
que de réflexions n'inspire pas ce cachet d'élégance suprême, cette

poésie native qui reportent la pensée aux journées splendides du monde naissant. Et tout cela, s'il vous plaît, dans une affreuse bicoque, dont mon imagination eût aimé à faire quelque palais biblique, quelque temple desservi par les vierges d'Israël.

Mais voici le caravansérai et, à la porte, *Raffaëllo Dulci*, en compagnie d'un monsieur tout de noir habillé, à l'air rogue et bouffi d'importance. Le Palermitain me présente dans ce bureaucrate égaré sous le ciel de Smyrne, le premier commis de l'agence des bateaux à vapeur. Il m'annonce que le paquebot part demain matin à cinq heures pour Constantinople.

Adieu donc à Smyrne, et en route pour la vraie Turquie, la Turquie des Turcs et du fez, de la redingote étriquée et des diplomates portant lunettes avec le nichan en sautoir. C'est, après tout, cette Turquie-là qui nous intéresse le plus; car c'est celle-là qui sera européenne la première.

Je me hâte de dormir quelques heures et, avant le soleil, me voici installé sur le paquebot dont la cheminée vomit déjà des flots de fumée nauséabonde. Le signal est donné, les aubes frappent la mer et nous nous élançons à travers l'Archipel, laissant à bâbord *Scio* qui blondit à l'occident sous les premiers baisers du soleil, et la verdoyante *Mytilène*. Nous doublons le cap *Baba* et nous voici tout à coup en pleine Illiade.

Ce petit ruisseau qui laisse paresseusement couler dans la mer un filet d'eau saumâtre, c'est le *Simoïs*. Ces élévations de terrains sur la gauche, ce sont les tombeaux des deux héros Hector et Patrocle. Cette petite montagne bleuâtre, dont la neige poudre les trois pointes, c'est le *mont Ida*. Cette campagne assez maussade, c'est la *Troade*, *campos ubi Troja fuit*. Derrière .nous, une île basse au milieu de la mer bleue, c'est *Ténédos*.

A l'aspect de ces lieux immortalisés par tant et de si solennels souvenirs, toutes les idées modernes s'évanouirent pour moi et la *question d'Orient* se recula, pour ainsi dire, à mes yeux dans les profondeurs d'un passé grandiose. Je voyais à travers trente siècles écoulés se matérialiser pour la première fois dans le monde cette lutte de la civilisation et de la barbarie, de l'Europe et de l'Asie, qui a pris et qui prendra sans doute encore tant de formes différentes.

C'était donc il y a trente siècles, et, comme le dit Horace, la Grèce commençait son duel héroïque avec l'étranger, avec le barbare :

Græcia barbariæ lento collisa duello.

Il s'agissait alors, non d'une position militaire et commerciale comme aujourd'hui, mais de l'enlèvement d'Hélène la belle par le Troyen Pâris. Celui-là aussi s'était emparé par la violence du bien qu'il convoitait : il fallut le lui arracher. Ménélas, c'était la Grèce elle-même à venger. Or, en ce temps-là, temps grossier, il n'y avait ni consolidés, ni actions de chemins de fer, ni commerce, ni industrie toujours prête à faire obstacle au patriotisme. Aussi n'y eut-il ni protocoles, ni notes, ni négociations. On publia la guerre sainte et patriotique, chaque citoyen fourbit ses armes ou prépara son vaisseau, et les rivages de la Troade virent s'avancer, comme on dit aujourd'hui, les flottes combinées de tous les peuples Grecs portant leur *ultimatum* au bout de leurs javelots.

Mais soyons justes pour notre civilisation moderne. Si les préliminaires furent courts, la guerre fut un peu bien longue, et nous allons plus vite en besogne, une fois que nous avons commencé. Le tout est de s'y mettre.

Chose singulière, le point de départ des deux flottes qui, à tant de siècles de distance, portèrent au pied de Troie et de Sébastopol les peuples armés pour les détruire, ce point de départ est le même. C'est *Bechika-Bay*, la rade immense où s'assemblèrent jadis les galères du roi des rois, Agamemnon, où se réunissaient récemment encore les vaisseaux à hélice de la France et de l'Angleterre.

Mais le capitaine de notre paquebot est sans doute peu curieux de souvenirs héroïques, car il ordonne d'un air assez maussade de forcer la vapeur. Il craint d'arriver trop tard et de manquer la passe. Et cependant, voici que la mer se rétrécit, voici qu'apparaissent à l'horizon les silhouettes nettement découpées des châteaux d'Europe et des châteaux d'Asie.

Sestos et *Abydos*, ces deux gardiens avancés des Dardanelles, n'ont rien d'oriental. Ce sont deux villages jolis, de loin seulement. Leurs maisons roses, éparpillées et comme plaquées sur des masses de verdure sombre, rappellent des *cottages* anglais et hollandais transplantés sous un ciel d'Orient. Mais n'entrez pas, je vous prie, dans ces charmantes habitations peintes comme à plaisir pour l'œil; vous n'y trouveriez que misère et saleté.

Nous longeons à bâbord la presqu'île étroite qui, du côté de l'Europe, forme la rive du canal. Une ville blanchit sous les feux du soleil couchant, c'est *Gallipoli*, première étape des armées alliées sur la terre de Turquie; Gallipoli ville, d'Orient transformée en un mois par nos soldats en une ville proprette et commode d'Italie ou de Provence.

Peu a peu, ce beau fleuve des Dardanelles s'élargit, prend l'aspect d'un vaste lac. Les lames deviennent courtes et dures : nous entrons dans la mer de *Marmara*.

CHAPITRE CINQUIÈME

Constantinople le matin, panorama, histoire. — Débarquement, détails repoussants,
police et voierie turques ; les chiens, essai de réforme canine, insucces de Mahmoud.
— La foule dans les rues, costumes, les femmes. — Le café, un dîner à la turque,
cuisine musulmane, histoire de la fourchette ; les concombres de Mahomet II. — Le
barbier. — La mosquée, Sainte-Sophie, Abdul-Medjid. — Les fontaines. — Un cimetière, enterrement turc. — Les mendiants, fées et génies, la charité. — Constantinople le soir.

E jour avait déjà disparu quand nous mouillâmes à
la Corne-d'Or. Je savais être en face du plus beau
paysage du monde, du panorama le plus admira-
ble qu'aient jamais créé à frais communs l'homme et la nature. Et
cependant, de tout cela je n'apercevais que quelques lumières se
confondant dans la brume avec les étoiles et quelques flèches rayant
la nuit grisâtre. Nous ne pouvions avoir que le lendemain le permis
de débarquer. Je passai cette nuit dans l'attente fièvreuse, dans cet
état de surexcitation morale que produit toujours en nous un plaisir retardé.

10

En attendant ce premier rayon du soleil renaissant qui se faisait si longtemps attendre, je repassais dans ma mémoire les destinées singulières de cette ville et de ce peuple.

L'histoire de bien des siècles et les prétentions de races ennemies ont valu plus d'un nom à cette ville qui joue un si grand rôle dans les destinées de l'humanité :

Constantinople ou *Constantinopolis, Stamboul* ou *Istamboul, Tsargrad*, telles sont les appellations grecque, latine, française, turque, slave enfin. Les premières constatent un fait et rappellent la capitale de l'empereur Constantin, la Constantinople de 330, qui succédait dans la domination du monde à Rome vieillie. Jusqu'à **330**, Constantinople s'était appelée *Nouvelle-Rome, Nova-Roma.*

Stamboul, c'est l'appellation turque, indice de la merveilleuse fertilité de cette belle contrée : le mot turc ne signifie pas autre chose que *lieu fertile.* Toute cette race orientale est bien plus frappée des agréments d'un pays ombreux, aux grands arbres, aux riches moissons, que d'une situation politique ou commerciale importante. En quittant l'Espagne, par exemple, les Sarrasins et les Mores regrettaient plus encore la plaine de Grenade et la féconde *Huerta* de Valence, que leur domination sur les chrétiens.

Quant au nom serbe ou slave de la ville de Constantin, il est gros de toutes les luttes du passé et de l'avenir. Il implique le désir et l'espérance : *Tsargrad*, c'est la ville des Tsars.

Quant au nom de *Bysance* qu'on donne quelquefois à Constantinople, il n'y faut voir que l'obscur souvenir d'un certain Bysas, roi de Mégare, qui, suivant Eusèbe Pamphili, aurait fondé la ville vers l'an 658 avant Jésus-Christ.

L'antique Constantinople ne consistait qu'en cette montagne qu'on nomme aujourd'hui *Porte du Sérai*.

Et aujourd'hui, cette ville était devenue le point le plus important de l'ancien-monde. Sa position exceptionnelle l'avait faite ce qu'elle était désormais, et non les hommes. Car ce peuple qui tient dans ses mains les clefs de la mer Noire et la route de l'Asie, ce peuple autrefois si terrible à l'Europe chrétienne, aujourd'hui, retour étrange, ne fallait-il pas que l'Europe chrétienne le secourût, le soutînt de son bras nerveux pour empêcher sa chute.

Il n'y a pas deux cents ans encore, c'est la Turquie dont les armes effrayaient l'Europe : c'est elle qui s'avançait comme un torrent sur la chrétienté en alarmes. En 1677, elle menaçait l'Autriche, elle faisait une pointe sur Raguse et l'intrépide Kara-Moustafa, à la tête de 300,000 hommes, s'avançait vers les murs de Vienne.

C'est alors qu'un héros arriva du fond de la Pologne, et que l'im-

mortelle victoire de Sobieski sauva l'Autriche et, qui sait, peut-être la civilisation moderne.

Mais, vous le savez, j'ai promis de laisser là la politique. Tant d'autres en font qu'il peut être agréable de rencontrer un voyageur qui se contente de regarder et de décrire tout bonnement les hommes et les choses. Les réflexions, si mon récit en fait naître, vous les ferez bien vous-mêmes. Contentons-nous donc de voir et de dire ce que nous avons vu.

Aussi bien les spectacles sublimes ne manquent pas en Orient. Tenez, par exemple, voici que la première rougeur du soleil se montre sur les flots ; la brume s'épaissit un moment, comme le voile de lin qui recouvre les formes de quelque belle statue antique. Attention ! Apollon, l'éternel conducteur de quadrige, va soulever cette gaze importune. Le brouillard cède sous le choc des flèches d'or, il se déchire et se dissipe par larges pans de nuées roses, emportées par le vent du matin. Voici Constantinople !

Rien n'est plus beau que l'aspect général de Constantinople, vue à travers la lueur dorée du matin. Quand le soleil n'a pas encore dissipé les chaudes vapeurs de la nuit, quand un brouillard léger, semblable à une gaze bleuâtre, estompe les profils de la ville impériale, quand du sein de ces vapeurs flottantes s'élancent les pointes dorées des mille minarets, les brillantes coupoles, les maisons rouges et roses entourées de massifs d'arbres, les grandes lignes blanches des palais, les mâts de mille vaisseaux avec leurs flammes ondoyantes et multicolores, Naples, Rio-de-Janeiro, Palerme, San-Francisco, tous ces merveilleux panoramas sont dépassés.

Le kaïque de la douane range à tribord notre paquebot. Le permis de débarquer est signé. Tout s'apprête pour transporter à terre hommes et bagages. Déjà je puis saisir l'ensemble des groupes habités que m'explique un jeune Égyptien, je devrais dire un Français, car il a fait ses études à Paris.

Autour de la ville, uniquement habitée par des Turcs, se groupe toute une ville européenne ou asiatique, avec ses quinze groupes ou faubourgs. Les plus connus de ces faubourgs sont : *Galata*, *Pera*, et *Top-Hané*, situés tous trois en face de Constantinople proprement dite, sur le triangle qui s'allonge entre la capitale, la Corne-d'Or et le Bosphore.

Sur la rive d'Asie se masse une autre ville complémentaire, *Scutari*, avec son annexe *Kadi-Kœi*, l'antique Chalcédoine.

Tout cela, ville et faubourgs, groupe d'Asie et groupe d'Europe, forme une agglomération formidable de près de 100,000 habitations, et de 800,000 habitants, ainsi répartis : 140,000 Grecs, 230,000 Arméniens, 30,000 Juifs et 15,000 Européens ou Francs, le reste Turcs.

J'aborde enfin à terre, je me précipite sur le port, et, quelques pas plus loin, je recule épouvanté. Vue, odorat, toucher, tout est repoussé par les détails de cette ville, qui tout à l'heure m'offrait un si délicieux panorama.

Ruelles étroites tracées entre des murailles borgnes et crevassées, fondrières, lacs d'eau croupie, trous mal odorants où une lice décharnée élève une portée de petits chiens sauvages aux crocs menaçants, montagnes d'ordures amassées devant les portes par l'incurie des propriétaires, carcasses d'animaux abattus, voilà les détails affreux par lesquels il faut payer l'aspect poétique de Constantinople... vue de loin.

Décidément l'*Istamboul-Cadhessy*, ce fonctionnaire public qui représente à la fois le préfet de la ville et le préfet de police, surveille assez peu les détails de voierie et de salubrité publique. Je comprends à voir ces maisons en torchis minées par des infiltrations continuelles, ces flaques d'eau croupie, ces rues encombrées d'immondices, ces haillons entassés dans les boutiques de fripiers, ces tueries particulières dont les détritus repoussants empoisonnent l'air, que les pestes et les fièvres soient aussi fréquentes dans la capitale de la Turquie.

Un autre inconvénient des rues de Constantinople, ce sont les chiens, chiens sauvages s'il en fut, proches parents sans doute du chacal et du loup. Ils grouillent, ils flairent, ils aboient, ils mordent. Installés dans des angles de murs, au milieu de débris de toute sorte, dans des trous creusés au milieu de la voie publique, dans de vieilles citernes effondrées, ils sont là comme chez eux, à l'affût de toute proie, de toute immondice. La nuit, ils sont un danger véritable, et malheur à l'Européen qui s'attarde sans lanterne et sans bâton. Après tout, ils ont ici une mission municipale à remplir : ce sont les véritables employés de la voierie musulmane.

Un jour Mahmoud, le grand réformateur de la Turquie, entreprit de réformer la race canine. C'était trop tenter que de détruire ces hôtes incommodes et respectés : Mahmoud recula devant le sacrilége du lacet, du bâton ou de la boulette. Mais, par son ordre, trente mille de ces affamés furent déportés aux îles de Marmara. En un jour, les exilés eurent nettoyé leur prison : mais, comme après avoir dévoré les rats et l'herbe, ils ne pouvaient manger l'île, en attendant qu'ils se décidassent à imiter les naufragés de la Méduse, ils remplirent l'air de leurs hurlements lugubres. Entendues de Constantinople, ces plaintes allèrent au cœur des sensibles Osmanlis. Une révolution eût éclaté si on n'avait rappelé les déportés. Mahmoud avait pu détruire les janissaires : il dut respecter les chiens.

Il ne faut pas non plus faire un crime à l'autorité musulmane de tous les désordres qui ont lieu dans la capitale de l'empire. Cette autorité est tellement gênée, si fort entravée dans son action par les influences européennes, qu'elle a dû nécessairement en arriver à l'indifférence la plus profonde. Toute la population européenne, et des milliers d'aventuriers sans patrie, sans foi ni loi, échappent à la main de la justice locale. Il n'est pas un drôle, pas un malfaiteur, qui ne parvienne à se mettre sous la protection d'un consulat quelconque.

Mais ne nous laissons pas arrêter par ces détails déplorables, communs à presque toutes les villes de l'Orient. Regardons cette foule qui passe.

Quelques rares turbans verts ou blancs des musulmans entêtés, quelques turbans bruns et quelques kalpaks noirs de rayas, quelques robes longues et flottantes à l'asiatique se font remarquer dans cette foule, au milieu des fez à flots rouges de la réforme, des redingotes étriquées et des pantalons *civilisés*.

Parmi ces flots sans cesse renaissants de costumes bizarres, j'aperçois des femmes en grand nombre. Blanches statues, enfermées dans leurs longs voiles, elles glissent le long des murs, indifférentes ou curieuses, et laissent de temps à autre s'échapper de leurs grands yeux noirs un éclatant rayon.

Sur la foi de nos préjugés occidentaux, j'avais cru longtemps, comme tant d'autres, à la *réclusion* des femmes en Orient. Je ne me les imaginais que confinées à l'ombre du harem et seulement, par échappées imprudentes, laissant voir derrière le *yakmack* protecteur leurs grands yeux de gazelle à travers le treillage d'un balcon.

Erreur. Les pauvres récluses sont les plus libres de toutes les femmes. Elles *voisinent*, comme nous disons en France, avec la plus entière indépendance. Elles vont au bain tous les jours, qui, suivie de ses esclaves, qui, gravement montée sur l'*araba*, le vieux carrosse traîné par les bœufs.

La femme est séparée de l'homme, isolée de la vie, voilà tout. Elle habite ses appartements à elle, ce que nous nommons ridiculement le *sérail*, ce qui s'appelle en réalité le *harem*. Le sérail (*séraï*) est le synonyme de palais. Le harem, c'est le gynécée antique. Généralement, l'appartement des femmes est à l'étage supérieur de la maison.

La femme turque, grecque le plus souvent, ou circassienne de naissance, est charmante sans doute, mais elle ne sait pas marcher. L'habitude du repos prolongé, la réserve imposée aux femmes, le costume embarrassant, tout concourt à leur enlever les grâces de la démarche.

Si la femme turque a quelque grâce, c'est peut-être chez elle, assurément ce n'est pas dans la rue. En voici une qui se rend au bain suivie de quatre esclaves. Enveloppée dans une masse de cachemires et de mousseline, les pieds alourdis par de disgracieuses pantoufles, elle ne marche pas, elle roule gauchement. Entre une Parisienne et cette femme-là, il y a la différence d'une galiote à une frégate. Un grand œil noir, deux bouts de doigts roses, voilà tout ce qui là dessous révèle la femme.

Cependant, j'ai retenu une chambre dans un hôtel franc tenu par une dame de Marseille, pour laquelle on m'avait donné en France une lettre d'introduction. Mes bagages rangés, ma barbe faite, ma toilette un peu réparée, je sors, et je me jette bravement dans l'inextricable lacis des rues turques. A la grâce de Dieu! je me retrouverai bien ici ce soir.

Où aller d'abord? Au grand rendez-vous de la vie extérieure en Turquie, au café. J'en aperçois un qui fera sans doute mon affaire, car il est plein de fumeurs aux costumes divers; la musique, et quelle musique! se fait entendre au fond de la salle obscure, les petites tasses de cuivre qui contiennent la liqueur odorante sont incessamment portées et rapportées par le *kafedgi*. De plus, ceci me paraît être en même temps un restaurant, car des pièces de viande se balancent à des crocs de cuivre au-dessus de la porte, et de larges tartelettes fument contre les carreaux. Entrons donc au café.

Que de choses il peut y avoir sous un seul mot! Le café : ne diriez-vous pas, à première vue, que prendre le café soit une chose partout à peu près identique. Et pourtant, cette chose si simple, un Juif Errant de ma force ne l'a pas vue s'accomplir dans deux pays de la même manière.

En France, le café de Paris n'est pas le café des Flandres ou de la Normandie. Ici, une décoction très-forte de fèves beaucoup trop brûlées; là, une lavure d'un gris noirâtre, insipide, abondante, où la chicorée, avec ses succédanés nombreux, prend presque toujours le dessus.

En Allemagne, c'est autre chose. Il me souvient, il me souviendra toujours, d'avoir été invité à prendre le café chez un honnête professeur d'Iéna. Le café était là un simple accessoire et demandait un vigoureux estomac. Jugez-en.

Sur un guéridon immense, s'élevaient en pyramides nombreuses des tartines de pain blanc, de *schwartz-brod* ou pain noir à l'anis, vigoureusement frottées de beurre, de gelée de groseilles, de marmelade d'abricots, doublées de tranches de bœuf de Hambourg, de saucisson, de jambon. A côté de ces mets, un peu trop variés peut-être pour ne pas s'étonner de se rencontrer ainsi, on servit dans de jolies petites tasses de porcelaine anglaise, une liqueur clairette, légèrement bistrée, d'un parfum insaisissable. C'était le café.

Très-souvent, trop souvent, au café turc est joint un *teriaki-kha-neh* ou boutique d'opium. Mais ici, cet ignoble spectacle me fut épargné. D'ordinaire, au reste, c'est dans quelque salle retirée que se cachent les misérables victimes de cette passion funeste de l'opium. Si ce n'est par peur de la police, c'est peut-être par honte d'elles-mêmes.

Kaoua, sibsi, c'est-à-dire café, pipe : ces deux mots sacramentels, les premiers qu'entende, que comprenne et que répète un voyageur en Orient, attirent près de moi un Hercule farouche, aux bras nus qui semblent taillés dans le bronze florentin. Il me regarde d'un air apathique, se baisse près d'une sorte d'auvent où fument des charbons et où s'étalent des cendres chaudes : il en retire une petite soucoupe de métal qu'il place dans une soucoupe plus grande, faite pour tenir la première sans se brûler. Le café est là, fait sur son marc qu'il faut laisser retomber. Ce café est excellent, doucement aromatique. Il n'a pas les propriétés excitantes et violentes du nôtre. On en peut boire une douzaine de tasses par jour sans le moindre inconvénient. En ma qualité de Franc, de Frengui ou de *Roumi*, c'est-à-dire de chrétien, je reçois en plus une petite pincée de cassonnade.

Cinq musiciens sont assis dans un coin de la pièce : deux d'entre eux ne jouent d'aucun instrument, et, de temps à autre, râlent quelques notes monotones. Un troisième, grand gaillard aux formes athlétiques, et dont le sombre visage me rappelle le Samson de Decamps tournant sa meule, joue furieusement d'un *rebeb*, sorte de grand violon, qu'il tient entre ses jambes nerveuses comme une basse. Un autre frappe sur une sorte de tamis, et en tire des sons secs et agaçants par leur désespérante continuité. Le cinquième souffle dans le premier des instruments créés, dans la vieille flûte du vieux Pan, une flûte de roseau.

Un coup d'œil sur la salle. Elle ressemble furieusement à un corps de garde. Les divans sont en bois et ont un faux air de lits de camp. Un vieux quinquet, entouré de chiffons jaunes frangés, forme toute la décoration.

C'était un café grec, tenu, me dit-on, par un *pope* ; ce pope, en tous cas, était un fort désagréable et fort sale personnage. Il y avait là une société assez mêlée de Grecs, couchés tout de leur long, et de Turcs accroupis majestueusement sur leurs talons. Ce qui m'amusa le plus, ce fut de voir au-dessus des siéges, étalées sur la muraille avec les couleurs les plus criardes, les scènes les plus populaires de la guerre de l'indépendance grecque et une superbe estampe de la bataille de Navarin.

Ces souvenirs étalés en plein cœur de Constantinople, aux yeux indifférents des Turcs qui ne s'émeuvent pas pour si peu, me revinrent plus tard à l'esprit quand, dans un café d'un petit village bulgare, je vis dix estampes représentant les victoires de S. M. l'empereur de toutes les Russies sur les armées turques, symbolisées par cinq à six pauvres diables dans l'attitude suppliante et terrassée d'un Autrichien ou d'un Russe au tableau final d'une pièce militaire du Cirque.

Turcs, Grecs, Arméniens, matelots francs, tout cela, gais ou graves, fume et boit autour de moi. En somme, ces gens-là sont plus bruyants, plus passionnés qu'on ne le croit d'ordinaire. Les querelles sont fréquentes. Il est juste d'ajouter que les Grecs des îles et les Maltais s'y font remarquer par leur féroce turbulence. Si la querelle dégénère en rixe violente, si le quartier est en émoi, si les couteaux sont tirés, alors, au bout d'une heure peut-être, arriveront quelques *cavas*, qui frapperont du bâton à tort et à travers dans la foule et feront bientôt place nette.

Si un assassin est pris, il sera bientôt condamné, mais seulement au cas fort rare où il ne sera réclamé par le consul d'aucune puissance. Alors, quatre *chaouchs* (exécuteurs) l'empoigneront, le promèneront quelque temps jusqu'à ce qu'ils aient trouvé un clou, une barre de fer, une poutre à leur gré : arrivés devant l'objet, ils prendront dans un sac un marteau, un couteau, quelques bouts de grosse ficelle ; ils attacheront ficelle et patient au gibet improvisé, le tireront par les pieds, puis le décrocheront et l'introduiront encore chaud dans le sac. Tout cela sans bruit, sans gestes, avec la placidité la plus remarquable de la part des exécuteurs et du patient lui-même.

Heureusement ici on ne se bat pas, bien qu'on cause beaucoup et très-haut des Russes et des Occidentaux, les uns avec une estime sympathique pour ceux-ci, les autres avec amour pour ceux-là. Les haines se déguisent peu, et il n'y a personne pour dénoncer ou pour punir. Appelez ces habitudes licence ou liberté, ce n'est pas toujours ici un pays de despotisme.

Le jour s'avançait, et je songeais à reprendre le chemin de l'hôtel pour prendre mon repas. Mais quoi! pour mon premier dîner à Constantinople, m'attabler devant des *roast-beefs* saignants, des pommes de terre à l'anglaise, du gigot de mouton et du poisson à la sauce blanche! Faisons au moins un dîner à la turque. Je fais part de mon désir au *kafedgi* qui s'empresse, style français, mais à pas lents comme un vrai Turc, de me faire passer dans une salle basse donnant sur le jardin. Là, après une demi-heure d'attente, on me sert près d'un divan, sur une table d'enfant, des concombres au vinaigre et des jaunes d'œufs durcis. Puis viennent une foule de petites assiettes garnies de petits morceaux. J'ai remarqué parmi tous ces plats des viandes aux légumes, des boulettes de hachis roulées dans des feuilles de vigne et assaisonnées de *yaourt*, sorte de lait caillé. Au dessert, d'énormes pastèques, splendides de ton, juteuses et savoureuses.

En somme, le repas est assez confortable, et deux tasses d'excellent café s'ajoutent au tout pour aider à la digestion. Ceci est presque un repas de grand seigneur en Turquie.

Un repas turc, chez un vrai Turc de vieille roche, en un mot un repas *couleur locale*, se compose inévitablement d'une foule de plats qui passent rapides et presque insaisissables. Une longue serviette sert d'essuie-main et d'essuie-bouche à tous les convives, communisme assez peu flatteur. *Boûroun*, servez-vous donc ; telle est l'invitation qui retentit toutes les minutes. Mais comment faire ? il n'y a ni couteaux, ni verres, ni cuillers, ni fourchettes.

Vous me croirez si vous voulez, mais pour moi la fourchette est le signe de la civilisation. Un peuple barbare est celui qui ne s'en sert pas du tout. Un Chinois, quelque peu plus civilisé, emploie des bâtonnets de difficile usage. Puis viennent les peuples de l'Occident, et encore vous trouverez la fourchette à trois dents chez les moins avancés. La fourchette à quatre dents est d'invention française.

Autre sujet de fierté nationale : nous nous sommes servis de la fourchette avant les autres peuples du Nord. Ce n'est que sous le règne d'Elisabeth que la fourchette fut introduite en Angleterre par Tom Coryar le voyageur. Encore cet instrument resta-t-il longtemps inconnu dans les campagnes et même chez les petits bourgeois. Chacun plongeait sa main dans la gamelle et y pêchait un morceau qu'il portait à sa bouche avec les doigts.

Celui-là seul connaît l'importance de cet instrument sublime qui s'est trouvé comme moi, dans le désert, en face d'une chaudronnée de mouton au riz, dans laquelle voyageurs, guides, *hadjis* aux mains crasseuses, plongeaient les cinq doigts à la recherche de quelque pilon ou d'une datte cuite dans l'horrible *olla-podrida* du Bédouin.

Le Turc, au moins, a une excuse à la simplicité des moyens qu'il emploie : c'est son extrême sobriété.

Le paysan, le soldat, le kaïdgi se nourrissent presque exclusivement de concombres crus. Beaucoup de riches musulmans partagent ce goût national. Mahomet II, l'illustre conquérant, aimait à se délasser des soucis de la grandeur en cultivant lui-même des concombres. Un jour, le jardinier (*bostandji-bachi*) de Sa Hautesse, constata avec indignation la disparition de quelques-uns de ces produits de la culture impériale. On rassembla officiers du palais et *icoglans* (pages), aucun d'eux n'avoua le crime. Mahomet II eut recours alors à un moyen ingénieux. Il fit rassembler et mettre sur deux rangs ceux qui pouvaient s'en être rendus coupables et on leur fendit le vendre, à partir du numéro 1. Le numéro 5 avait mangé les concombres !

Un autre rendez-vous pour la vie commune en Turquie, c'est la

boutique du barbier. Le riche musulman a ses esclaves dont un au moins occupe l'emploi de Figaro. Le bourgeois de demi-fortune fait venir le barbier à domicile ; mais le Turc de race et de médiocre aisance passe des heures entières dans ce lieu public si animé ; il s'y délasse, il s'y refait du silence et de la monotonie de sa vie intérieure. Aussi étais-je curieux de voir un de ces établissements.

C'était un samedi. La toilette du dimanche commençait pour les boutiques. J'en aperçus une splendidement décorée de quinquets à réflecteurs et de rideaux rouges. C'était une boutique de barbier.

Le barbier, voilà le seul type fringant, causeur, fantaisiste que j'aie rencontré parmi les Turcs. Est-ce donc une grâce d'état, et Figaro n'a-t-il plus de patrie ?

Comme son prototype espagnol, le barbier turc manie agréablement la lancette. Il est leste, actif, oseur, ami du progrès. C'est chez lui que se tient le divan au petit pied des bourgeois du quartier. On y juge la politique occidentale : on y discute les ressources de la Russie. C'est la foire aux nouvelles, et quelles nouvelles ! L'imagination du barbier turc n'a pas de limites. Il fait sortir les armées de terre, il livre des combats où cent mille ennemis disparaissent comme la paille au vent. Pour lui la vapeur ne connaît pas d'obstacles et c'est lui qui fit marcher, à raison de cinquante lieues à l'heure, une armée de cent mille Autrichiens sur les fils du télégraphe électrique de Vienne à Bucharest.

Quatre garçons aux bras nus le secondent. Il leur laisse les pratiques infimes, les mentons vulgaires. Lui, majestueux, s'empare de la tête importante d'un chef de police ou d'un *bostandji-bachi* (jardinier) de Sa Hautesse. Le patient est couché tout de son long sous une sorte de grande théière à robinet enchâssée dans une courroie qui permet de le faire glisser sur toute la longueur du plafond; puis, tirant un rasoir formidable, le barbier le fait passer avec une vélocité inouïe sur un large cuir pendu à sa ceinture; il empoigne le nez de son sujet, l'inonde de savon sans crier gare, et promène audacieusement sa lame immense sur le crâne bleui.

L'opération terminée, un déluge d'eau froide ou chaude inonde le patient, un garçon lui plonge tête et visage dans un grand vase, et le patient n'a plus qu'à s'essuyer avec un linge de couleur douteuse qui a déjà servi plus d'une fois, qui servira longtemps encore.

Et cependant, étendue sur des nattes, la galerie fume, attend, et le loquace barbier échange des quolibets avec ses nombreuses pratiques.

La vie extérieure est encore représentée par la mosquée. Elle admet le sans-gêne, le pêle-mêle des rangs, la simplicité des habitudes; le luxe et le confortable y sont à peu près inconnus. Mais ne jugez pas le Turc sur cette vie du dehors : pour l'intérieur sont réservées toutes les recherches, tout l'art des arrangements, toutes les délices des sens. Au dehors, au contraire, égalité parfaite. A la mosquée, au café, la babouche de cuir élégant se place sans dédain à côté de la savatte éculée. Le *caftan* rehaussé de soutaches coudoie sans orgueil le *haïk* percé, rattaché par une corde.

C'est là le spectacle que je vis à la mosquée la plus célèbre de tout l'islamisme, à Sainte-Sophie. Un mot, en passant, sur ce monument trop vanté.

Sainte-Sophie est, comme on l'a dit de notre Fontainebleau, un rendez-vous de palais, mais il faut bien ajouter de palais difformes, maussades, affreusement badigeonnés. Les contrastes les plus ridicules sautent aux yeux dans cette architecture anarchique. Les colonnes, de porphyre pour la plupart, sont d'ordres différents juxtaposés au hasard, Le chapiteau d'une colonne est justement celui qui devrait surmonter la voisine. Tout cela raconte éloquemment les violences, les déprédations intelligentes d'un siècle barbare. Ces colonnes, isolément fort belles, ont été empruntées aux temples de l'antique Éphèse. La mosaïque multicolore est recouverte de chaux et ne se décèle à l'œil que par des taches brillantes. L'ensemble est pauvre et dégingandé !

J'eus assez de bonheur, au moment où j'allais sortir de la mosquée, pour me ranger à temps derrière les colonnettes d'une cour intérieure. Un cortége nombreux venait de s'arréter à la porte principale. Des chevaux piaffaient, des aides-de-camp jaunes, blancs, noirs, aux riches costumes, se pressaient autour d'un beau cheval blanc richement caparaçonné ; de nombreux *cavas* hurlaient en écartant la foule, mais cette fois par la persuasion seule et non pas à l'aide de procédés sommaires. On sentait qu'il y avait là un maître.

L'homme qui descendait de ce beau cheval, était simplement mis, dans le costume strictement sévère de la réforme ; seulement, à son fez ondoyait une blanche aigrette attachée par un nœud de diamant.

Cet homme était Abdul-Medjid-Khan, padischah des Turcs.

Je le vis d'assez près pour que ses traits soient restés gravés dans ma mémoire. Maigre, fatigué, les traits un peu voilés par une épaisse barbe noire et légèrement gravés de variole, le sultan Abdul-Medjid paraît maladif. Son attitude est douce et grave, peut-être un peu triste. Si son teint n'était artificiellement coloré, selon l'usage, il aurait certainement l'apparence d'un convalescent. Pour le corps, c'est une plante de serre-chaude, épuisée par les précocités de la vie orientale; mais son esprit est distingué, son cœur est droit, sympathique, ses manières élégamment affables.

Monté à seize ans sur le trône, l'empereur Abdul-Medjid pouvait, en quelques mois, faire perdre à la Turquie tout le fruit des violentes réformes de son père. Il eut assez d'intelligence et de courage pour continuer la tâche, mais avec plus de douceur et de calme. Le premier acte du padischah fut de couvrir sa tête du fez, au lieu du turban traditionnel. C'était tout un programme que ce fez devenu aujourd'hui la coiffure nationale des musulmans.

Depuis, on le sait, le padischah n'a pas menti à son origine et à ses promesses et, autant qu'il était en lui, il a livré la Turquie à la féconde civilisation de l'Europe chrétienne.

Je suivis, mais cette fois de loin, le cortège jusqu'en vue du palais impérial, après qu'Abdul-Medjid eut fait ses dévotions à la mosquée. Les *cavas* me firent signe de ne pas dépasser une élégante fontaine dont l'eau murmurait près de la porte extérieure du palais.

Parmi les monuments les plus gracieux de Constantinople, il faut compter les fontaines, et surtout celles des places Sainte-Sophie, du Bas-Galata et de Top-Hané. Ces monuments carrés, entourés de grillages de cuivre étincelant au soleil, sont de véritables petits bijoux d'architecture, avec leurs sculptures délicates, leurs rinceaux coloriés et leurs balustrades fouillées à jour. J'ai remarqué déjà en Espagne que les monuments destinés à contenir et à répandre l'eau, ce besoin et cette volupté des pays du soleil, sont travaillés avec amour. La cour des Lions, dans le palais de l'Alhambra, est la plus merveilleuse des fontaines.

Je repris ma route au hasard, et bientôt j'atteignis une porte ouverte dans d'énormes murailles, restes de fortifications rongées par le temps. Il me prit envie de faire quelques pas dans la campagne et de chercher quelque site pittoresque d'où je pusse apercevoir l'ensemble de la ville ou au moins d'un de ses quartiers. Dix minutes après, j'entrais dans une sorte de jardin ouvert au public et, aux arbres, aux colonnettes surmontées du turban grossièrement sculpté (*turbeh*), je reconnus un palais de la mort.

C'était bien un cimetière turc, c'est-à-dire une promenade agréable, ombragée de splendides acacias, de magnifiques cyprès, de buissons de laurier rose. Dans un replis de ce jardin si peu fait pour rappeler l'idée de la mort, je vis un groupe : je m'approchai, c'était une école en plein vent. Un vieux *papas* y montrait à lire, adossé à une croix grecque bizarrement peinte, à de charmants marmots qui s'endormaient au bruit monotone de ses paroles ou lui faisaient des niches à la française.

Si le cimetière turc est une promenade poétique, un jardin admirablement disposé pour la rêverie, il est aussi une source d'émanations pestilentielles. La dépouille mortelle qu'on y confie à la terre est à peine recouverte d'une couche légère de terre, et souvent le chien affamé la déterre et en disperse les hideux débris.

Mais enfin, pour le voyageur qui passe, il y a dans ces gracieux asiles quelque chose de touchant et de doucement gai. La mort s'y pare et s'y déguise d'une façon charmante.

J'étais assis sous un acacia odorant et j'admirais de loin le petit groupe, digne du pinceau de Decamps, que formaient les écoliers et le vieux maître d'école, lorsque j'entendis tout à coup le bruit d'un cortége plein de gaieté.

C'était un enterrement.

Oui, ces rires frais, ces vives causeries, cette foule animée, parée, indifférente et rieuse, c'était un enterrement. C'est ici que la séparation entre l'Orient et l'Occident est flagrante. On sort de la vie d'une manière bien différente, selon que l'on appartient à l'une ou à l'autre des deux civilisations. Dans nos sombres pays du Nord, la tristesse officielle ou véritable accompagne celui que vient de prendre la mort. Habits et figures lugubres, cérémonies solennelles, religieuse tristesse accompagnent l'homme du Nord au dernier asile. Dans les pays aimés du soleil, où il semble que la vie devrait paraître chose plus regrettable encore, la mort n'éveille aucune idée douloureuse, n'appelle aucun retour sur la condition humaine. On rit, on folâtre à côté d'elle, il semble que la vie soit si douce, que le plaisir de vivre efface les terreurs de la destruction.

La première fois que je compris le contraste, c'était en Italie, c'était à Pise : mais, je l'ai déjà dit, l'Italie est la préface naturelle de l'Orient. J'étais entré dans le *Campo-Santo*, ce jardin de la mort, dont la terre a été empruntée au Calvaire de Jérusalem, et qui recéle sous ses élégants portiques tant de morts illustres et obscurs. Ces inscriptions funèbres, pleines de la fragilité humaine, ces fresques effacées par l'âpre bise de la mer, ces cyprès aux maigres colonnettes, tout cela m'inspirait une tristesse profonde. Tout à coup, j'entendis des voix gaies et jeunes retentir sous les portiques, des enfants de chœur s'avancèrent, riant, causant entre eux, des prêtres, des bourgeois firent irruption dans le lieu saint, et toute cette foule pétulante s'assembla en cercle autour d'une dalle fraîchement soulevée. C'était un enterrement. Au bruit des conversations que n'avait pu interrompre la majesté du lieu, un *De profundis* allégrement chanté s'éleva dans les airs comme un hymne joyeux, et enfants de chœur, prêtres, assistants, tout disparut, laissant dans cette sombre demeure une singulière odeur d'encens et de gaieté profane.

Eh bien ! cette joyeuse insouciance de la mort je la retrouvais chez ce peuple qu'on nous peint toujours triste et grave, chez ces Turcs dont on nous répète si souvent la sombre maxime : Il vaut mieux être assis que debout, couché qu'assis, mort que couché.

La fête funèbre, car c'était bien une fête, passa à quelques pas de moi dans une allée de cyprès élancés. Le corbillard, sorte de chariot à quatre roues larges à aubes plates, était drapé de blanc. Sur la plateforme était placé le cercueil, sorte de sarcophage élevé sur quatre pieds de cyprès poli et recouvert d'un châle magnifique aux couleurs éclatantes. Des femmes, des enfants curieux bordaient le cortége.

Je repris le chemin de la ville, rêvant à cette singulière indifférence pour un événement qui compte si fort dans notre humide et sombre Occident. A la porte que j'avais déjà franchie, je vis un autre contraste avec les habitudes de l'Europe septentrionale. Chez nous, la misère est pleurarde, la mendicité a quelque chose de haineux et de désolé. Ici, un mendiant vous demande l'aumône d'un ton dégagé, le sourire sur les lèvres, l'air enchanté de vivre. Tel était le mendiant auquel je donnai quelques paras en rentrant dans Constantinople.

C'est un excellent métier que celui de mendiant chez les musulmans, et vous ne trouveriez nulle part chez les sectateurs de Mahomet l'équivalent de notre formule municipale : *La mendicité est interdite dans cette commune.*

L'esprit de charité, ce divin rayon du christianisme, a éclairé la religion de Mahomet. L'aumône n'est pas seulement conseillée par cette religion, elle est encore ordonnée.

Voici ce que raconte à ce sujet la tradition musulmane.

Un jour, Ouman-Salamah, une des femmes du prophète, avait fait cuire de la viande. Elle envoya quérir Mahomet, pour qu'il vînt la manger. En attendant, elle déposa le mets dans un buffet. Un pauvre vint à passer, et s'arrêta sur le seuil de la porte : «Une aumône au pauvre, dit-il, et que Dieu vous donne sa bénédiction.
— Dieu te bénisse », répondit Ouman-Salamah. Mais, en ménagère trop économe, elle n'ajouta à ce vœu rien de plus substantiel. Le pauvre s'éloigna.

Peu après, le prophète arriva à la maison et dit : « Ouman-Salamah, as-tu quelque chose à me donner à manger ? — Oui, répondit la femme, et elle dit à la servante : Va vite chercher la viande que j'ai préparée pour le prophète. » La servante court au buffet, mais, en place de la viande, elle ne rapporte qu'un caillou. Le prophète jeta sur sa femme un œil triste et mécontent : «Un pauvre, dit-il, est-il venu vous demander l'aumône aujourd'hui? — Oui, dit la femme, et j'ai répondu : Dieu te bénisse. — Eh! bien, dit le prophète, la viande du riche au cœur dur se change en un dur caillou. »

Il y a, dans ces histoires touchantes de dieux et de prophètes cachés sous les haillons du pauvre, quelque chose qui invite doucement à la charité. C'était là l'effet de nos contes de fées, où une vieille horrible et misérable, se changeait tout à coup en fée jeune et puissante, prête à récompenser le cœur compatissant, comme à punir l'âme dure à la souffrance. Il n'est pas, j'en suis sûr, de petit

mahométan qui, en partageant son pain ou son petit trésor avec un mendiant, ne s'attende à le voir se changer en génie resplendissant ou tout au moins en prince à la main généreuse.

J'étais cependant rentré dans la ville et, grâce à quelques *cavas* auxquels j'avais donné la *bonne-main*, j'avais retrouvé mon hôtel. Cette ville si bruyante semblait s'être endormie depuis la disparition du soleil.

Le silence, un silence inconnu à notre civilisation inquiète, active dans ses affaires comme dans ses plaisirs, s'empare de la ville aux premières ombres du crépuscule. Pas une voiture ne circule, et en pensant aux rues incroyables que j'ai parcourues à pied, je le comprends aisément. Une heure encore après le soleil couché, et les portes de la ville seront fermées. La vie s'est réfugiée à l'intérieur de ces maisons grillées comme des prisons : peu de lumières s'aperçoivent derrière les jalousies aux feuilles serrées. Pas de spectacles publics ; aucun amusement n'est permis après que le muezzin a nasillé du haut de son minaret la prière du soir.

CHAPITRE SIXIÈME

E lendemain, ce ne fut plus à une course de hasard que je demandai l'intelligence de Constantinople, mais, aidé d'un plan et d'un guide français donné par mon hôtesse, je fis une revue rapide des points principaux à connaître dans cette ville immense. Ce jour et les suivants, tantôt à pied, tantôt en kaïque, je visitai les palais principaux, les fortifications qui servent d'enceinte à la ville, le port et les groupes différents qui l'entourent.

La vieille ville grecque est encore entourée de remparts énormes qui, s'ils ne constituent pas une défense régulière, seraient au moins capables d'arrêter quelque temps une armée considérable. Sur quelques points, ces fortifications byzantines sont effondrées, mais sur d'autres, du côté de *Boulouklé*, par exemple, elles donnent encore une idée suffisante de la vieille forteresse des Constantins.

C'est en cet endroit qu'il faut aller pour se rendre compte des gigantesques fortifications qui entouraient l'antique Bysance. En se dirigeant vers le cimetière d'*Eyoub*, le long de la route qui conduit à Boulouklé (église des poissons), on côtoie des murailles gigantesques admirablement conservées. Pas une crevasse, pas une fissure à ces remparts qui ont soutenu l'effort des barbares et des Turcs vainqueurs. Deux tours octogones flanquent ces énormes masses. On y voit encore la fausse braie, ou chemin couvert, qui masquait l'entrée de la Porte-d'Or.

La vieille ville n'est plus aujourd'hui qu'un point dans l'agglomération générale. Des faubourgs nombreux, ceux de *Péra* et de *Galata* entre autres, sont des annexes dont l'importance dépasse celle de la ville principale. Un pont moderne y conduit.

Ce pont qui relie Constantinople aux faubourgs de Péra et de Galata, est célèbre dans les annales de la réforme. Sa construction se rattache à une des époques les plus agitées de l'histoire de la Turquie.

C'était en 1836. Le sultan Mahmoud régnait alors, ce terrible sultan Mahmoud qui, de sa main de fer, imposa la civilisation européenne à ses Osmanlis frémissants. Mahmoud avait compris, entre autres avantages de notre civilisation occidentale, celui des communications rapides, et il avait fait jeter par un ingénieur en habit noir un pont sur les eaux du port, entre Constantinople et ses faubourgs. Les *kaïdjis* (bateliers) s'émurent, se croyant menacés dans leur industrie et lésés dans leurs antiques priviléges. Pauvres gens, les bateaux à vapeur leur en ont fait voir bien d'autres ! D'ailleurs ce pont et cet homme en habit noir ne pouvaient être que des émissaires et des œuvres impures de *Schitan le lapidé* (du diable), puisque le koran ne parle pas de la nécessité de jeter des ponts sur les ports et qu'un bon musulman n'a jamais porté habit noir et chapeau rond. En conséquence, les *kaïdjis* laissèrent là leurs *kaïques*, levèrent la rame de l'insurrection et s'en furent, les bonnes gens, murmurer de compagnie sous les fenêtres de Sa Hautesse.

Comme Sa Hautesse s'inquiétait fort peu de ces murmures, les *kaïdjis* prirent un beau matin le chemin du port au lieu de celui du palais, et voulurent brûler ce pont qui les gênait si fort. Mais le pont était occupé par quelques centaines de gaillards sans turbans, à redingote étriquée, armés de fusils de munition, qui s'apprêtèrent à exécuter sans ménagement sur les sectateurs du prophète un feu de file à la française dont un officier prussien venait de leur enseigner la théorie. Les *kaïdjis* réfléchirent, branlèrent la tête et se retirèrent. Le lendemain, on trouva dans les eaux du Bosphore quelques sacs de cuir renfermant les principaux mécontents de la corporation.

Telle fut, en Turquie, l'inauguration du service public des ponts et chaussées.

J'avais à choisir entre les vingt-huit portes qui restent des quarante-trois qui composaient autrefois l'enceinte fortifiée de la vieille ville. Je désignai, plutôt à cause de mes souvenirs historiques, que par tout autre motif, *Top-Kapoussy*, l'ancienne *Porte-Saint-Romain*.

C'est ici que, le 29 mai 1453, Mahomet II livra l'assaut victorieux qui lui livra la capitale de l'empire d'Orient, après un siège de cinquante-huit jours. C'est sur cet énorme mur en ruines, à l'endroit où se distinguent encore quelques échancrures de créneaux toutes verdoyantes de giroflées et de lierre, que tomba blessé à mort le dernier des Paléologues, Constantin Dracosès.

Après les fortifications, le plus grand développement de pierres amoncelées consiste en palais impériaux. Je n'en saurais dire le nombre, car il en est beaucoup que la générosité d'un sultan a donnés en récompense à quelque serviteur fidèle et qui sont devenus des propriétés particulières. Il y a encore ceux de la sultane Validé (l'impératrice-mère), ceux des princes et princesses, frères, sœurs, fils de sultan. De tous ces palais, le plus célèbre, le plus considérable par l'espace qu'il occupe, c'est le vieux *Sérai*. Impossible de le décrire, car, comme tous les vieux palais de l'Orient, il consiste en une infinité de bâtiments adossés confusément, dans un pêle-mêle qui n'est pas sans charmes. Le fonds commun, la matière même du palais, c'est le jardin qui, dans ses mille replis, enserre des édifices de goûts et d'époques différents. Il résulte de cette disposition où l'uniformité occidentale n'a rien à voir, des percées de vues sans cesse variées qui se révèlent à chaque fenêtre, à chaque angle nouveau. Ici des fontaines, là des kiosques, ailleurs des massifs d'arbres, plus loin des salles basses en forme de serres, des cours plantées ou non plantées. Tout cela compose un ensemble assez bizarre au point de vue de l'architecture.

Le vieux *Séraï* n'est plus au reste pour les empereurs qu'une sorte de pied à terre et la vie se retire peu à peu de Stamboul. En

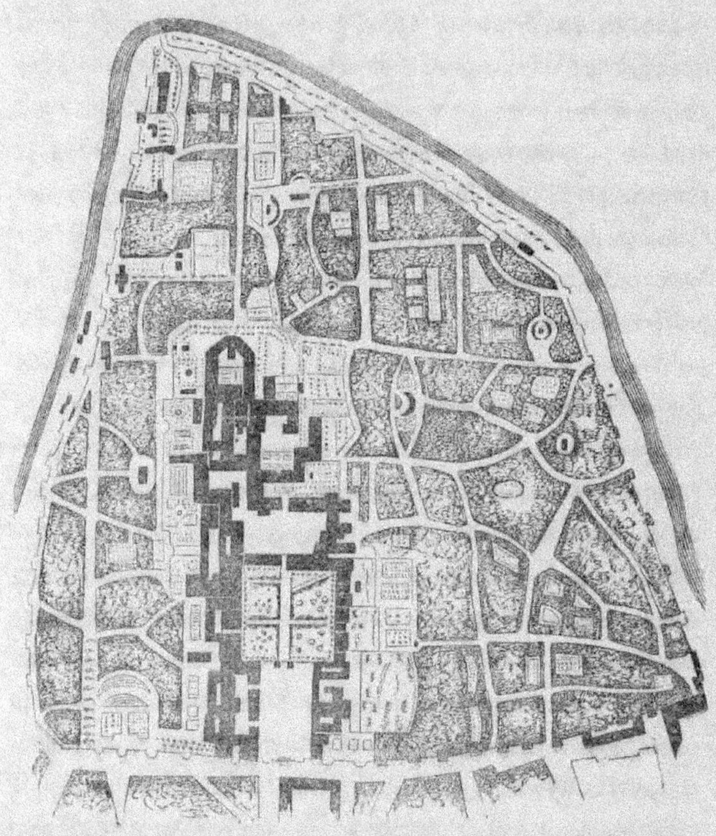

revanche, l'activité, le mouvement, la richesse se portent sur les faubourgs, sur Galata, sur Péra, sur les deux rivages d'Europe et d'Asie. Une ville nouvelle s'élève tous les jours le long du Bosphore, et ses replis enlacent déjà Thérapia et Bouyouk-Déré. L'émigration est flagrante.

A *Dolma-Baktché*, faisant face au Bosphore, s'élève sur un développement de plus de mille pieds le nouveau palais du sultan. Ce palais, chef-d'œuvre d'un Arménien, est un singulier pêle-mêle de civilisations et de mœurs différentes. Il me sembla voir un symbole de la civilisation transitoire de la Turquie d'aujourd'hui. Cheminées et planchers en porcelaine de Chine, jardins et kiosques d'hiver, peintures et décors à l'italienne, toiture en plomb, salons à la française, éclairage au gaz, tout cela forme un ensemble singulier comme l'empire ottoman de la réforme.

C'est à l'entrée de la baie de Bouyouk-Déré, en face de la côte d'Asie, que s'élève *Thérapia*. Là est la charmante résidence d'été de l'ambassade française. Construit en terrasse et sur un jardin aérien planté en amphithéâtre, ce palais, mi-bois, mi-pierre, est comme un nid caché sous l'ombre des grands pins parasols d'Italie. De la terrasse, l'œil embrasse la vue générale de la baie, la côte de Bouyouk-Déré et les collines asiatiques. A l'horizon s'avance dans les flots bleus la pointe de Kara-Bournou, le premier port de la mer Noire.

Le palais de l'ambassade anglaise est juste au-dessous du mât de pavillon qui supporte fièrement les trois couleurs de la France.

Le plus sombre, le plus imposant, le plus fameux des édifices de Constantinople, c'est le *Château des Sept-Tours*.

Triste monument que ce château des Sept-Tours, avec ses quatre tours massives, car les autres ont disparu sous la main du temps et surtout sous la main plus destructive encore des hommes. On attribue sa fondation à l'empereur Jean Tzimiscès. Mahomet II le fit reconstruire en 1458, pour y renfermer ses trésors et ses prisonniers d'État, les deux pivots de la politique ottomane.

Mais, avec son air de bastille, le château des Sept-Tours renferme un véritable bijou architectural, *Yeni-Kapoussy* ou la Porte-Dorée, arc de triomphe érigé par Théodose le Grand, tout orné d'or et surmonté d'une Victoire en bronze doré.

Dans la soirée de cette seconde excursion, comme je regagnais mon hôtel, un peu fatigué des mille détours qu'il m'avait fallu faire pour accomplir mes pérégrinations de la journée, je vis tout à coup le ciel en feu dans la direction d'un quartier montueux habité par des Grecs et des Arméniens. Le feu à Constantinople ne s'allume pas pour peu de chose. Le moins qu'il détruise, c'est une rue. Quelquefois, un quartier disparaît dans les flammes et il n'est pas rare de voir dix mille maisons de moins en vingt-quatre heures. Mais, il faut tout dire, ces maisons sont pour la plupart des échoppes de bois.

On m'avait parlé de la stoïque résignation des Turcs en face de tout accident. Je vis, en cette occasion, que les habitudes européennes s'infiltrent chaque jour en Turquie. La vieille résignation, le *c'es écrit* ne sont plus de mise en cas d'incendie. Des centaines de Turcs s'agitaient en hurlant autour du feu, faisaient plus de bruit que de besogne, et manœuvraient de petits instruments de cuivre qu'on m'assura être des pompes et que j'aurais pris volontiers pour les armes des matassins de M. de Pourceaugnac. Tout ce vacarme, toute cette agitation n'éteignaient pas le feu : mais, enfin, le Turc commence à se remuer. C'est déjà quelque chose.

Les jours suivants, je parcourus la ville, cherchant à saisir les types les plus originaux, les habitudes les plus étranges de cette Turquie dont l'individualité s'efface tous les jours, surtout au cœur de l'empire. Je cherchai la Turquie d'autrefois dans les bazars, et je ne pus l'y trouver. Là surtout c'était une Babel de nationalités, de costumes, de langages ; mais, chose triste à dire, la monotonie européenne, l'uniformité occidentale répandent sur tout cela un voile terne et saupoudrent d'ennui les splendeurs orientales.

Des bazars de la vieille Constantinople, il reste au moins les bâtiments : encore beaucoup sont-ils neufs ; le feu a passé par là. Le plus original de tous ces édifices, et le plus vaste en même temps, c'est le *tcharché*.

Le *tcharché* est un rendez-vous de bazars comme Fontainebleau est un rendez-vous de palais. Il y en a de petits, de longs à voûte cintrée, à un rang, à deux rangs de boutiques. Il y a là des rues dans lesquelles le promeneur flâne à pied, à cheval, à âne, en araba. Tapis, étoffes, parfums, joaillerie, armes précieuses, venus de l'extrême Orient, de l'Égypte, de l'Asie-Mineure, de la Perse, de la Circassie, des profondeurs de l'Afrique centrale, des steppes glacés de la Russie, se rencontrent à ce rendez-vous. Mais le marchand s'est transformé. Grec le plus souvent, il a pris les habitudes de l'Europe. Italien, Arménien, il adopte souvent le costume étriqué de la réforme. Le chapeau rond commence à se montrer : il aura bientôt tout envahi, tout recouvert de son cône disgracieux.

La réforme la plus grave qui se soit faite dans le commerce en Turquie, c'est la réforme de l'antique honnêteté du négociant. C'est au Grec qu'il faut en faire le reproche.

Si le Grec est né larron, la probité du Turc est passée en proverbe. Un abus de confiance est chose inconnue dans la population musulmane. Une banqueroute est encore moins possible. Lorsque la Russie envahit les Principautés danubiennes, nombre de négociants turcs passèrent au péril de leur vie en Moldavie et en Valachie pour régler leurs comptes avec les Roumains et les Autrichiens. Malheureusement l'apathie turque a jusqu'ici trop souvent livré le commerce intérieur aux mains peu scrupuleuses des étrangers.

C'est dans le petit commerce que se sont réfugiés les vrais types de commerçants turcs. Voici un auvent sculpté, derrière lequel est gravement assis un vieillard à longue barbe, dont le nez est chaussé d'immenses lunettes cerclées d'argent. Derrière l'auvent, se profile dans l'ombre une salle basse assez richement décorée. On entrevoit au fond de la salle un jardinet ombreux, rafraîchi par une fontaine assez élégante.

C'est la demeure paisible d'un homme de science et pourtant d'un marchand. Le propriétaire de cette jolie bicoque est un écrivain pu-

blic. Ne souriez pas : une telle profession n'a rien de commun avec nos rédacteurs de pétitions et de lettres à l'usage des bonnes d'enfants. L'écrivain public en Turquie est une sorte de *taleb*. Il est initié aux saintes écritures de la religion mahométane. Il rédigera, il est vrai, un billet, une correspondance ; mais il donnera des consultations littéraires et religieuses ; il inscrira sur des papiers ou sur des parchemins destinés à servir d'amulettes, des versets du Koran. Il donnera des leçons de langue turque. C'est un professeur en boutique. Sa probité est scrupuleuse et, à plus juste titre que notre écrivain public parisien, il peut intituler sa demeure *le tombeau des secrets*. Il se mêle de médecine, mais ses prescriptions n'ont rien à voir avec le *Codex*, et le Koran en fait ordinairement tous les frais.

Comment appellerai-je le vénérable propriétaire de cette autre boutique ? épicier ? épicier ! cet homme à barbe blanche, ce patriarche à la gravité sublime. Épicier cependant, car il vend du savon noir et liquide, du *henné*, sorte de poudre de toilette qui provient de l'arbrisseau nommé *mimosa*, de la cassonnade, de la cannelle, du poivre, et jusqu'à des bougies de l'Étoile !

Et cette autre boutique, avec ses guirlandes de piment, ses pastèques aux tons rose vif, ses concombres aliment favori du peuple, ses tomates, ses pois chiches, c'est évidemment une boutique de fruitier.

Mais voici une rue large, ceci est rare, qui conduit à une des portes de Constantinople. L'amateur de couleur locale peut y jeter un coup d'œil, sûr d'y trouver des souvenirs encore vivants de l'antiquité. Regardez cette longue file de chariots pesants ; c'est dans une machine ainsi construite que la belle Nausicaa s'en allait laver son linge, quand lui apparut Ulysse. D'Homère jusqu'à nos jours, pas un clou, pas une planche n'ont été, soyez-en sûrs, ajoutés à l'*araba*.

L'*araba*, grand chariot à quatre roues, est ordinairement traîné par deux grands bœufs blancs, au frontal d'acier qui reluit au soleil. Des tentures vertes, jaunes, rouges en dissimulent l'intérieur, et des franges multicolores descendent du joug sur les flancs des lents et dociles animaux qui traînent l'équipage.

La longue file de ces pesantes voitures que je viens d'apercevoir renferme, sous les toiles qui les recouvrent, les femmes d'un pacha de province. Le cortége accompagne à la nouvelle demeure du mari la dernière fiancée entrée dans sa famille. Je veux faire comme Asmodée et, soulevant le toit mobile de l'araba, vous montrer dans son costume de noces la gracieuse *Kanoun*, héroïne de la fête. C'est un pacha arriéré que celui-ci : gouverneur d'une province éloignée, il n'a accepté qu'en frémissant les prescriptions somptuaires de la réforme; mais, dans son intérieur, se conserve intacte la tradition des mœurs et des vêtements d'autrefois. La main audacieuse de la mode européenne s'est glissée dans la plupart des harems : elle a respecté celui-ci.

Voyons donc ce qu'était le costume d'une femme turque avant la révolution : le voici, dans tout son fanatisme et dans toute son élégance bizarre, ce costume fait pour ne jamais être vu que dans l'intimité du harem, où, à l'exception du maître et de quelques proches parents, il n'entre aucun homme; costume incommode et presque impossible pour la vie extérieure, bien qu'on le recouvre de cette inélégante mais pudique enveloppe appelée *feredjé*, et que le visage se couvre du *yackmak*.

Figurez-vous la fiancée sortant du bain, les cheveux coupés à la hauteur des oreilles et la peau soigneusement délivrée du plus léger duvet par des pommades caustiques ; elle revêt d'abord des bas brodés très-courts, un immense pantalon en étoffe doublée de toile blanche, appelée *chalvar*, et qui s'attache à la taille et au-dessous des genoux, puis retombe jusqu'aux pieds qu'il recouvre ; elle habille ensuite la partie supérieure du corps seulement d'une espèce de camisole très-courte qui ne vient qu'à la taille, et qui, habituellement, est de la mousseline la plus claire ; elle revêt ensuite une robe appelée *entari*, qui habille complétement les bras, la taille et le reste du corps, le dépasse d'une longueur assez grande, et se sépare en trois morceaux qui peuvent à volonté traîner gracieusement comme la queue de nos robes européennes, ou se relever et se rattacher à la ceinture ; une ceinture de cachemire serre à la taille l'entari, qui est complétement ouvert par-devant de bas en haut ; une espèce de spencer se place encore par-dessus l'entari et peut fermer herméti- quement sur la poitrine au besoin. En hiver, on ajoute des pelisses en diverses fourrures.

La chaussure se compose de pantoufles légères, et la coiffure d'un mouchoir brodé, gracieusement attaché sur l'oreille de la manière la plus piquante ; les diamants se portent en collier, en aigrettes, en bagues, et mêlés aux broderies. Lorsqu'on sort, le yackmak enveloppe la figure, le féredjé recouvre et cache toute la toilette, et les pantoufles se remplacent par des bottes jaunes très-larges, et par-dessus ces bottes on chausse des pantoufles assez résistantes, destinées à préserver de la poussière la première chaussure.

On voit que dans cette toilette, essentiellement gracieuse et presque féerique, il manque plusieurs choses, et notamment le vêtement qui, chez les femmes européennes, touche immédiatement la peau, le corset, les gants, les cheveux longs.

Or, aux noces de la dernière sultane épousée par Abdul-Medjid, nombre de dames avaient des corsets, portaient des gants sous leurs bagues et avaient fait faire en pointe et collant, à l'européenne, le corsage en manière de spencer, qui se place sur l'ensemble de la toilette ; de plus, un grand nombre laissaient croître leurs cheveux, et la ceinture de cachemire roulée était remplacée le plus souvent par un large ruban frank, se fermant par devant par un gros nœud en pareil.

Ces transformations sont plus importantes qu'on ne croit, surtout si l'on songe combien sont tenaces les habitudes intérieures en Orient.

Toutes ces toilettes étaient couvertes de broderies d'or et ornées de pierres précieuses appliquées partout. Les couleurs les plus voyantes sont toujours choisies, et quelquefois la soie de l'étoffe disparaît sous l'inondation de broderies qui déborde sur la toilette tout entière. Les robes d'une princesse égyptienne étaient si chargées d'ornements, que leur poids total dépassait quarante kilogrammes. Il est aussi d'usage de se placer sur diverses parties du visage, le front, le nez, les joues et le menton, des diamants qui, montés sur une plaque, peuvent être fixés avec une gomme tenace.

Vous le voyez, la vieille Constantinople disparaît tous les jours. Mœurs, costumes, idées, tout se transforme. Mais ce qui ne change pas, ce qui ne changera jamais, c'est l'admirable situation de cette ville prédestinée. L'histoire du lieu prévaut ici sur l'histoire des hommes. Les hommes ont passé, Constantinople reste avec son admirable position commerciale et stratégique. Sa grandeur est dans sa nature, et non dans ses habitants.

Les premiers fondateurs ont disparu ; l'empire macédonien, qui eût fait de Bysance la capitale de l'univers, s'est perdu dans la grandeur même d'Alexandre. L'Empire romain d'Asie s'est écroulé, le faible Empire grec est effacé depuis longtemps, les successeurs de Mahomet II sont à peine des Turcs ; mais tous les hôtes passagers ont rendu à leurs successeurs l'hôtellerie toujours belle et magnifiquement privilégiée. Elle touche à la mer d'Ionie, et, par cette mer, communique avec l'Occident ; elle tient, par le Bosphore de Thrace, les clefs de la Méditerranée et de la mer Noire ; elle garde de loin les issues du Bosphore commercial qui met la mer Noire en communication avec le nord de l'Europe ; elle tient sous sa loi les grands passages de l'humanité en Asie et en Afrique, cette Égypte où est le point de jonction entre le commerce des Indes et le commerce de l'Europe.

C'est une poétique histoire que celle de la fondation de Bysance, et c'est par cette antique légende que je veux terminer ma description sommaire de la capitale turque.

Au fond du port de Constantinople, il y a deux ruisseaux aux eaux limpides, bordés de gazons verdoyants, qui viennent se jeter dans le Bosphore : c'est le *Kiagad-Kkouessu* et l'*Alibeg-ssu*. Ces deux ruisseaux portaient autrefois les noms harmonieux de *Barbyses* et de *Cydoris*. Depuis leurs sources bordées de lauriers roses, jusqu'à leur embouchure dans le port, ils coulent à travers les prairies où paissent les chevaux du Grand-Seigneur. Cavales ardentes de l'Yémen, *nedjis* à la fine encolure, petits chevaux trapus et robustes du Caucase, coureurs indomptés du Don, buveurs d'air de l'Afrique, mules fringantes aux sabots polis, aux riches caparaçons, tout cela bondit et se roule à travers les riantes prairies et les eaux fraîches des deux charmants ruisseaux.

C'est là que, selon la fable, Io, fille du roi d'Argos Inachus, mit au monde une fille du sang de Jupiter, mais qui, en souvenir de sa mère à la fois génisse et femme, portait au front deux cornes. Elle n'en était pas moins belle, et comme Ovide le dit d'Io elle-même :

Bos quoque formosa est ;

elle était charmante encore, quoique génisse.

Keroessa, c'est le nom qu'elle reçut, et ce nom signifie *encornée*, fut élevée par la nymphe Semistra. Plus tard, elle fut aimée de Neptune, dont elle eut un fils nommé *Bysas*, fondateur et parrain de Bysance.

Bysas avait d'abord résolu de fonder la ville au fond du golfe qui forme le port de Constantinople, dans ces prairies où Semistra avait élevé sa mère et qui portent aujourd'hui le nom d'*Eaux douces d'Europe* : c'est la promenade des habitants de Constantinople, leur Luxembourg ou leur bois de Boulogne.

Bysas avait ses raisons pour choisir cet emplacement. Un oracle, en ce temps-là les oracles gouvernaient le monde, avait dit : Heureux les hommes qui habiteront une ville sur les rives de la Thrace, à l'embouchure du port, là où poissons et cerfs prennent la même

nourriture. Or, les Eaux douces, avec leurs prairies inondées, où
les poissons des ruisseaux et les cerfs de la plaine paissaient la
même herbe, paraissaient à Bysas répondre parfaitement aux indications de l'oracle. Aussi, s'empressa-t-il de choisir une grasse
et blanche victime pour le sacrifice qui devait consacrer la fondation de la ville. Déjà la flamme brûlait les parties réservées aux
divinités protectrices du lieu, quand un aigle s'abattit sur l'autel,
enleva une partie des chairs à demi consumées et les transporta
sur le promontoire du Bosphore, à l'endroit qu'on nomme aujour-
d'hui la pointe du Séraï.

Ce signe, envoyé par les dieux, fut un avertissement pour
Bysas, qui bâtit sa ville là où l'aigle, messager de Jupiter, avait
transporté la chair du sacrifice.

Rien d'étrange, au reste, à ce que Bysas eût pensé à fonder sa
ville à quelque distance de la mer. La mer était alors un danger :
les pirates la sillonnaient et s'abattaient sur toute partie que ne
gardait pas une tour, un acropole. Aussi, dans les premiers temps
de la Grèce, les villes importantes furent bâties près de la mer,
sans s'asseoir sur ses bords. Ainsi Athènes, Argos, Mycènes,
Corinthe, Mégare. Athènes eut son port au Pirée, Mégare à
Nisée.

Bysance fut donc le premier exemple important de ces grandes
villes hardiment placées sur le rivage ; pour ces villes, dans l'antiquité, la mer devient aussitôt une force, au lieu d'être un danger.
Tandis que les cités timides s'enferment derrière leurs fortifications
pélasgiques et s'embellissent à l'abri de leurs massives citadelles,
la cité maritime s'étend et rayonne majestueusement autour des

flots qui forment sa ceinture. Sa tête se couronne de citadelles imposantes, bâties de marbre ou de pierre ; mais, à ses pieds,

s'élèvent les forteresses de bois, les citadelles mobiles qui iront porter au loin sa vie et sa puissance.

Byzance est de la famille de Carthage, de Tyr et de Sidon. Mais sa destinée l'emporte sur celle de ces villes périssables de toute l'importance de sa position, unique dans le monde.

Nous avons vu dans l'Égypte et dans la Méditerranée les premiers champs d'expansion de la cité prédestinée. Il nous reste à visiter au Sud, à l'Est et au Nord les immenses pays sur lesquels s'étend, s'est étendue ou s'étendra quelque jour son action. Commençons par l'Asie, dont les plaines splendides et les majestueuses montagnes s'élèvent à quelques lieues de Constantinople. Profitons de l'occasion de cette goëlette qui part pour Moudania, et qui touchera à Nicomédie. A Moudania, quelques lieues me sépareront de Brousse et du mont Olympe. C'est là, sur ces cimes redoutables où l'antiquité poétique plaçait le séjour mystérieux des immortels, que je voulus me rendre compte de la configuration générale de ce vaste pays qui s'étend des bords de la Méditerranée aux pieds du Caucase.

Adieu donc, Constantinople. La mer de Marmara, ce beau lac bleu moucheté de voiles blanches et de blanches mouettes sera bientôt traversée. Adieu, Constantinople, ou plutôt au revoir.

CHAPITRE SEPTIÈME

N huit heures j'étais à *Moudania* et là j'obtins facilement un *firman*, appelez cela un passeport, pour l'intérieur. L'autorisation de payer fort cher une escorte me fut accordée gracieusement par le pacha de la province. Permettez-moi de vous introduire chez ce respectable fonctionnaire.

Son Excellence est assis sur un vieux coussin pelé, à franges dédorées. Il porte un fez à long gland bleu sale, orné de diamants. Sont-ce bien des diamants? Il porte un pantalon vert de gris, des bas de laine jaune, des babouches jaunes et un paletot-sac marron.

Des lunettes d'argent, à verres énormes, sont établies sur le haut de son nez, un peu au-dessous du rayon visuel; c'est un ornement sans doute.

Son Excellence m'invite à m'asseoir sur un vieux divan rapiécé et, tandis qu'un *cavas* fait les préparatifs de mon départ et compose mon escorte, deux marmitons au teint cuir de botte, à l'œil sinistre, à la moustache touffue, au costume mi-cuisinier, mi-militaire, apportent le café et les confitures sur des plateaux de cuivre.

Il faut bien prendre ces galanteries non pour ce qu'elles valent, mais pour ce que vaut l'intention. J'échappe enfin aux politesses de mon hôte et me voilà parti.

Quel pays admirable, quelles campagnes délicieuses! Ici, la nature semble avoir tout fait pour l'homme.

L'indolent cultivateur fait un trou à la surface de la terre, il y jette un grain de maïs et ne s'en occupe plus; la semence lève et, sans exiger d'autres soins, la plante pousse et rend sept à huit cent pour un. En France, à force de binages, de rechaussements, nous récoltons en moyenne de quarante à cinquante. Il est vrai de dire qu'il y a, sous mes pieds, des trésors accumulés depuis des siècles, des couches d'humus si profondes qu'on les estime, en certaines vallées, à dix pieds.

Eh bien! grande leçon donnée à l'homme, partout où le travail est pour ainsi dire inutile à sa vie, l'homme souffre, et la richesse inouïe du sol et du climat semblent n'être qu'un excitant désastreux à l'indolence.

Peu à peu, le terrain s'élève, les premiers contreforts des montagnes font sentir leurs ondulations au pied de la plaine. Tout un système de mamelons boisés se montre à l'horizon. C'est la chaîne de montagnes dont le vieil Olympe est ici le roi.

Étudions cet ensemble de points élevés qui se continuent jusqu'au cœur de l'antique Orient.

A partir des côtes de la mer Égée, court à travers l'Asie-Mineure, la Haute-Mésopotamie, la Perse, la Bactriane, une chaîne de montagnes, vaste épine dorsale qui se rattache au grand massif de l'Asie centrale. Vers le nord, elle s'ouvre dans la direction du Pont-Euxin et de la mer Caspienne, et forme un vaste réseau dont l'embranchement, appelé autrefois des noms divers de Monts-Moschiques ou de Monts-Paryadres, va, en contournant l'angle sud-est de la mer Noire, se relier au Caucase.

Là s'élève ce vaste plateau arménien qui a pour escarpement méridional la chaîne connue sous le nom générique de Taurus et sous les noms divers de Massis, de Nebad ou Niphates, de Monts-Gordyéens. Quelques-unes des aiguilles qui surplombent ce plateau gigantesque s'élèvent à des hauteurs remarquables. Ainsi, le Massis ou Ararad élève à 16,953 pieds (anglais) au-dessus du niveau de la mer son front éclatant d'une couronne de neiges perpétuelles. Le Caucasien, le Persan saluent avec une secrète terreur ce pic témoin des grandes convulsions du premier déluge et qu'ont déchiré sur ses flancs de puissantes convulsions. C'est le *Monde* ténébreux (*Monthen aschkarh*), comme l'appellent les gens d'Érivan. C'est sur cette cime toujours enveloppée de sombres vapeurs, que la légende de la montagne place, depuis la plus haute antiquité, le séjour inaccessible des puissances surhumaines, des génies terribles.

Quant à l'Arménien catholique, sa légende à lui est puisée aux sources incontestées de la tradition biblique. Il vous fera reconnaître dans le Massis, ce vieil Ararat sur lequel s'arrêta l'arche sainte de Noé quand décrurent les eaux du déluge.

Seulement, peut-être ne faudrait-il pas prendre au pied de la lettre le nom d'Ararat, qui appartient à tout le plateau, et, pour mon compte, m'en tenant aux termes exprès du saint livre, je ne puis voir le véritable Ararat que dans l'Elborz, pic de la chaîne du Caucase qui dépasse la hauteur du Massis et qui s'élève jusqu'à 18,493 pieds.

Quoi qu'il en soit, c'est sur cette chaîne immense de montagne dont l'Olympe n'est qu'un des plus petits sommets, et qui, partie des bords de la Méditerranée, va descendre dans la mer Caspienne, que la tradition des premiers âges bibliques éclate à chaque pas. Le sol est vraiment consacré. Ici, une crevasse entr'ouvre la montagne : au-dessus de cette déchirure énorme, à 6,000 pieds d'élévation, s'élève un couvent consacré à saint Jacques. C'est là que, descendu des hauteurs de l'Ararat, Noé planta dans la terre engraissée d'un puissant limon le premier cep de vigne. Les montagnards montrent encore, non loin du petit village d'Arghouri, quelques tiges de vigne vierge stérilisées par la malédiction divine, en souvenir du péché du patriarche. Là fut offert le premier sacrifice après le déluge. Là, se meurt lentement un vieux saule rabougri, dont la vie s'est réfugiée dans une rude et caverneuse écorce : la légende populaire en fait un rejeton d'un des débris de l'arche qui aurait repris racine par hasard au milieu des torrents de la montagne.

Laissant de côté ces traditions naïves et touchantes, vérifions à vol d'oiseau les données ethnographiques du législateur hébreu :

nous en reconnaitrons l'incontestable exactitude en considérant les peuples divers qui s'étagent et descendent des divers côtés de ce plateau central.

La race de Sem et de Cham s'échelonne aujourd'hui encore dans les régions du sud : elle s'est dispersée là-bas sous le soleil d'aplomb des Indes et de l'Afrique. Les nations de la souche japhétique,

Audax Japeti genus,

se sont disséminées vers le nord, sur une zône qui, à l'ouest, se prolonge par l'Asie-Mineure jusque dans la Grèce, à l'est vers la Scythie, et dont l'Arménie forme le centre.

Ainsi, cette chaîne est bien le point de partage de la race humaine : c'est d'ici que tout homme vivant est descendu pour peupler la terre, notre domaine, sous les climats les plus divers.

De Moudania à Brousse, il n'y a que six heures de marche, mais le trajet semble court, tant l'imagination est captivée par les sites délicieux de la campagne. Oublions nos préoccupations géologiques et ethnologiques, pour ne plus nous inquiéter que des beautés sans nombre éparses à l'horizon. C'est d'abord une plaine plantée de vignes et de magnifiques mûriers, à l'extrémité de laquelle des collines boisées bornent l'horizon. Mais du sommet de ces collines, le regard ne rencontre plus d'obstacles, et un admirable paysage s'étend sous les yeux du voyageur. A ses pieds, comme un immense tapis de verdure et de fleurs, se déroule une nouvelle plaine couverte des plus vigoureuses plantations, traversée par un fleuve, *le Nilufer*, qui, par des canaux, répand partout la fertilité et la fraîcheur. Mêlés à cette verdure, un pont en ruine et les restes d'une

voie romaine attirent vers la mélancolie la pensée, prête à s'abandonner aux riantes images de la nature. Dans le lointain, on découvre Brousse, assise, avec ses blanches mosquées et ses minarets,
sur le penchant de l'Olympe, dont le front, perdu dans les nues,
reste presque toujours couronné de neige. Plus on avance, plus on
admire la position de l'ancienne capitale des Ottomans. Si Brousse
n'est plus le siége de l'empire, elle mérite néanmoins, par sa beauté
et son étendue, d'être comptée parmi les plus grandes villes soumises à la domination des Turcs. Aussi partage-t-elle avec Istamboul et Andrinople l'honneur d'être comprise dans le titre de *maîtres des trois capitales*, que prennent les sultans.

Les jardins de Brousse ne sont pas au-dessous de leur réputation. C'est véritablement le potager de la Turquie d'Asie. Je n'ai
jamais vu ailleurs fécondité plus merveilleuse, des noyers géants,
des abricotiers et des pêchers qui se sentent bien chez eux et qui
n'ont pas, comme chez nous, l'air de grelotter en attendant la gelée blanche, des champs de trèfle incarnat, de luzerne luxuriante,
de blé dur, de chanvre aux tiges énormes ; une Normandie asiatique, voilà Brousse. Rien n'y fait pressentir le désert, et il ne faut
cependant pas une longue marche pour le rencontrer.

En entrant dans Brousse, je fus frappé tout d'abord de la différence que présentent les Turcs d'Asie avec ceux d'Europe. Les
Turcs européens, dont la race s'est mélangée avec celle des Grecs,
sont moins grands et moins forts que les Asiatiques. Ils n'ont pas
l'air mâle et guerrier qui distingue ces derniers. La population de
Brousse est belle et vigoureuse. Ces hommes, d'un caractère très-
indépendant, résistèrent longtemps aux réformes du sultan Mah-

moud. Un grand nombre d'entre eux, enrôlés parmi les janissaires, furent sacrifiés par le sultan ; les autres montrèrent d'autant plus de répugnance à renoncer au costume de leurs ancêtres que, jusque-là, ils étaient restés plus fidèles aux vieilles coutumes. Mais enfin il fallut céder, et les habitants de Brousse sont aujourd'hui revêtus de la redingote, d'un pantalon étroit et du petit fez ou *tarpouck*. Les ulémas seuls obtiennent la faveur d'entourer le fez d'un modeste turban.

Les femmes se montrent avec les yeux découverts. Le reste de la figure est voilé par une mousseline transparente qui en dessine tous les contours et permet d'en apprécier la beauté. Aussi a-t-on vu dans tous les temps affluer à Brousse les poëtes turcs les plus célèbres, accourant pour chanter ces lieux favorisés du ciel, où ils rencontrent à la fois les trois choses qui, suivant le poëte arabe, font le bonheur du musulman sur la terre : *la beauté des visages, le cristal des eaux et la verdure des campagnes.*

Il est fort difficile de connaître exactement la population de Brousse et en général des villes musulmanes. A toute question en ce sens, les Turcs répondent : *Chacun naît et meurt suivant ce qui est écrit dans le ciel, et Dieu seul connaît le nombre de ses esclaves.* Leur demande-t-on le nombre des maisons : *Chacun*, répondent-ils encore, *connaît la sienne.* D'ailleurs point de noms de rues, point de numéros aux demeures ; aussi les autorités turques n'ont-elles aucune donnée exacte sur le chiffre de la population.

D'après les calculs des rayas, on comptait à Brousse, avant le dernier tremblement de terre qui l'a si fort ravagée, 500 maisons grecques, 600 juives, 4,000 arméniennes et environ 14,000 turques, en tout 15 ou 16,000 maisons, renfermant à peu près 100,000 habitants.

Si la population de Brousse est belle et vigoureuse, elle doit en grande partie ces avantages à la situation de la ville, au climat, à la salubrité des habitations, à la propreté qui règne partout. La température est chaude, mais elle est rafraîchie d'un côté par le vent de l'Olympe, de l'autre par celui de la mer. L'espace immense occupé par l'enceinte des mosquées, le grand nombre de jardins, le ravin large et profond qui traverse la ville, sont autant de causes d'assainissement.

Les maisons sont construites en bois, peintes de différentes couleurs, couvertes en tuiles et ombragées de feuillage. Presque toutes sont pourvues de canaux souterrains par lesquels arrivent les eaux de la montagne. Grâce à l'abondance de ces eaux, les bains sont d'un usage général. Partout, dans la ville, l'air est aussi pur que celui des campagnes. Les habitants n'y sont point renfermés entre de sombres murailles comme dans les autres capitales. Leurs regards s'étendent sur une immense superficie couverte de plantations, de jardins fleuris, de gras pâturages, de champs fertiles où mûrissent les plus riches moissons.

Dans ces contrées privilégiées, la nourriture de toutes les classes est saine et variée. A Brousse, on ne mange que du pain de froment ; le riz, les dattes, le café, le sucre, dont les habitants font une grande consommation, arrivent à la fois par caravanes et par mer. Les bestiaux s'engraissent dans les prairies environnant la ville. La mer qui est voisine, et les cours d'eau qui traversent la plaine en tous sens, fournissent toutes sortes de poissons. Il faut ajouter à ces ressources les oiseaux de passage les plus délicats, le gibier qui fourmille dans la campagne et que l'on chasse au faucon. Grâce à la situation des lieux, Brousse possède encore nos meilleures espèces de légumes et de fruits. Rien n'égale les délicieux raisins de la campagne de Brousse, les melons, les figues, les mûres, les poires, les fraises, les pêches, les cerises, les abricots, les marrons, qui y deviennent plus gros que partout ailleurs.

Brousse renferme les tombeaux des six premiers sultans. Osman, le fondateur de l'empire, repose sous une tente d'une extrême simplicité. Une petite chapelle octogone, ornée, à chaque angle, de deux minces colonnes, renferme les restes de ce grand homme. Ces restes sont recouverts d'un enduit de plâtre. Un *kaouk* (bonnet) et un châle mesquin sont les seuls ornements placés sur le cercueil. Osman fut le plus modeste des héros. Il se contenta, pendant sa vie, de porter le titre d'émir, et il ne reçut qu'après sa mort le titre de sultan. Il ne laissa, à son décès, ni or ni argent. On ne trouva chez lui qu'une cuiller, une salière, un kaftan brodé et quelques drapeaux de mousseline.

Auprès des restes d'Osman se trouvent ceux d'Alaed-Din, son fils, le premier qui porta le titre de grand vizir. Une simple toile est étendue sur sa tombe.

A côté de cette première enceinte est placée une autre chapelle sépulcrale qui contient les enfants et les femmes d'Osman, et, parmi celles-ci, trois sœurs jumelles, dont la destinée a été de n'être jamais séparées, pas même par la mort.

Le mausolée d'Orkhan, élevé dans une chapelle grecque transformée en tombeau, est plus grand et mieux orné. On peut suivre,

en visitant successivement les quatre autres mausolées impériaux,
les progrès du luxe à la cour de ces anciens conquérants de l'Asie;
mais que ce luxe est peu brillant, si on le compare à celui de leurs
successeurs!

Les mosquées de Brousse sont grandes, mais très-mal entre-
tenues. *Oulou-Djami*, la plus étendue de toutes, a la forme d'un
immense carré long. Elle est recouverte d'une douzaine de dômes,
qui soutiennent d'énormes piliers. Les autres mosquées, toutes décorées de très-beaux minarets, sont généralement d'anciennes
églises.

Il existe à Brousse plusieurs *médrécé*. On appelle ainsi des établissements créés à l'aide de dotations pieuses, et dans lesquels on
fait des cours publics et gratuits. Ces établissements renferment des
bibliothèques.

Un grand nombre de couvents occupent autour de la ville, dans
les montagnes et au milieu des forêts, les positions les plus pittoresques.

Mon hôtesse marseillaise de Constantinople m'avait adressé à un
Grec, le marchand Guéorguious : par lui, je pus voir un intérieur
chrétien dans cette partie de l'Orient. Il ne m'a pas semblé que,
malgré le fanatisme musulman encore assez vivace dans ce coin de
l'empire ottoman, les chrétiens fussent beaucoup à plaindre. La
femme de Guéorguious, charmante jeune personne et fort bien
élevée, me donna audience dans une salle coquette, garnie de riches
divans écarlates. Elle voulut bien, ainsi que sa belle-sœur, récompenser par les plus gracieuses attentions les contes merveilleux que
je leur fis de la France, et surtout de ce Paris qui exerce jusqu'au

bout du monde une si vive attraction. Après quelques heures de gaies causeries, madame Guéorguious consentit à danser devant moi la danse des almées égyptiennes, tout à fait à la mode à Brousse. Son mari l'accompagnait en chantant et en jouant d'une sorte de psaltérion. L'aisance et la joie régnaient dans ce jeune ménage.

Grâce à mon hôte, je pus voir en détail quelques-unes des curiosités de Brousse, entre autres la mosquée du Maugrabin.

De cette mosquée partait un murmure continu qu'un poëte comparerait, j'en suis certain, au bruissement d'une ruche d'abeilles, mais que moi, conteur véridique, je compare plus prosaïquement à l'ânonnement continu d'une bande d'écoliers récitant une leçon commune.

J'entrai et je vis un grand catafalque de marbre, revêtu d'une draperie et orné, aux quatre coins, de longs rosaires. C'était le tombeau d'un cheik maugrabin, le cheik Mahomet, à la mémoire duquel a été consacrée cette mosquée. Assis sur leurs talons, tout au tour du sépulcre, une trentaine de musulmans branlaient la tête en cadence, comptaient avec une patience exemplaire les quatre-vingt-dix-neuf grains de leur *cumbolio*, et répétaient avec une obstination remarquable ce refrain monotone : *Allah kebir ! Allah kebir !* Dieu est grand ! Dieu est grand !

Je vis aussi à Brousse une fabrique de ce tabac que l'on croit communément appartenir en propre à Lattaquié ou Ladiqué (Laodicée de Syrie ou Laodicée de la mer, la ville de Séleucus).

Ce tabac, bien connu des fumeurs aristocratiques, c'est le *toutoun*, tabac léger, parfumé et noirci par les vapeurs odorantes du bois de *czaz*. Brousse est aussi l'entrepôt du *henné*, cette poudre d'Égypte qui semble être le premier et le plus indispensable des cosmétiques pour une femme de l'Orient. Cette poudre verte devient rouge aussitôt qu'on la mouille pour l'appliquer sur la peau.

C'est ici le pays des volcans : le tremblement de terre y est presque aussi commun que dans la Calabre. En 1821, des quartiers entiers furent renversés, le grand khan fut couché par terre, et des centaines de personnes périrent sous les décombres. Depuis que j'ai visité le pays, pareille chose est encore arrivée à Brousse, et on sait que quelques maisons à peine ont échappé aux terribles secousses qui se sont fait sentir jusqu'à Constantinople.

Je ne pouvais quitter Brousse sans entreprendre l'ascension de l'Olympe. J'arrivai à cheval presque au sommet de la montagne, dans les régions qui dominent ordinairement les nuages. Si, après avoir mis pied à terre, on s'élève encore, les regards sont frappés bientôt d'un ravissant spectacle. Vers le midi, du côté de l'Asie, la vue se perd sur une chaîne de montagnes dont les crêtes, couvertes de pins, présentent les sites les plus déserts et les plus sauvages ; vers le nord, au contraire, la ville et ses monuments apparaissent au milieu d'innombrables massifs de verdure ; les cascades bruyantes tombant des montagnes, les sources jaillissant de toutes parts, l'eau qui s'échappe en mille ruisseaux, la plaine remplie d'arbres de toute espèce, les champs cultivés où s'épanouissent, mêlées aux récoltes, les fleurs les plus variées, tout concourt à embellir cette grande scène de la nature et à captiver le spectateur, jusqu'à ce que ses regards, s'attachant au cours sinueux d'un fleuve, le suivent jusqu'à la mer, et découvrent au delà, par une de ces splendides journées inconnues sous le ciel d'Europe, la rivale de Brousse, Constantinople, située à plus de trente lieues de l'Olympe.

Le contraste des paysages du versant sud est singulier. De ce côté, aussi loin que l'on peut voir, le sable desséché par les violentes caresses du *simoun* ne présente que d'immenses espaces d'une affreuse nudité, tachés de place en place par de maigres bouquets de bruyères. Quelquefois le vert, ami des yeux, reparait tout à coup, des têtes de palmiers se balancent gracieusement sur l'azur enflammé du ciel, des nopals et des figuiers sauvages se pressent et forment de frais abris : le murmure d'une source se fait entendre sous les larges feuilles. C'est une oasis dans le pays de la soif.

Sur ces dunes arides, si rarement égayées par l'arbre et par la source, un phénomène étrange se fait souvent remarquer. L'objet éloigné prend des proportions gigantesques, extravagantes. Le cavalier, couvert de son *abba* flottant à raies brunes et blanches, semble toucher le ciel de sa tête : son cheval monstrueux parait s'avancer, énorme et rapide comme un des chevaux divins de l'*Iliade*.

Quelquefois, les caravanes de l'Asie-Mineure sont attaquées, dans le désert, par des orages secs qui soulèvent et entassent contre elles des montagnes de sable mobile. Les chameaux et les hommes sont dispersés çà et là sur la route, et se trainent lentement sans paraitre avancer; aucun bruit ne se fait entendre; personne n'a la force de parler, et les pas de tant d'hommes n'éveillent aucun écho dans cet immense désert; des flots d'une poussière rouge-jaune éblouissante s'élèvent en tourbillons qui se renouvellent à chaque pas ; çà et là s'étendent de grandes taches noires d'une végétation étouffée en naissant. Chaque objet, grossi par les vapeurs qui l'entourent, varie et change d'aspect ; la chaleur et le balancement du chameau donnent un léger vertige, et les objets semblent flotter dans une brume épaisse comme les paysages que nous retrace un rêve. C'est l'ivresse du désert, qu'il faut avoir éprouvée pour s'en faire une idée.

Comme je n'avais pas l'intention de me lancer sur la route de Trébizonde, je m'inquiétais peu de mon escorte, à peu près honorifique et fort peu nécessaire. Un guide m'eût suffi ; mais il est bon, en pareil cas, de bien choisir. Et puis, il faut en user avec ces gens-là selon les circonstances et selon les contrées. Dans les Balkans, si le guide est Turc, on peut le traiter en ami ; en Syrie, dans l'Asie-Mineure, il faut, si philanthrope et si libéral qu'on puisse être, en agir avec son guide comme un pacha avec ses esclaves. Le respect n'est accordé qu'à la brutalité. Beaucoup de voyageurs, très-partisans du libre-arbitre et de la dignité humaine, ne se gênent guère pour appliquer de furieux coups de canne à l'inférieur placé sous leurs ordres, et ces allures de petit tyran leur procurent tout ce qu'une honnête douceur leur ferait sûrement refuser. C'est un secret bien connu des Anglais et des Russes.

Il serait, au reste, imprudent d'user dans quelques localités de la Syrie ou de l'Asie-Mineure du grand moyen de persuasion à l'usage des inférieurs en pays ottoman, à savoir du bâton. Le guide n'opposera certes pas la force à la force, mais il serait bien possible qu'au fond de quelque gorge inconnue, que dans quelque désert sans eau, vous fussiez abandonné aux ressources de votre propre sagacité.

Si vous avez quelque plainte à formuler auprès d'un pacha de province, prenez-le sur le ton le plus haut. Menacez de l'ambassadeur; prenez l'air farouche, forcez l'entrée du palais si on vous la refuse, laissez voir à votre ceinture les deux crosses d'énormes pistolets, et vous passerez pour quelque voyageur considérable qu'il ne ferait pas bon molester.

Cette fermeté si nécessaire a pourtant quelquefois ses inconvénients. Ainsi il peut arriver à un galant homme, qui s'est plaint à un pacha de quelque fonctionnaire inférieur, de recevoir, proprement servie sur un plat de bois, la tête du pauvre diable. Que si cette gracieuseté vous soulève le cœur, vous passerez inévitablement pour un homme inconséquent et mal appris.

Je revins à Moudania sans malencontre. L'objet de cette courte excursion avait été de me mettre, par l'entremise de Guéorguious, en relation avec un armateur de Moudania, dont les bâtiments légers font avec les côtes de la mer Noire un commerce étendu. J'avais pris à Brousse les recommandations et les renseignements nécessaires. Je reçus à Moudania une lettre pour le capitaine d'une goëlette en partance à Constantinople. Il fut seulement convenu que je quitterais le costume franc, pour revêtir la fustanelle du Grec. Sans cette précaution, il m'eût été impossible de pénétrer dans la mer d'Azof, et tout au moins fort difficile de me faire admettre dans un des ports russes de la mer Noire.

Le lendemain, j'étais de retour à Constantinople. Mes préparatifs de départ terminés, et ce ne fut pas long, je montai sur une des collines qui entourent la Corne-d'Or, et je me pénétrai une dernière fois des magnificences de ce spectacle unique.

Au milieu des mille bâtiments qui sillonnaient la rade immense, se balançait la légère goëlette qui devait m'emporter aux rivages inconnus de l'extrême Orient. A l'heure dite, je montai à bord et, à l'aide d'un trivial remorqueur, nous surmontâmes le courant rapide qui, de la mer Noire, s'engouffre dans le Bosphore.

CHAPITRE HUITIÈME

Le Bosphore, entrée de la mer Noire ; configuration générale, origine de ce nom ; Handschi-Bogaz et Kara-Bournou. — Sinope, situation et description ; avant le désastre ; la victoire navale de Tchesmé. — Les tempêtes de la mer Noire, le sultan Sélim, l'empereur Nicolas, les flottes alliées. — Trébizonde. — Batoun, les Tcherkesses, un fils de Japet, l'héroïsme d'un muride vu de près. — Saint-Nicolas. — Redout-Kalé, Poti, Anaklia, Iskuriez, une Sébastopol inconnue, Soukoum-Kalé, Pitsunda, Gagi, Navakinskoï, Mamaï, Pchat, pirates tcherkesses, Ghelendjikh, Soudjakh-Kalé, Anapa. — La chaîne du Caucase, les routes militaires du Caucase, les lignes militaires du Terek et du Kouban.

Nous glissions entre les rives de ce délicieux canal qui réunit, plutôt qu'il ne les sépare, les rives de l'Asie et de l'Europe. A cette heure de midi, les flots étincelants, avec leur courant bien marqué, ressemblaient à s'y méprendre à un fleuve majestueux, bordé de coteaux verdoyants, de palais, de villages roses et verts, de maisons élégantes dont l'architecture bizarre et légère se détachait des massifs de verdure en pittoresques paysages.

Dès Bouyouk-Déré, dans la direction de Beikos, je découvris au loin l'étroite entrée de la *mer Noire* et, au premier coup d'œil, je reconnus la justesse de ce nom. Eaux et ciel prenaient là une teinte plus sombre, contraste frappant avec les rives animées du Bosphore.

La chronique de la Horde d'Or nous apprend que déjà, vers 1225, les Tatars et les Mongols donnaient à cette mer le nom qu'elle porte aujourd'hui, et nous voyons dans l'histoire des Vénitiens et des Génois que c'est également sous ce nom qu'ils la désignaient à l'époque où leur puissance s'étendait jusqu'au littoral de la Tauride.

La mer Égée est nommée par les Turcs *Ak-Deniz* ou mer Blanche, par opposition à l'Euxin.

Si les aspects de la mer Noire ont plus de sévérité, en revanche, ils ont plus de grandeur. Ses côtes sont presque toujours surplombées par de hautes montagnes, garnies de sombres forêts. Cette apparence repoussante et terrible lui avait fait donner par les premiers navigateurs, par les hardis mais inhabiles Argonautes de la Grèce, le nom de *Pontos axenos*, mer inhospitalière, changé bientôt en celui de *Pontos euxinos*, mer hospitalière, ainsi dite soit par antiphrase, soit pour conjurer les tempêtes par ce nom de bon augure. Pour les Slaves, c'est le *Tcherno-More*, équivalent du *Kara-Deniz* des Turcs, et ce nom a été adopté par les navigateurs.

La mer Noire est un vaste bassin ovale ayant 250 lieues de longueur, et dont la largeur inégale varie de 50 à 100 lieues. Elle n'a pas de flux et reflux ; elle est très-peu salée à cause de la masse énorme d'eau douce qu'elle reçoit des chaînes de montagnes qui l'environnent et de tous les grands fleuves qui viennent y finir leur cours. Les savants, et entre autres le professeur Pallas, pensent avec raison que dans des temps très-reculés, mais postérieurs à l'existence de la race humaine, la mer d'Aral, la mer Caspienne et le Pont-Euxin ne formaient qu'une seule mer occupant les bassins actuels avec les steppes immenses de la Russie méridionale, au nord du Caucase, et qu'une éruption volcanique, ou l'effort séculaire des flots, ouvrit le canal du Bosphore et ensuite le détroit de l'Hellespont. De là vient la tradition grecque ou plutôt pélasgique des deux déluges d'Ogygès et de Deucalion, que la chronologie reporte à 4,000 ans de nous. Alors fut submergé, entre l'Asie-Mineure et la Grèce, un continent dont les sommités seules sont restées à sec, et c'est ce qui explique la multiplicité des îles qui surgissent de toutes parts dans la Méditerranée, îles dont le nombre dut s'accroître par une retraite des eaux, à ces époques reculées, lorsque le trop plein de la Méditerranée se fraya une issue dans l'Océan par la rupture du détroit de Gibraltar. On peut croire enfin que la tradition des colonnes d'Hercule indique aussi que ce troisième événement géologique a dû s'accomplir dans un temps où existaient déjà les premières populations pélasgiques de la Grèce.

Les deux premiers points que je vis, à l'entrée de la mer Noire, furent, à gauche la plage d'*Ilandschi-Boyaz*, sur la côte de Roumélie, près du lac Derkos. C'est là que jadis aboutissait sur l'Euxin le rempart appelé Macronthicos (la longue muraille), qui, partant de Silivria sur la Propontide, coupait la presqu'île de Constantinople à douze lieues de cette capitale. Ce grand ouvrage, dont on voit encore la trace, avait douze à quinze lieues de long, ses murailles vingt pieds d'épaisseur, et elles étaient flanquées de cent cinquante grosses tours. Elevé pour arrêter les incursions des barbares, alors dépourvus de marine, le mur fut construit au commencement du sixième siècle par l'empereur Anastase Ier, surnommé Discoros (prunelles dissemblables), parce qu'en effet l'un de ses yeux était bleu et l'autre noir. Cet empereur était contemporain de Clovis, auquel il décerna la dignité de consul romain.

A droite, sur la côte d'Anatolie, se projette dans les flots un cap noir, menaçant, embrumé, bien digne de son nom, le cap de *Kara-Bournou* (cap Noir).

C'est là que, pour un navigateur qui rentre de l'Euxin dans le Bosphore, est le danger le plus sérieux. Cette entrée est souvent difficile ; elle forme, à une certaine distance, une déchirure abrupte dont la configuration est semblable à plusieurs autres aspects de la côte avec lesquels on peut facilement la confondre. Quand la brise est forte et qu'elle souffle du large, les bâtiments qui se trompent de relèvement se perdent infailliblement. C'est ainsi qu'au commencement du mois de novembre 1854, le vaisseau amiral égyptien sur lequel l'amiral Hassan-Pacha, très-bon marin cependant, avait son pavillon, périt, parce qu'il avait couru sur Kara-Bournou, point que, de loin et par un temps brumeux, il avait pris pour l'entrée du Bosphore.

Nous doublâmes heureusement Kara-Bournou et, à mon grand regret, nous nous éloignâmes de la côte asiatique pour prendre le vent et décrire l'arc de cercle qui forme le chemin maritime de Constantinople à Trébizonde. Ce ne fut que le troisième jour que nous nous rapprochâmes de l'Asie et que nous entrâmes dans le port de *Sinope*.

La situation de Sinope, sur la côte d'Anatolie, à 120 lieues marines de Constantinople et à moitié chemin à peu près de cette ville à Batoun, est des plus pittoresques.

Bâtie sur une chaussée naturelle, assez basse et étroite, qui relie l'îlot de l'Ada à la terre ferme, elle est entourée d'un côté par le majestueux massif des rochers d'Ada, de l'autre, du côté de la pointe Rosé-Tésé, par des aiguilles de collines à pic.

La ville regarde la mer de deux côtés, vers le nord et vers le sud. Son port est une sorte de rade fermée de trois mille mètres d'ouverture. Deux batteries la commandent, en fort mauvais état d'entretien, et d'ailleurs trop éloignées l'une de l'autre pour croiser utilement leurs feux.

Sinope est un pittoresque pêle-mêle de maisons basses et blanches, de rues tortueuses, s'élevant graduellement en amphi-théâtre. Chaque maison est entourée d'un petit et délicieux jardin. C'est le vrai type de la ville orientale, Damas ou le Caire en miniature. Quant aux Grecs, ces ennemis intimes de la Turquie, ils sont parqués dans un faubourg à l'extrémité de l'îlot.

Mais tout cela n'existe plus aujourd'hui. Je parle de Sinope avant son désastre. La Sinope d'aujourd'hui n'est plus qu'un amas de dé-combres. Le faubourg grec seul a été respecté.

C'était ici un chantier, et un chantier découvert. En perdant Si-nope, les Turcs n'ont perdu que deux mille braves gens et un quart de leur flotte. Mais il n'y avait là ni magasins, ni arsenal, ni cales couvertes, ni corderies, ni forges.

La patrie de Diogène le Cynique, la capitale de Mithridate, n'est plus qu'un village en ruines.

Parmi les ruines faites par le vice-amiral Nachimof, la moins maltraitée, c'est le château, grande et massive construction carrée, qui remonte au temps des empereurs grecs.

Il y a, au reste, sur les fortifications de *Sinoub* (nom turc de Sinope), un curieux détail assez peu connu. En 1808, lors de la tentative de l'amiral Duckworth contre Constantinople, le général Sébastiani envoya à Sinope quelques officiers du génie pour en améliorer les fortifications. Ils élevèrent une batterie à la pointe du promontoire, de manière à commander les deux côtés de la presqu'île et l'entrée de la rade. Mais les ouvrages qu'ils tracèrent, ou ne furent pas exécutés, ou furent mal entretenus. Il n'a pas tenu à la France, mais à l'incurie musulmane, que Sinope ne pût être défendue.

Mais que voulez-vous? Les Russes n'avaient attaqué Sinope ni en 1807 ni en 1828 : les Turcs s'étaient figuré qu'ils ne l'attaqueraient jamais. Et puis d'ailleurs *Dieu est grand!*

Singuliers retours des choses humaines! Il y a quarante-cinq ans, c'étaient des Anglais qui entraient de vive force dans la mer de Marmara et qui menaçaient Constantinople. C'étaient des Français, hommes inconnus la veille à l'exception d'un seul, c'étaient le général Sébastiani, MM. Foy, de Tracy, Haxo, qui avaient organisé cette belle défense de 1807. Quelques jours après, du lit de douleur de l'amiral Duckworth, transporté grièvement blessé à Malte, M. Arbuthnot écrivait ces mots :

« Il est impossible d'imaginer qu'un ambassadeur français et un ambassadeur anglais puissent dorénavant résider en même temps à Constantinople. »

N'est-ce pas que les temps sont bien changés et que rien n'est impossible en ce monde !

Ce qui n'est pas changé, c'est la vieille haine des Russes contre la Turquie. Ce n'est pas d'aujourd'hui que leurs armes menacent l'empire ottoman, et Tchesmé a précédé Sinope.

L'histoire des premiers temps de la marine russe fait mention d'une flotte ottomane brûlée par une flotte russe. C'était sous le successeur de Pierre Ier, sous Catherine, ce grand monarque elle aussi. La marine de la Russie ne faisait que de naître. Une flotte russe sortie de la Baltique, Sébastopol n'existait pas alors, apparut tout à coup sur les côtes de la Grèce. Pirates exercés, les matelots grecs et turcs riaient de pitié à voir ces vaisseaux lourds, mal construits, mal dirigés. Mais la tsarine savait répandre l'or à propos : elle avait, par ses largesses, attiré d'excellents officiers anglais à son service. L'escadre du capitan-pacha fut surprise à Tchesmé et incendiée, malgré une défense héroïque.

Cette victoire restée stérile, puisqu'elle ne valut à Catherine ni la Grèce, ni les Dardanelles qu'elle convoitait, est restée dans les fastes de l'empire comme un fait d'armes sans rival. Pour toute récompense, cette action navale fut illustrée par une médaille accordée à tous ceux qui montaient la flotte russe à Tchesmé ; deux mots seulement étaient inscrits sur cette médaille : *J'y étais*.

Que de chemin parcouru dans l'histoire de Tchesmé à Sinope : et qui pourrait dire si l'avenir de la marine russe n'était pas alors plus brillant qu'aujourd'hui.

Nous sommes ici en face de Sébastopol, à l'endroit le plus resserré de la mer Noire. C'est ici qu'on peut le mieux se rendre compte des difficultés spéciales de la navigation dans cette mer, redoutée jusqu'à ce jour comme l'ont été de tout temps toutes les mers inconnues.

Les deux campagnes de 1854 et de 1855 l'ont prouvé. La mer Noire ne peut paraître terrible qu'à ceux qui ne la connaissent pas. Les progrès de l'art nautique et l'application de la vapeur et de l'hélice à la navigation dissipent les dangers de toute mer. La tempête est terrible partout, et ici elle ne sévit pas plus qu'ailleurs. Le défaut spécial de celle-ci, c'est son peu de largeur, et il a fallu les circonstances singulières de notre établissement dans une rade peu hospitalière et sur des points trop ouverts de la côte de Crimée pour amener les sinistres du 14 novembre 1854.

Si le gros temps est fréquent pendant l'hiver et les premiers jours du printemps, les grandes tempêtes se comptent.

La première que l'on se rappelle eut lieu le 17 novembre 1801. Lorsqu'elle éclata, le sultan Sélim III se rendait à Sinope avec une division de la flotte turque ; le vaisseau qu'il montait parvint à gagner la pleine mer, où il fut pendant trente heures en perdition ; le vent ayant changé le troisième jour, il put donner dans le Bosphore et arriver à Constantinople, où il trouva le peuple en prières dans toutes les mosquées. Les autres navires de guerre qui composaient la division furent jetés à la côte.

La seconde eut lieu le 17 novembre 1818. Le vent souffla avec tant de violence, qu'il enleva les toits des maisons de Sébastopol, et que tous les minarets de Constantinople furent renversés. Trente-cinq navires de commerce périrent devant Odessa ou le long de la côte de Bulgarie.

En 1828, après la capitulation de Varna, l'empereur Nicolas se rendait à Odessa. Trajet bien court; il faillit pourtant y périr. Il était parti le 14 octobre sur le vaisseau de ligne *Imperatritza Boditelnitza* (*l'Impératrice-mère*), accompagné de son frère le grand-duc Michel, et de plusieurs généraux. Ce vaisseau était commandé par un marin anglais, le capitaine A. Court. Le comte de Nesselrode, ainsi que sa chancellerie et les légations étrangères qui suivaient alors le quartier général, passèrent à bord du *Panteleïmon*.

A peine sortis de la rade, les deux vaisseaux furent assaillis d'un ouragan terrible, et plus tard enveloppés d'une brume épaisse qui les sépara. La hauteur des vagues était effrayante, les hauts mâts et les vergues étaient brisés par la fureur du vent. Bientôt l'obscurité de la nuit augmenta la confusion qui régnait à bord du vaisseau impérial, et le lendemain la brume se maintenait aussi épaisse. Dans la nuit de ce second jour on craignit de faire côte sur les terres de Turquie. Le matin du troisième jour, le vaisseau étant désemparé, on pensait qu'il n'y avait plus d'autre moyen de salut pour l'empereur que de se réfugier dans le Bosphore, et ce parti extrême fut mis en discussion. Mais on résolut de tout hasarder plutôt que d'exposer le Tsar à se voir le prisonnier du Sultan. Enfin on eut le bonheur de se soutenir au large par des efforts désespérés, et, après quatre jours de grands périls, l'Empereur put aborder à Odessa.

Cependant le vaisseau monté par les légations et les chancelleries éprouvait des vicissitudes encore plus affreuses. Totalement désemparé, sans voiles ni manœuvres de rechange, sans vivres et sans provisions, il semblait à chaque instant au point de s'engloutir. Qu'on se figure le triste état du comte de Nesselrode et du corps diplomatique, bien peu faits sans doute aux tribulations de la mer, ainsi qu'aux dangers et aux horreurs de la tempête. Les Russes disaient déjà les prières des agonisants, et, enveloppés de leurs capotes comme d'un linceul, ils se refusaient à lutter sans espérance contre la fureur des vents et des flots. Ce ne fut qu'au bout de huit jours, le vent étant devenu traitable, que l'on parvint, en tendant aux vergues quelques lambeaux de toile, à gagner le port de Sébastopol, alors que tout l'équipage, les passagers et les infortunés diplomates étaient à moitié morts de faim, de froid et de fatigue.

Une quatrième tempête eut lieu en 1839 et la cinquième, celle qui éprouva si rudement nos flottes, est, nous l'avons dit, du 14 novembre 1854. Cette dernière est considérée par les marins comme une des plus violentes.

En somme, si la mer Noire est étroite, elle est profonde, et sans écueils. On ne compte dans toute son étendue que deux petites îles, dont l'une, placée en face des bouches du Danube, est cette *île des Serpents* qui servit de point de ralliement à l'expédition anglo-française dirigée sur Eupatoria. Dans les beaux jours de l'été, et c'était la saison pendant laquelle je la visitais, la surface de la mer Noire est calme, le ciel est pur. La chaude atmosphère, saine sur les côtes d'Anatolie et d'Arménie, rappelle les beautés de Naples ou de Palerme.

De Sinope, où nous avions relâché pour faire de l'eau, nous courûmes sur *Trébizonde*, premier point d'escale pour les bâtiments commerçants. Nous n'y restâmes que le temps d'y prendre des objets d'échange pour les différents ports de la Crimée. Je regrettai peu, au reste, cet itinéraire qui, tout en m'interdisant des excursions dans les pachalicks d'Arménie, me promettait les spectacles bien autrement curieux des rivages circassiens et russes.

Batoun fut notre seconde étape. Cette ville, si cela peut s'appeler une ville, était alors le dernier point de la côte arménienne occupé par la Turquie. Depuis lors, les forteresses accumulées à grand'peine par le génie russe, de Batoun à l'entrée de la mer d'Azof, sont tombées devant les flottes de l'Angleterre et de la France.

Batoun, village turc de deux à trois cents habitants, moitié Turcs moitié Géorgiens, a une baie d'un ancrage sûr et commode.

La population de ce village frontière est assez peu régulière, et ce ne serait pas être trop sévère que de qualifier de bandits ces braves gens qui fument tranquillement leur pipe au soleil, et qui ne se feraient aucun scrupule d'arrêter et de détrousser un voyageur de quelque nation qu'il pût être, s'il s'attardait sans escorte dans la campagne.

— Monsieur, me disait un capitaine de brick marchand anglais, qui me voyait examiner avec intérêt une forêt ombreuse placée sous ma lunette à cinq ou six cents mètres de la ville : c'est un joli point de vue, mais si vous vous promenez hors ville, je vous engage fort à ne pas aller jusqu'aux arbres.

A cette distance, en effet, commence la *Gourie* ou le *Gouriel*, dont le premier port est *Saint-Nicolas*. Or, chaque arbre de cet aimable pays peut recéler sous son ombrage un maraudeur tcherkesse. N'ayant aucune envie de m'exposer à rencontrer sur son terrain un des compagnons de Schamyl, je me contentai d'examiner, sur le port de Batoun, quelques exemplaires de cette race à demi-sauvage. Permettez-moi de vous présenter un de ces fils de la montagne, venu à Batoun en curieux paisible, ou si vous l'aimez mieux en observateur intéressé. Car, grâce à la politique russe qui a engagé dans son parti un certain nombre de tribus, le Tcherkesse isolé circule sans danger dans les villes turques et russes, et souvent un chef qui médite une expédition, envoie un de ses hommes reconnaître le terrain, compter les ressources de l'ennemi et surveiller les préparatifs de campagne.

Celui-ci est vraiment, dans la plénitude de sa nature, le Caucasien primitif, le type de notre race européenne. Le teint blanc et rose, la tête arrondie, le front dominant, le visage ovale et harmonieusement dessiné dans toutes ses parties, les yeux découverts et disposés en ligne horizontale, les cheveux longs et fins, la stature élevée ; c'est l'homme de Prométhée, à l'intelligence supérieure révélée par un regard franc et hardi : *Audax Japeti genus.*

A côté de cet homme par excellence, placez par la pensée les divers types inférieurs de la race humaine, et vous comprendrez les destinées de notre race. Il y a là un cachet providentiel de domination et un gage de conquête. Évoquez le Mongol au teint jaune, au visage en losange, aux yeux obliques et presque ensevelis sous les paupières, aux pommettes saillantes, au nez court et aplati vers le front, aux lèvres charnues, à la barbe rare, aux cheveux droits et rudes, aux oreilles démesurément grandes et détachées de la tête ; à côté de lui, placez l'Éthiopien au teint noir, au crâne étroit et allongé, au nez épaté, à la mâchoire projetée en avant, aux lèvres épaisses, aux cheveux courts, crépus et laineux, aux bras longs, aux jambes sèches et courbées comme celles de l'orang.

A ces types principaux, ajoutez le Malais, le Polynésien, le Peau-Rouge des bois de l'Amérique, le Papou, l'innombrable armée des métis, et dites-moi si la force et l'intelligence ne sont pas surtout l'apanage du Caucasien.

Si, comme il faut le croire avec les livres sacrés, nous descendons tous d'un type original, uniforme, modifié par des causes accidentelles postérieures à la dispersion du premier groupe d'êtres humains, comment vous représenterez-vous ce premier type, si ce n'est sous les traits majestueux du Caucasien ?

Mais ne vous laissez pas trop prendre à cette beauté extérieure. La civilisation n'a pas encore introduit son coin de fer dans ces durs cerveaux. Tout beau qu'il soit, avec son costume de chevalier du moyen-âge, tout admirable que je me le représente, courant dans la montagne, sur son cheval rapide, la lance au poing, le casque en tête, ce magnifique guerrier n'est au fond qu'un sauvage.

Je voudrais bien ne pas rabaisser l'héroïsme de ces poétiques montagnards : mais enfin, la vérité avant tout ; et l'anecdocte suivante, que je tiens d'un Anglais, témoin presque oculaire, montre dans leur *vérité vraie* ces braves brigands du Caucase.

C'était lors de la première expédition du général prince Woronzof. Un montagnard, c'était même dit-on, mais je ne saurais l'affirmer, un *muride*, tenté par la cupidité, vint prévenir l'officier russe commandant d'un petit *aoul* fortifié, qu'il serait attaqué la nuit suivante par des forces considérables. L'officier se hâta d'envoyer quérir un renfort et avertit le prince, qui se mit en devoir de tomber sur les derrières des Circassiens. L'*aoul* fit bonne résistance et les montagnards furent dispersés.

Quant à notre traître, lesté d'une bonne somme d'argent, car la Russie paie grassement en pareil cas, il regagnait son *aoul* quand il rencontre un soldat russe qui flânait aux abords de la forteresse. Remords de conscience ou instinct, notre muride s'embusque et tue le Russe au détour du chemin. Intérêt particulier et patriotisme, le gaillard avait tout concilié. En fait de patriotisme et d'esprit chevaleresque, vous voyez qu'il peut y avoir à rabattre.

De Batoun à Saint-Nicolas, où notre goëlette portait une cargaison d'eau-de-vie et de tabac du Levant, il faut compter environ six heures de mer. Le navire côtoie des rivages charmants, gracieusement revêtus d'azaléas et de rhododendrons. Mais ces richesses de végétation recouvrent des plages mortelles. La fièvre y fait des ravages épouvantables et je ne sache pas une terre qui dévore plus rapidement ses habitants. Par exemple, la garnison d'un petit fort placé à quelques lieues dans les terres, le fort d'Ouzourguet, se compose de mille hommes : or, ces mille hommes ne durent que huit ans. Après cet espace de temps, pas un seul des mille n'est vivant.

Le fort *Saint-Nicolas*, en russe *Nikolawski Kreport*, en géorgien *Shesvketil* (*Chefketil*) est, ou plutôt était, le dernier fort placé sur l'extrême frontière russe. C'est une pauvre position stratégique, un poste avancé défendu seulement par des palissades. Il n'était, à ce qu'il paraît, armé que de deux canons lorsque les Turcs s'en emparèrent par surprise. Sa seule force est dans la difficulté de ses abords, défendus, du côté turc, par deux cours d'eau et par des marais.

A cinq cents mètres de Shesvketil c'est le Gouriel, c'est la forêt libre pour le montagnard, pleine d'embûches pour le Russe, prisonnier dans ses retranchements.

J'aperçois au nord-ouest de hautes montagnes dont le pied se baigne dans la mer. Ce sont les monts Akhalzick, dont les masses énormes viennent expirer, en rochers tumultueux, sur le rivage même de Batoun et, au sud-ouest, aux pieds de *Witzeh*, petit village turc sans fortifications apparentes.

Dans l'énorme ravin formé par la brusque déclivité des monts

Akhalzick, coule un fleuve fangeux, aux rivages mortels; c'est le *Phase*. Une autre petite rivière en descend, à vingt kilomètres au-dessous du Phase. C'est *Nassa-Nelea*, le Lisis d'Arien.

Le sort commun de tous les points habités de cette côte, c'est d'être situés au milieu de plaines marécageuses d'où s'exhalent des miasmes fétides. Ainsi pour *Redout-Kalé* et *Poti*, dont je vois bien-tôt blanchir les fortifications sur le vert foncé des forêts. Depuis 1832, le transit et la liberté du commerce ont été supprimés sur la plupart des points de la côte. Aussi, la douane russe et le long fusil du Circassien ont-ils enlevé toute vie et toute industrie à ces sta-tions misérables.

A *Poti* et à *Redout-Kalé*, situés à l'embouchure de la rivière *Khopi* et du *Phase*, commencent au nord les premiers contreforts de la grande arête caucasienne.

Nous cinglons vers *Yéni-Kaleh*, car, je le répète, les stations mi-litaires de la côte sont interdites au commerce et il faut nous con-tenter d'apercevoir de loin les profils des redoutes moscovites. Voici le fort d'*Anaklia*, l'antique *Heraklea*, sur l'embouchure de l'*Ingur*. Ici commencent les plaines d'alluvion de la Mingrélie qui se joi-gnent à quarante lieues dans l'intérieur à celles de l'Imérétie et du Gouriel.

Plus haut, s'avancent dans la mer les vertes pointes du cap *Kodor* : là est assise *Iskuriez*, dans laquelle les savants veulent re-connaître la célèbre *Dioscuria*, colonie grecque connue des Ro-mains sous le nom de *Sebastopolis*. Une autre ville, tout autrement importante, devait recueillir plus tard l'héritage de ce nom. Près d'*Iskuriez*, la rivière *Galazkha* forme la limite entre l'Abasie et la pointe d'*Iamurzakhaz* qui s'étend jusqu'aux rives de *Tingur*. Les princes de l'Abasie reconnaissent la souveraineté du tsar et leurs milices combattent côte à côte avec les soldats des Woronzof et des Mouravief.

Au-dessus, le pilote me signale *Soukoum-Kalé*, l'une des meilleures baies du littoral oriental de la mer Noire. La forteresse qu'y occupaient les Russes et qu'ils ont dû abandonner, comme toutes les autres, fut construite en 1575 par le sultan Amurat.

Les autres points importants de l'Abasie, après *Soukoum-Kalé*, sont *Bomboraï*, dont la garnison était constamment décimée par les maladies, et qui fut volontairement évacuée dès les commencements de la campagne; *Pozunda* ou *Pitsunda*, fameuse par son

église, dont la fondation est attribuée à l'empereur Justinien.

C'est à *Pitsunda* que finissent les hautes montagnes de l'Abasie et que commencent les défilés de *Gagi*, sombre forteresse qui domine l'entrée de la Circassie. Plus loin, nous passons rapidement devant les baies de *Kinschali* et de *Kamonichelaz*, que surplombe le cap *Senghi*, autrefois nommé cap d'Hercule. Vient ensuite le fort de

Navakinskoï, au pied duquel s'étend la belle vallée de *Sutchali*. Le voisinage de la chaîne centrale du Caucase entretient sur toute cette partie de la côte des cours d'eau considérables qui descendent des pays habités par les tribus des *Oupicks*, des *Saghis* et des *Ardinas*.

A partir de *Mamaï*, le caractère de la côte devient moins imposant; les fleuves sont plus rares. En revanche, de nombreux ruisseaux serpentent dans la plaine immense qui s'étend entre les forts de *Mamaï* et de *Pchat*. De riches cultures couvrent ce plateau où se groupent de nombreux villages, habités par les races les plus vigoureuses peut-être de la Circassie, celles qui ont opposé à la domination russe la résistance la plus désespérée. C'est de là que partaient autrefois ces pirates tcherkesses qui jetaient l'épouvante et la dévastation sur les côtes de la mer Noire, avant qu'elles ne fussent savamment bloquées au moyen des bâtiments légers de Sébastopol et de Kertch, et par les garnisons des forts multipliés sur le littoral.

Parmi ces tribus encore indomptées, se distingue la tribu des *Chapsuks*, voisine de la baie de Pchat et contre laquelle ont été bâtis les forts de *Ghelendjikh* et de *Soudjakh-Kalé*, près de la baie de Ghelendjikh, la plus vaste et la plus sûre de toute la côte. Au-dessus des trois redoutes de Soudjakh-Kalé, les collines se couvrent de riches végétations et de forêts impénétrables, au milieu desquelles sont établis les *aouls* ou villages fortifiés des Tcherkesses.

Enfin, nous passons devant *Anapa*, le point le plus septentrional occupé alors par les Russes sur la côte orientale de la mer Noire. Cette forteresse célèbre avait été construite par les Turcs pour protéger leur commerce avec les peuplades du Caucase. Les Russes en ont fait leur place militaire la plus importante dans la Circassie, et lorsqu'ils l'abandonnèrent, par suite de l'occupation par les flottes alliées de la mer d'Azof, elle était garnie d'une centaine de canons de gros calibre et pouvait au besoin soutenir un long siége. Mais, bloquée du côté de terre par les Tcherkesses, attaquée du côté de la mer par les vaisseaux anglo-français, la garnison n'eût pu résister sérieusement par suite du manque d'eau potable. Des puits d'eau saumâtre eussent seuls fourni à ses besoins.

La rade d'Anapa est à peu près foraine et n'est tenable que dans les beaux jours.

C'est à Anapa que commence la chaîne occidentale du Caucase et c'est là qu'est la véritable limite de l'empire russe. Car la côte n'était protégée que par des forts isolés, communiquant difficilement entre eux par voie de terre. Au-dessus d'Anapa, les premiers contreforts du Caucase n'atteignent guère que cinq cents mètres de hau-

teur. Mais, à mesure qu'on s'engage dans les forêts montagneuses, le sol s'élève insensiblement et, de gorge en gorge, de colline en colline, de plateaux en plateaux, conduit la chaîne caucasique jusqu'aux régions solitaires d'où le regard pourrait embrasser tout le système, si ces pics majestueux avaient d'autres habitants que le vautour fauve ou l'aigle, roi de la montagne.

C'est cependant à travers ces sommets sublimes que le persévérant génie de la Russie a conduit la grande route militaire dont chaque verste a coûté des milliers d'hommes et qui, naguère encore, tenait en respect toutes ces populations farouches.

De Tiflis à Kazan cette route coupe la chaîne centrale du Caucase. Elle était alors la plus directe et la plus fréquentée des routes de la Géorgie ; elle remontait la vallée de l'Aragwi, traversait la région des neiges éternelles, s'élevait jusqu'à 7,425 pieds au-dessus du niveau de la mer (quelques pieds seulement de moins que le passage du Grand-Saint-Bernard) et redescendait dans la gorge étroite où roule le Terek.

Tous les ans, dans cette vallée terrible, au pied de l'énorme Kazbek, de monstrueuses avalanches de neiges, de glaces et de rochers, viennent combler l'étroit passage. Il faut au printemps le reprendre de haute lutte sur la nature.

La partie la plus étroite de ce défilé, c'est Dariel, la *porte caucasienne* des Romains. De ce côté habitent les Ossètes et les Ingouches, montagnards soumis à la Russie. Il serait toutefois imprudent de s'aventurer sans une forte escorte dans ces défilés que commandent des redoutes construites de distance en distance. La ligne des forts du Terek va s'unir à la ligne fortifiée du Kouban qui commence à la mer Noire.

Mais déjà notre frêle goëlette roule dans une mer plus resserrée.

Des promontoires élevés blanchissent à l'horizon : les lames se font plus courtes et nous nous engageons entre deux terres au fond desquelles se dessine un étroit canal. C'est le détroit de *Kertch* et l'entrée de la mer d'*Azof*. Ces blanches crêtes sont les bras que projette la *Crimée* pour renfermer comme dans un bassin intérieur, asile inviolable à cette époque, les richesses de la Tauride et des pays arrosés par le Don.

CHAPITRE NEUVIÈME

Nous avons jeté l'ancre dans la rade de *Kertch*. On nous apprend cette nouvelle assez maussade qu'ici la quarantaine justifie presque son nom odieux : elle est de trente jours. Et encore, avant qu'ils ne soient comptés, il faut que le bâtiment mouille dans le lazaret, et soit soumis à une fumigation de vingt-quatre heures, lui, tout ce qui est à bord, et les effets de l'équipage. Cette opération terminée, les

15

marins se rendent à terre, les voiles sont mises à l'eau et, après dix jours de ces absurdes manœuvres, on peut commencer à compter sa quarantaine.

On comprend combien ces pratiques chinoises sont faites pour développer le commerce.

Les ressources propres de Kertch sont à peu près nulles, et on se demande avec stupéfaction comment il a pu venir à l'esprit d'êtres raisonnables de dépouiller Kaffa au profit de cette ville dont le port est défectueux, qui est située à l'extrémité d'une longue presqu'île dépeuplée et stérile, éloignée de toute route soit politique, soit commerciale.

La rade de Kertch reste souvent pendant trois ou quatre mois fermée à la navigation ; le mouillage y est peu sûr, peu profond, mal abrité. Et cependant, en 1827, Kertch a été élevé au rang de port de première classe, avec une douane d'entrée et de sortie. On y a élevé un énorme lazaret et, en 1832, des ordonnances sanitaires d'une rigueur inouïe y ont été promulguées.

Puisqu'il me faut les subir, je veux au moins utiliser les longues journées du lazaret et faire provision de souvenirs historiques et géographiques, avant de mettre le pied sur cette Crimée dont la vue s'achète si cher.

Je veux être le plus possible sobre de détails géographiques, mais il en est d'indispensables.

La Crimée, située entre les 30° 15′ et 34° 2′ de longitude orientale, et entre les 44° 24′ et 46° 9′ de latitude septentrionale, est une presqu'île d'une superficie d'environ 1,100 lieues carrées géographiques. Elle a pour limites au sud et à l'ouest la mer Noire ; à l'est, la mer d'Azof et la mer Putride ou le Sivache ; au nord, de grandes plaines ou steppes.

Deux régions principales se partagent le sol de cette contrée. La première est montagneuse, boisée, fertile et forme, le long de la côte méridionale, une lisière d'environ 150 kilomètres d'étendue, avec une largeur moyenne de 20 à 25 kilomètres. La seconde est la région des plaines ou steppes : ses aspects généraux sont ceux de presque toute la Russie méridionale. C'est le steppe désolé, avec ses mamelons poussiéreux, avec ses arides perspectives. Cette partie de la presqu'île est rattachée au continent par une étroite langue de terre que l'on nomme l'isthme de Pérékop.

La Crimée, ainsi limitée, est une partie du gouvernement de la Tauride, dont le territoire s'étend au-delà de Pérékop, entre le Dniéper et la mer d'Azof, jusque sous le 47ᵉ degré de latitude.

Symphéropol est le chef-lieu de toute cette province.

Le premier peuple qui fit son apparition historique dans la mer Noire, fut le peuple milésien. Il longea les côtes septentrionales de l'Euxin et fut frappé des avantages offerts par la Tauride. Il y établit ses premières colonies.

C'était alors une riche contrée que cette presqu'île ou Khersonèse. Le steppe, qu'on ne l'oublie pas, est de création humaine. Le désert est le produit de la destruction, et sa date en Crimée est connue : il n'existait pas avant l'invasion russe.

Les Grecs, ces grands colonisateurs, apprécièrent bientôt l'importance des colonies milésiennes. Ils firent de la presqu'île Tauride le but de nombreuses émigrations. Théodosie, Nymphée, Panticapée, Mermikione s'élevèrent sur les points accessibles de la côte.

Cette portion de la Khersonèse occupée, les Héracliens, qui vinrent après les Milésiens, abordèrent la côte occidentale. Ils s'établirent près du cap Parthénique, refoulèrent dans leurs montagnes les Tauriens, peuplades sauvages, adonnées à d'horribles pratiques de superstition, et se fixèrent dans la petite presqu'île de Trachée, nommée aujourd'hui ancienne Khersonèse. Cette république de Kherson prospéra pendant plus de quinze cents ans.

Dès cette époque, le commerce des céréales faisait la richesse de ces provinces septentrionales de la mer Noire. Il y a aujourd'hui encore des ressemblances singulières entre les principaux produits commerciaux de la Russie méridionale et ceux de la presqu'île Cimmérienne des anciens. Théodosie et Panticapée étaient le principal entrepôt du commerce de laines, de salaisons et de fourrures. La Grèce y portait en échange les produits de ses arts de luxe et jusqu'à ses marbres du Pentélique, dont les fouilles de Kertch ont fait trouver d'innombrables débris, bien que le sol crayeux de la Crimée n'en recèle pas un mètre cube.

Au nord de la Crimée habitaient alors les Sarmates, peuples guerriers et sauvages. Le royaume du Bosphore, car c'était le nom du gouvernement de la Crimée, resta pourtant prospère jusqu'à la grande commotion sociale produite par la domination romaine en Grèce. A cette époque, les Bosphoriens, incapables de résister aux Scythes, sollicitèrent la protection de Mithridate qui les annexa, comme nous dirions aujourd'hui, au royaume de Pont.

Puis vinrent les grandes invasions de barbares des premiers siècles de notre ère. La Tauride eut pour sa part les Alains, qui dévastèrent Théodosie, puis les Goths qui ramenèrent pour la presqu'île une ère de prospérité agricole. Mais un jour, du fond de l'Asie se fit entendre un effroyable cri de guerre. C'étaient les Huns dont le flot impétueux débordait sur l'Europe. Entassés sur leurs bateaux plats, les guerriers d'Attila traversèrent la mer d'Azof, balayèrent l'antique royaume des Milésiens et ruinèrent de fond en comble les établissements agricoles des Goths.

Ces désastres jetèrent les habitants de la Tauride entre les bras de Justinien, et l'empereur de Constantinople leur fit payer sa protection en assurant sa domination sur ces contrées reculées par la construction des deux châteaux-forts d'Aloutcha et de Gourzoubita.

Au VIIe siècle, de nouveaux conquérants s'imposent à la Tauride, les Khazares, qui fondent bientôt une vaste monarchie dont les limites s'étendent du Danube au Caucase.

C'est alors que les Russes paraissent pour la première fois sur la scène. Ils battent et chassent les Khazares, que remplacent les Petchenègues, peuplade asiatique sous la domination de laquelle la péninsule vit renaître le commerce et l'industrie. Les relations avec le Bas-Empire se multiplient à cette époque : la Tauride envoie à Constantinople ses pourpres, ses étoffes fines, ses draps brodés, ses hermines, ses peaux de léopard, ses poivres, ses aromates, produits de la Russie orientale, au midi du Kouban, et des contrées transcaucasiennes jusqu'au Cyrus et à l'Araxe.

Cent cinquante ans se passent dans cette prospérité nouvelle, puis, un jour, les Comans, expulsés eux-mêmes par les Mongols, chassent les Petchenègues. Mais les Comans ne font qu'apparaître et les Tatars Mongols s'établissent en Tauride et font peser leur joug sur la Russie, la Pologne, la Hongrie. La domination des Tatars dura de 1220 jusqu'à la fin du XVIIIe siècle. La prospérité de la péninsule reparaît et est bientôt augmentée au XIIIe siècle par les Génois qui, moitié ruse, moitié violence, s'établissent sur le territoire de l'ancienne Théodosie, et fondent la célèbre Kaffa qui devient bientôt la rivale de Constantinople. De Kaffa, les Génois s'étendent sur toute la côte méridionale de la Crimée, à Soldaya, à Cerco, à Cembala. Les galères de la république pénètrent dans le Palus-Méotide, portent des troupes à l'embouchure du Dniester, établissent des comptoirs en Colchide et sur le littoral du Caucase, et aident à transformer en factorerie génoise jusqu'à l'asiatique Trébizonde.

Cette tranquille prospérité dura jusqu'au jour où l'étendard de Mahomet flotta sur le dôme de Sainte-Sophie. L'empire turc vint s'interposer entre les Échelles de la Méditerranée et la mer Noire. Il fallut, en 1453, abandonner les établissements de la république génoise dans l'Euxin. Kaffa et tous les autres points occupés par les Génois tombèrent aux mains des Turcs. A partir de ce jour, le Bosphore fut fermé à l'Occident : les Ottomans et les Grecs de l'Archipel, sujets de la Porte, eurent seuls le droit d'entrer dans la mer Noire et dans la mer d'Azof.

A partir de ce moment, la Crimée rentre dans la médiocrité. Naturellement fertile, elle voit se produire dans son sein un mouvement suffisant d'agriculture et de commerce. Mais le commerce central de l'Asie, les relations de la Méditerranée sont à jamais perdus pour elle. La domination des khans tributaires de la Porte laisse pourtant Kaffa prendre assez d'extension pour qu'elle reçoive le nom de Koutchouk-Stamboul, petite Constantinople.

Tel était l'état de la civilisation en Crimée, lorsqu'eut lieu l'invasion qui porta un coup mortel à la prospérité et à la fertilité de la presqu'île. En 1736, cent mille Moscovites, sous le feld-maréchal

Munich, forcèrent l'isthme de Pérékop et ravagèrent toute la contrée jusqu'au versant septentrional de la chaîne taurique. Les palais élégants, les mosquées aux minarets délicatement sculptés disparurent, renversés par le fer et par l'incendie. Puis, à l'invasion brutale succéda le protectorat oppresseur, jusqu'au jour où le khan de Bagtché-Séraï, Sahem-Gueret, abdiqua, en 1783, ses droits en faveur de Catherine II.

Cette révolution nouvelle fut le signal de la décadence. Les populations agricoles et industrielles furent violemment enlevées et transportées au milieu des steppes désolés du Don et de la mer d'Azof. Les Tatars et les Nogaïs allèrent chercher l'indépendance en Turquie ou dans le Caucase. La dévastation s'étendit sur toute la Crimée.

Soixante ans ont passé sur ces scènes de carnage et de ruine : la Crimée ne s'est pas relevée de cette terrible épreuve.

Si la Crimée ne s'est pas relevée de ses ruines, n'en accusez pas les empereurs et je ne sais quel machiavélisme stupide. Non, les tsars ont fait tous les efforts imaginables pour tirer ce beau pays de sa torpeur. Ce qui a résisté à toutes les améliorations projetées, c'est le ver rongeur de la Russie, c'est l'administration russe.

L'administration, avec son égoïsme brutal, son avidité féroce, son ignorance profonde, sa routine incurable ; voilà le fléau de la Russie. Les tsars, qu'on le sache bien, sont préoccupés d'un ardent désir de prospérité, de grandeur, de puissance pour l'empire qu'ils gouvernent. Mais *ils ne sont pas les maîtres*. Il y a quelque chose de plus fort que le despotisme absolu, incontesté, des empereurs russes : c'est l'administration russe.

Les tsars voulaient rétablir l'ancienne vie commerciale, agricole, industrielle de la péninsule. L'administration a stérilisé ces bonnes intentions, a procédé par demi-mesures, a organisé bruyamment des douanes et des quarantaines, a repoussé toute franchise commerciale. Tout s'est borné à quelques concessions de terres, à des fondations de villages allemands, créations factices et malvenues. Les grands, pour plaire au maître, ont planté des vignes, des oliviers, récolté à grands frais de mauvaise huile et du vin dit de Champagne.

Toujours un peu le décor de théâtre !

Quoi qu'il en soit, c'est une riche et belle position que celle de la Crimée dans la mer Noire, et il est facile de comprendre les gigantesques efforts d'attaque et de défense faits dans les campagnes de 1854 et de 1855.

Pour qui consulte une carte maritime de la mer Noire, la position presque centrale de la Crimée dans cette mer lui assure une prépondérance naturelle. Cette presqu'île domine à la fois les côtes de l'Asie, les bouches du Danube et l'entrée du Bosphore de Constantinople. Elle est le bouclier de la Bessarabie, et la clef de cette mer intérieure qui est comme le dock des provinces à blé soumises à la domination russe.

Quatre races différentes habitent ce pays. Ce sont d'abord les Tatars, restes des anciens conquérants du sol; puis, les Grecs, débris des colonies grecques établies dans la Chersonèse; les Juifs, dont une colonie nombreuse s'est fixée près de Symphéropol à une époque très-reculée; enfin, les Russes, dont l'apparition coloniale ne date que de 1786.

Mais revenons à Kertch et à son ennuyeuse quarantaine.

Je vois bien ici, du haut du lazaret, quelques maisons de campagne où brille tout le luxe européen, rehaussé de je ne sais quel bouquet asiatique. Les riants coteaux de la côte méridionale me rappellent à certains moments les paysages de la Terre de Labour près de Naples, ou les environs de Constantinople et de Smyrne. Mais cette richesse n'est que superficielle et factice. Tout ici est transplanté, forcé. Où sont les populations agricoles? où est l'industrie indigène? où est tout ce qui justifie ces splendides villas? Un château sans campagnes, une villa sans paysans, sans agriculture limitrophe, ce ne sont que des décorations de théâtre.

Les Tatars, qui auraient pu être ces paysans, ces agriculteurs, et que nous avons vus devenir en quelques jours les implacables ennemis de la Russie, après tant d'années de soumission silencieuse, sont les descendants des anciens conquérants de la Tauride. Ils se divisaient autrefois en deux classes, les Tatars proprement dits et les Nogaïs, tribus nomades, sortes de kabyles de la Crimée, qui résidèrent toujours, domptés seulement en apparence, dans les steppes déserts de la presqu'île. Les Tatars, au contraire, mélangés avec les débris des anciennes populations de la Tauride, formaient la partie civilisée des habitants de la péninsule. Ils résidaient dans les villes et les villages des contrées montagneuses, les seules fertiles en Crimée.

Je voudrais être impartial et ne pas blâmer injustement la domination russe; mais il faut bien que je le dise, tant vaut le peuple conquis, tant vaut le conquérant. Or, plus le Tatar s'est trouvé en rapport immédiat avec son vainqueur, plus il s'est corrompu.

Le Tatar de la côte est devenu avide, rusé, méfiant, voleur : le Tatar de la montagne a conservé des habitudes simples, patriarcales, hospitalières. En allant plus tard sur la route de Bagtché-Séraï, je trouvai dans la montagne une hutte tatare. Il faisait 25 degrés de chaleur ; la poussière brûlante avait collé ma langue à mon palais. J'entrai : la femme, surprise par mon arrivée inattendue, laissa retomber sur sa figure les deux bouts d'un grand voile blanc. J'avais eu le temps de voir que ses traits étaient beaux, comme son attitude était digne et chaste.

Le mari s'avança vers moi. Il me tendit la main, me fit asseoir sur une natte qu'il tira de sa chambre à coucher et plaça devant moi quelques fruits, de l'eau délicieusement fraîche, du café et du fromage de brebis. Il paraissait heureux de me faire partager le peu qu'il avait.

Quand je me retirai, mon conducteur me dit : Ne lui offrez rien, ce serait lui faire une mortelle injure. Bel éloge dans la bouche d'un Russe.

Toute énergie n'a pas disparu dans cette race si durement foulée. La campagne des alliés l'a prouvé. Il a été facile d'enrôler un assez grand nombre de Tatars, excellents cavaliers, et leur haine pour la domination russe n'a pas paru éteinte par un long esclavage.

On me raconta un trait qui me parut indiquer chez les Tatars un ressort qu'on ne rencontrerait pas sans doute dans les autres populations de la Russie méridionale.

Un petit propriétaire de la Crimée, homme charitable, aimé de ses paysans et de ses voisins, éveilla la jalousie du gouverneur. On dénatura par des calomnies l'influence qu'il exerçait à juste titre dans le pays ; on fit si bien, qu'un jour arriva un ordre secret. Quelques soldats et un officier de police partirent de Symphéropol : on brûla le domaine, on dispersa les paysans, on battit le propriétaire de verges. Lui, chose inouïe en pays russe, ne vécut que pour la vengeance. Il se réfugia dans le steppe, arma des paysans tatars, et passa quinze années à brûler les châteaux et à dévaster les domaines de ses bourreaux. Ni police, ni armée ne purent le soumettre, et il mourut dans son lit.

Voici ma quarantaine enfin terminée. Il y a quelque chose de très-difficile, c'est d'entrer en Russie : il y a quelque chose de plus difficile encore, c'est d'en sortir. Une police qui dépasse presque toujours la sévérité de ses ordres, vous accueille à l'arrivée et au départ. Une armée de douaniers vient inspecter vos bagages. Les livres, surtout, sont sévèrement examinés. J'avais, par exemple, quelques exemplaires de la *Revue des Deux-Mondes,* un *Guide maritime* de M. *Corréard* et de vieux journaux de France ; tout cela fut impitoyablement saisi. Mais le livre qui causa le plus d'inquiétude à un vieux griffonneur à moustache blanche, fut une *Chrestomathie arabe,* utile compagnon de mon voyage en Égypte. Ces caractères inconnus durent sembler furieusement suspects au vénérable douanier ; car il les examina longtemps avec des clignements d'yeux malins, avec des hochements de tête désespérés ; il retourna, il flaira le malencontreux volume et finit par le confisquer.

Puis, ce fut le tour de l'officier de quarantaine. Celui-là étudia à fond, commenta avec une inquiétude marquée mon passeport orné de tant de griffes polyglottes et de signatures illisibles, puis il tendit la main ; cela voulait dire : *Kopeck.* Car, en Russie, le kopeck est l'accompagnement obligé de tout service, même gratuit et obligatoire.

Il fallut procéder ensuite à la *publication.* C'est une formalité qui consiste dans l'affichage, aux frais du voyageur, de son nom en langue russe et française. Il s'agit, à ce qu'il paraît, d'empêcher d'être frustrés les créanciers que je pourrais faire ici. Je payai trois fois pour être publié; et ce, je l'avoue, sous le faux nom de *Christidès* de Moudania, raya turc, grec de naissance et de religion. Comme je n'ai aucune envie de me montrer jamais à Saint-Pétersbourg ou autres lieux de la Russie, je vous fais hardiment cette confidence.

Il me fallut ensuite donner un pourboire pour le pesage, un pourboire pour le port de mes légers colis au lazaret, un pourboire pour le *visa* de mon passeport, un pourboire pour l'aide-infirmier du lazaret, un pourboire...., mais je n'ai pas la prétention de me rappeler en combien de mains crasseuses je dus laisser tomber une pluie de kopecks.

Je fus libre, enfin, de me rendre à Yéni-Kaleh, où le patron de la goëlette avait à traiter plusieurs affaires importantes avec des négociants de Berdiansk et de Taganrog.

C'est là que j'aperçus pour la première fois, derrière les magasins de la douane, cette grande flaque d'eau saumâtre qu'on nomme la mer d'Azof.

Ce but de ma première excursion, *Yéni-Kaleh*, est la véritable sentinelle de la mer d'Azof.

Vu de Yéni-Kaleh, le détroit présente un aspect assez peu pittoresque, et ce Bosphore est loin d'égaler l'autre. Les côtes ici sont généralement basses et n'offrent qu'une ligne monotone de blanches falaises, à peine égayées par quelques buissons verdoyants. L'arbre n'y pousse guère. Entre les deux caps qui forment l'entrée du détroit, la largeur est d'environ 12 kilomètres, et a profondeur de 12 à 15 mètres.

Aidé d'une bonne carte et du guide maritime de M. Corréard, je pus, du haut du phare de Yéni-Kaleh, me rendre compte de la configuration générale de cette mer dont j'apercevais les premiers plans.

Le *Palus-Méotide* des anciens, la mer d'Azof, est la dernière impasse de la Méditerranée. Elle n'a guère que 310 kilomètres de longueur sur environ 229 de largeur. Elle reçoit les eaux et aussi les alluvions du Don et de quelques autres cours d'eau. Ces attérissements font que la profondeur de l'eau ne dépasse guère 15 mètres, et n'offre même, en moyenne, qu'un tirant de 4 à 5 mètres. De là la difficulté de la navigation dans ces parages, semés, en outre, de nombreux bancs de sable.

La mer Noire est, pour la Russie, un champ de manœuvres politiques et militaires ; la mer d'Azof est le centre actif d'un commerce et d'un cabotage qui s'accroissent tous les jours. Deux grands fleuves, que réunit un canal, le Don et le Volga, y jettent les produits sans nombre de la Russie méridionale.

Les eaux de la mer d'Azof sont alimentées principalement par le Don et par le Kouban : aussi, ses eaux sont-elles plutôt saumâtres que salées. Plus encore que la mer Noire, elle est agitée par de fréquents orages, et les bas-fonds, le manque de profondeur, les glaces dans l'hiver, y apportent de grands obstacles à la navigation. De décembre à mars, elle est ordinairement gelée, ou bien elle charrie les immenses bancs de glace du Don.

Au bout du compte, cette mer d'Azof n'est qu'un mauvais marais, puisque sa profondeur moyenne ne dépasse pas 15 mètres. Les transports, opérés par bateaux plats, y suivent toujours invariablement les mêmes parages ; on y apprend à peine les plus simples éléments de l'art nautique, et d'ailleurs la navigation y est interrompue pendant cinq mois de l'année. Il n'y a donc là ni un milieu important d'activité maritime, ni une école de matelots.

Azof tomba, en 1699, aux mains de Pierre le Grand. C'était une mer intérieure acquise à la Russie, c'était un premier débouché sur la mer Noire. La Russie vit là un gage assuré de futures conquêtes.

Quelques jours après la prise d'Azof, on apporta au tsar une pierre brune qu'un laboureur disait avoir trouvée dans son champ. On y lisait ces mots, en caractères de relief :

« Aquila borealis extendet alas suas supra Bosphorum et mare Balthicum. »

« L'aigle du Nord étendra ses ailes sur la mer Noire et sur la Baltique. » Pierre le Grand comprit la fourberie, mais elle était de bon augure et traduisait sa pensée secrète : « La pierre est naturelle, dit-il, l'écriture est un mensonge, mais le présage est heureux ; je l'accepte. »

Et l'aigle du Nord étendit ses ailes sur les deux mers : mais c'étaient deux impasses.

La plus grande profondeur, me dit un pilote, Allemand russifié qui parlait très-purement le français, est de 44 pieds entre le détroit de Kertch et la pointe *Brélosaraï* ; dans le golfe du Don, elle n'atteint que 26 pieds à l'entrée, et de 8 à 10 sur la rade de Taganrog. (Je pris note de ces indications, qu'on pourra confronter avec celles des guides.)

Le rivage septentrional est, en moyenne, haut de 26 à 40 mètres, uni, offrant çà et là quelques monticules, et garni de falaises rougeâtres. Des langues de sable d'une assez grande étendue se sont formées sur tous les promontoires, ou, subissant l'influence du courant du Don, elles se sont courbées vers l'ouest.

Le rivage oriental est, ajouta le pilote, fort bas depuis Ternrock, presque toujours sablonneux et semé des marécages.

Située entre 45° 17', 25 et 47° 17' de latitude, et entre 32° 30' et 36° 56' de longitude, la mer d'Azof a 90 milles de long, depuis le détroit de Kertch jusqu'à la pointe de *Brélosaraï*, à l'entrée du golfe du Don ; celui-ci en a 76, ce qui fait, jusqu'aux bouches du fleuve, un total de 166 milles. Sa largeur, entre l'extrémité de la Tonka, à l'ouest ; et le Limane Beïslitska, à l'est, est de 142 milles. Sa vaste étendue, qui est d'environ 13,000 milles carrés, lui a valu un nom particulier, et cependant ce n'est qu'une sorte d'annexe de la mer Noire, avec laquelle elle communique par le détroit de Yéni-Kaleh.

La mer d'Azof joue, à l'égard de la mer Noire, le rôle que joue celle-ci à l'égard de la Méditerranée.

En voyant cette immense mare d'eau, je me demandais quelles modifications avaient dû se produire dans la nature de cette mer étrange, depuis les temps historiques. Avait-elle eu toujours les mêmes limites qu'aujourd'hui? Mon Hérodote me répondait non, et le bon sens me semblait être ici d'accord avec Hérodote. En effet, les cours d'eau qui se déversent dans la mer d'Azof sont chargés de sable et de boue détachés de leurs rives dans un cours impétueux et tourmenté. Le lit de la mer a donc dû s'élever progressivement, et même avec rapidité. Des marais, puis des plaines fertiles ont surgi du sein des eaux.

Il est même probable que la mer Noire, la mer Caspienne et la mer d'Aral ont été réunies à une époque inconnue. Le Manitch, rivière qui se jette dans la mer d'Azof, non loin de l'embouchure du Don, pourrait bien n'être que le reste d'un détroit qui aurait uni les trois mers.

Il me paraît certain que, d'ici à quelques siècles, la mer d'Azof aura disparu pour faire place à une plaine immense. Et qui sait si ce n'est pas là la destinée future de la mer Noire et de la Méditerranée elle-même.

Traçons par la pensée le périple de la mer d'Azof, depuis Yéni-Kaleh jusqu'à la presqu'île de Taman, qui forme l'autre côté du détroit.

Tournons à gauche, et nous trouverons tout d'abord les gigantesques assises de falaises calcaires qui se développent vers le sud-ouest jusqu'à *Arabat*, château-fort élevé autrefois par les Turcs, pour défendre l'entrée de la Crimée, et qui a été récemment occupé par nos escadres. A Arabat commence ce long ruban de sable, la *Tonka*, langue étroite qui s'élève à peine de quelques centimètres au-dessus du niveau des eaux, et qui vient aboutir près de Yénitchi, à un canal de 120 mètres seulement de largeur, établissant la communication entre la mer d'Azof et le Sivach, ou mer Putride. Cette côte marécageuse, complétement impraticable même aux plus petits navires, et découpée de la manière la plus bizarre, s'avance à l'ouest jusqu'à Pérékop, et forme avec le golfe opposé de Kerkinik l'isthme qui relie la Crimée au continent européen.

La *Tonka* est une espèce de presqu'île longue, étroite et basse, appelée aussi *langue et flèche d'Abate :* elle forme le côté occidental de la mer d'Azof et la sépare du *Sivache* ou *mer de boue*, réceptacle fangeux des rivières de la Crimée septentrionale.

Quand le vent souffle de l'est, la mer pénètre par une sorte de détroit jusqu'auprès de Pérékop et forme cette mer Putride dont le nom seul indique l'insalubrité du pays que baigne cette mare fangeuse. Si, au contraire, le vent souffle de l'ouest, le terrain se découvre à une assez grande distance, formant de vastes marais salants dont les impures exhalaisons vont porter la mort parmi les rares populations de l'isthme et des steppes septentrionaux.

C'est par la Flèche d'Arabat, par la langue de terre dite Flèche d'Abate et par les marais de la mer Putride, que le comte de Larcy, commandant des troupes moscovites sous les ordres du feld-maréchal Munich, pénétra en Crimée, en 1737, pendant que le khan des Tatars occupait, avec toutes ses troupes, l'isthme de Pérékop mis, peu auparavant, en état de défense.

Il y a très-peu de Russes à *Pérékop*, localité à peine cultivée et d'un climat très-froid. On peut comparer aux landes de Wiltshire, à ce qu'on appelle « downs » en Angleterre, les steppes et les plaines de la Crimée, qui vont s'élevant peu à peu jusqu'à Symphéropol et vers le centre de la presqu'île, sans qu'il y ait depuis le commencement des steppes jusqu'à la ville un arbre ou une colline pour intercepter la vue.

« Rien de plus triste, dit M. Hommaire de Hell, et de plus saisissant au premier abord que l'aspect des steppes de la Russie méridionale. De quelque côté que le voyageur étonné tourne ses regards, il ne découvre partout qu'une ligne parfaitement droite, dont rien ne vient briser la désolante monotonie ; ou bien, si parfois il aperçoit certains points saillants au-dessus de l'horizon, ce sont quelques cônes de terre élevés par la main des hommes, mais plus souvent encore les objets de son attention ne sont que les résultats trompeurs du mirage. Ces plaines si horizontales auxquelles, comme à la mer, l'œil ne saurait assigner de limites, ces plaines, si remarquables par leur complète nudité et l'absence totale de toute végétation forestière, comprennent toute la zone qui s'étend entre le fleuve Oural et les embouchures du Danube, en descendant au midi jusqu'au littoral de la mer Noire et jusqu'au pied des montagnes du Caucase et de la Tauride. Sur toute cette étendue, embrassant près de 22 degrés de longitude et plus de quatre de latitude, le sol conserve invariablement la même physionomie ; partout règne l'uniformité la plus absolue, et ce n'est que de loin en loin que les grands fleuves qui découpent le pays, viennent servir de ligne de repère à la pensée et rappeler au voyageur qu'en avançant il change véritablement de place. »

Le détroit de Yénitchi est situé à 8 milles O., 31° N. de la pointe de Bérutchi, et formé par le dernier plateau du steppe de Tauride, garni de falaises, qui borde la mer d'Azof au N., et par l'extrémité de la Tonka. Il a environ 120 mètres de largeur ; sur sa rive septentrionale s'élève le bourg de Yénitchi.

Le *Guide maritime dans la mer Noire*, publié par M. Corréard, ajoute que le détroit creusé par le courant auquel il donne passage a une profondeur assez considérable ; mais, avant d'y arriver et peu après avoir passé sur 13 pieds de fond, on n'en a plus que 4 à l'entrée du petit chenal qui y conduit.

La rade de Yénitchi est fort bonne. Elle est située entre la presqu'île de Bérutchi et la Tonka, ouverte au seul S.-S.-E., avec 18 et 21 pieds d'eau, fond de vase, à 1 ou 2 milles des deux rives. On y mouille à l'entrée d'un golfe assez profondément avancé dans la côte, qui se dirige au N.-E., et est formé par la presqu'île et l'isthme de Bérutchi au N., et, à l'O., par les plateaux du steppe qui aboutit à Yénitchi. Ce golfe n'est point praticable, ou, du moins, le *Pilote de la mer Noire et de la mer d'Azof* déclare ne s'être point assuré s'il a assez d'eau pour recevoir un navire.

Au fond de ce golfe, sur la côte ouest du cap Fédotov, il y a un grand lagon nommé Limane ou Kliouk, qui communique avec la mer ; plus à l'ouest est le lac d'Atmanaï.

La Touka décrit une ligne fort légèrement courbée et presque sans sinuosité du côté de la mer d'Azof, où son rivage est composé de sable. Vers le Sivache, au contraire, il est de terre végétale, et si découpé, que la largeur de cette langue de terre peut à peine y être déterminée : elle se réduit en quelques endroits à un demi-mille. Sur toute son étendue, dans l'Azof, on trouve 18 pieds d'eau à environ un mille de la côte. Cette profondeur n'est interrompue qu'à 23 milles d'Arabat, par un banc qui avance 5 milles en mer, avec 10 pieds d'eau, fond de sable.

A Yénitchi, l'une des étapes de nos flottes victorieuses, la côte, changeant brusquement de direction, se relève en falaises argileuses de 40 à 50 mètres, et se prolonge ainsi vers le nord-ouest jusque dans le voisinage de Marioupol. Sur ce littoral, coupé par plusieurs rivières et par des presqu'îles sablonneuses, on remarque la ville russe de Nogaïs à l'extrémité des steppes du même nom, et le port de Berdiansk, important pour son commerce de cabotage.

Quelques mots maintenant sur les autres villes qui bordent la mer d'Azof.

Marioupol, colonie fondée en 1784 par Catherine II, était autrefois la ville principale de cette contrée ; mais elle a été abandonnée depuis pour *Berdiansk* dont le mouillage est plus profond, et qui, avant d'être ruiné par nos vaisseaux, était le grenier de la mer d'Azof, l'entrepôt du sel et du charbon de terre pour la Crimée et la Russie méridionale.

A partir de Marioupol, la plage s'abaisse encore, et cette dépression se continue sur tout le littoral du golfe du Don jusqu'à *Taganrog.*

Taganrog fut fondée par Pierre le Grand, en 1706, après la prise d'Azof. Démolie en vertu du traité du Pruth, elle fut rebâtie plus tard, et grâce à sa position à l'embouchure du Don, elle devint bientôt l'entrepôt du commerce des bois et des céréales. Elle a environ 16,000 habitants ; mais son port n'est guère accessible qu'aux petits navires, encore sont-ils quelquefois obligés de mouiller à deux ou trois kilomètres en mer.

Cette ville a des souvenirs historiques. Près de la côte s'élève un bois de chênes que Pierre le Grand a planté de sa main. C'est aussi sur cette plage que mourut, en 1825, l'empereur Alexandre.

Taganrog est placée à l'extrémité d'un cap, vers la limite orientale de la mer d'Azof. Établie dans une position salubre, cette ville voyait chaque année, avant la guerre, plus de 2,000 bâtiments de commerce visiter son port, où le commerce d'importation n'atteignait pas un chiffre de moins de 10 millions de francs, et celui d'exportation de 25 millions.

C'est surtout le trafic des pelleteries de la Russie méridionale qui lui donne une grande importance. Taganrog a aussi une valeur comme arsenal. On y conserve les fers et les bois qui doivent être envoyés à Odessa ou à Sébastopol.

Citons enfin, dans le golfe du Don et à l'embouchure de ce fleuve, *Rostof*, ville de 8,000 âmes, assez commerçante, et *Azof*, l'ancienne Tana, jadis métropole du pays, qui n'est plus aujourd'hui qu'un grand village. Ses fortifications sont tombées et ont fait place à de riches jardins.

Rostof est remarquable par ses nombreuses églises. Elle est entourée d'un rempart de terre et d'un fossé plein d'eau, ceinture liquide qui la fertilise en la défendant. Les jardins y sont habilement cultivés, et il y a comme une réminiscence de l'agriculture arabe dans ses nombreuses norias et dans ses coupures d'irrigation.

La rive orientale de la mer d'Azof n'offre qu'une plage d'alluvion dont les escarpements ne dépassent pas 30 mètres d'élévation moyenne. Le mouillage de *Gheisk*, à 75 kilomètres du delta du Don, n'est guère fréquenté que par de petites barques de pêcheurs. C'est dans cette baie de forme elliptique que se jette la rivière Eïa, qui sépare le territoire des Cosaques du Don de celui des Cosaques de la mer Noire.

Les plaines basses de ce littoral, incessamment submergées et découpées irrégulièrement comme celles de la mer Putride, se terminent à la presqu'île de Taman, qui ferme, avec celle de Kertch, l'entrée de la mer d'Azof. Sur la rive opposée à celle de Kertch se trouve la ville de *Taman*, l'ancienne Phanagorie, où les souverains du Bosphore avaient établi la capitale asiatique de leur royaume.

J'étais revenu, dans cette rapide exploration, à mon point de départ, et je pouvais me faire une idée générale de cette mer peu connue. Je repartis donc pour Kertch, dont j'étais devenu un habitant provisoire, de par la *publication* officielle. C'est de là que je vais esquisser les points de la Crimée qu'il ne m'a pas été donné de visiter.

Mais d'abord, je veux vous parler de Kertch, la seule ville de Crimée qu'il m'ait été donné de voir un peu en détail.

Kertch est située en amphithéâtre, au pied de ce promontoire escarpé qu'on appelle, je ne sais trop pourquoi, le trône ou le fauteuil de Mithridate. Elle est construite sur l'emplacement de l'ancienne Panticapée, capitale du Bosphore cimmérien, où vint mourir le vieux roi de Pont, vaincu par les Romains.

Depuis 1827, Kertch a vu s'accroître chaque jour ses privilèges, sans que le gouvernement russe pût réussir à faire de cette ville un port vraiment sérieux. Pour elle, on dépouilla Kaffa de sa douane et de son tribunal de commerce ; Taganrog dut lui céder, en 1833, son lazaret et sa quarantaine.

Kertch a pour tous monuments un hôpital, sa douane, un petit théâtre, grand à peu près comme celui de Belleville, et un petit musée renfermant des antiquités assez intéressantes.

Des temples, des cités, mentionnés sur ce point par les géographes anciens, il ne reste plus que quelques noms classiques, souvent même mal appliqués par une érudition douteuse.

J'aime peu, je l'avoue, cette archéologie prétentieuse qui plaque sur des ruines des souvenirs criards d'une grandeur passée !

Qu'est-ce que cette *Théodosie* sans le brillant commerce de la cité génoise? Qu'est-ce qu'*Ovidiopol*, village fondé dans un pays où Ovide n'a jamais résidé? Qu'est-ce que le nom d'*Odessus*, exhumé d'une antiquité dont on a violemment balayé tous les débris?

En fait de souvenirs, je préférerais les ruines; mais elles-mêmes ont disparu. A une lieue de Kamich, j'ai vu les restes circulaires d'un petit édifice qui m'a semblé d'origine grecque, et dont

la destination m'est parfaitement inconnue. C'est là tout ce que la respectable antiquité a laissé de traces en Crimée, ailleurs que dans les musées de Kertch ou de Sébastopol.

Blé, vin, bétail, laine, peaux et fourrures, cuirs ouvrés, chanvre, miel, huile, sel, voilà les principaux articles que j'ai vus passer à la douane de Kertch, et ce sont là, en effet, les principaux éléments de la richesse du pays. Mais le trafic des grains, surtout dans la mer d'Azof, constitue presqu'à lui seul la totalité du commerce

des ports de Crimée. Taganrog est une succursale importante
d'Odessa, ce grenier de l'Europe méridionale. D'après le compte-
rendu officiel, pour 1851, du gouvernement de la Tauride, la récolte des céréales s'y était élevée à 2 millions 568,497 hectolitres.
Dix ans auparavant, elle donnait à peine un million. C'est surtout
dans le district de Berdiansk, peuplé en partie de colons étrangers,
que la culture des céréales est le plus développée, et l'on pense
que tout le bassin de la Crimée et de la mer d'Azof peut fournir
chaque année au commerce de 5 à 6 millions d'hectolitres.

Le véritable roi de Kertch, l'homme qui, après le tsar, est le
dieu de cette localité, c'est le prince Woronzof, le spirituel et brave
commandant des forces militaires du Caucase, jusqu'au jour où
son grand âge lui a fait accorder une indispensable retraite. Il est
né en Angleterre, où il est resté jusqu'à sa vingtième année. Connu
et estimé en Europe et en Asie, ce prince, homme du commerce le
plus aimable, avait alors le commandement de toutes les troupes
russes depuis la Pologne jusqu'aux frontières de la Perse. C'est à
lui qu'appartient presque tout le vin récolté dans cette localité et
qui se débite en Europe comme du vin de Xérès ou de Porto de
qualité inférieure.

On sait l'importance qu'ont acquise les vignobles de la Crimée,
spécialement ceux des districts de Symphéropol, de Yalta et de Théodosie. En 1851, leur production était de 558,600 vedros (83,798
hectolitres). La récolte entière de la Crimée, dont la majeure partie
se consomme dans le pays, et dont le reste trouve son placement
dans les provinces de la Russie du Sud, peut aller actuellement,
dit-on, au double de ce chiffre (environ 160,000 hectolitres). Ce

ne serait encore que la deux cent cinquantième partie de notre propre production.

Les vins que la Crimée exporte à l'étranger sont en général de qualités secondaires, et servent principalement, comme la plupart de ceux du Caucase, aux préparations ou aux mélanges avec d'autres crus. On cite toutefois ces riches vignobles du prince Woronzof, dont les produits donnent un vin mousseux qui se débite en Russie avec un succès très-regrettable pour nos champagnes dont ils empruntent la célèbre étiquette. Originaires de Hongrie, du Rhin et de la Bourgogne, les plants auxquels la Crimée doit aujourd'hui ses vins ont presque partout remplacé la vigne indigène, qui, du reste, croît spontanément, et on lit dans le remarquable ouvrage de M. de Tegoborski sur les *Forces productives de la Russie*, qu'il existait en 1848, dans la Tauride, 35 millions 577,000 ceps de vignes, nombre six fois plus considérable que ce qu'il était seize ans auparavant. Le gouvernement russe a de tout temps fait de grands efforts pour développer en Crimée l'industrie vinicole, et c'est, à vrai dire, à peu près la seule qui y ait acquis de l'importance. Le travail manufacturier y est en effet presque nul : trois ou quatre fabriques de draps communs, un certain nombre de tanneries et d'ateliers où se travaille le maroquin, sont, avec quelques fabriques de chandelles, à peu près tout ce que possède le pays.

C'est au marché de la ville que je me rendis pour en saisir la physionomie générale : c'est là que je devais voir, dans leur intéressant pêle-mêle, les populations qui composent le fonds humain de la presqu'île.

Bazar, est le nom de ce marché, mais n'allez pas croire à un

marché couvert, avec boutiques luxueuses, splendidement éclai-
rées. Notre *Marché des Patriarches*, cette foire aux haillons du
quartier Mouffetard, à Paris, peut donner une juste idée de ce
vieux bazar de Kertch. C'est une sentine de Juifs, un véritable
ghetto, tout encombré de loques hideuses ; les seules boutiques
un peu propres sont celles de quelques vendeurs de thé tout fait,
mijotant dans le *samowar*, sorte de bouilloire en cuivre avec réchaud
intérieur.

Ces Russes, ces Juifs, sont les commerçants de l'endroit. Les
Tatars et les Allemands produisent : ceux-ci vendent. Ecoutez leurs
voix discordantes. J'en saisis quelques phrases que je me fais ex-
pliquer.

« *Apelsimi more Karoch !* Bonnes oranges de mer ! Glaces de
fruits, achetez des glaces ! » Voilà des cris qui révèlent une température méridionale, une Italie russe.

Ceux qui les poussent ont des physionomies bien connues du
voyageur qui a abordé la Russie par quelque point que ce soit.
Mais, derrière ces auvents, regardez ces hommes accroupis, aux
grands yeux légèrement bridés, aux pommettes saillantes : ce sont
les anciens propriétaires du sol, ce sont des Tatars.

Le costume des Tatars aisés et commerçants n'a pas changé depuis plusieurs siècles. Il se compose d'un bonnet en laine noire,
d'une grande robe en drap gris ouverte par devant, d'un pantalon
turc et de larges bottes. Les femmes sont voilées comme à Constantinople. Le type de figure des Tatars est toujours le même : ils ont
le visage arrondi, le nez rond, les yeux grands. Sans être complétement dégénérés, ils ont perdu leur esprit guerrier d'autrefois et

leur caractère, s'il n'a pas été dompté, a été au moins modifié par la conquête.

La plupart des historiens contemporains ont tracé des Tatars un portrait intéressant. Non-seulement ils nous les donnent comme la meilleure cavalerie du monde, comme des soldats courageux, infatigables, terribles, mais encore ils louent leurs vertus publiques et privées, sociales et domestiques, leur sincérité, leur bonne foi et leur fidélité à tous leurs engagements, leur affection et leur dévouement les uns pour les autres. Aujourd'hui encore, le voyageur qui traverse la Crimée rencontre avec plaisir les restes des établissements publics de bienfaisance fondés et dotés naguère soit par des khans, soit par de riches particuliers ; il admire ces monuments qui n'attestent pas moins le bon goût, l'opulence et la gloire de leurs auteurs, que la compassion pour l'infortune ; ouvrages éternels d'un siècle où, du centre de la Crimée, les khans de la *Cité des Jardins* étendaient leur salutaire domination sur toute la Tartarie occidentale.

En cherchant bien, vous trouverez encore, dans les localités les moins explorées du steppe, ou dans les vallons les plus reculés de la partie montueuse, des Tatars dont la vie vous rappellera sans presque aucune modification celle des anciens possesseurs du sol.

Comme Timour et ses sauvages compagnons, les Tatars qui vivent loin des villes, se nourrissent encore de *pilau*, c'est-à-dire de bouillie de riz et d'épices dans laquelle ils jettent de petits morceaux de mouton ou de chair rôtie, chèvre, bœuf ou cheval, indifféremment. Un *samboyse* ou un *muselpi* sont pour eux un grand régal : ils nomment ainsi des pâtés ronds remplis de toutes sortes de viandes assaisonnées avec diverses herbes. Leur boisson la plus recher-

chée est le *coffa* qu'ils tirent d'un grain appelé *coava* en le faisant
bouillir dans l'eau, ou le *sharbeck* qui n'est que du miel coupé d'eau.
Ils tiennent le lait des juments et des autres animaux pour très-for-
tifiant, mais la plupart d'entre eux ne boivent que de l'eau. Ils font
du pain avec le *coava*, sorte de blé noir, et le *couskous*, petite graine
blanche semblable au millet.

Les plus opulents ont adopté le costume du paysan russe; mais
le pauvre Tatar jette sur son dos une peau de mouton noir, les
deux pattes de devant se nouent autour de son cou, et les deux autres autour de ses reins : une seconde peau, dont les pattes sont
nouées derrière le dos, couvre la poitrine; deux autres peaux cousues
en forme de bas, servent pour les jambes ; un petit bonnet très-
serré, en fourrure noire, est attaché derrière le cou. La même fourrure sert chez eux à beaucoup d'usages : comme tapis, comme fourniture de lit, comme manteaux, et même comme idoles. En ce cas,
ils ont grand soin de se cacher, et ils placent dans le lieu le plus apparent de leur misérable demeure une image à la grecque, à laquelle
ils sont censés adresser leurs adorations. Leurs huttes sont infiniment au-dessous de celles des Irlandais.

Telle est cette race étrange, que tant d'années de domination
n'ont pu soumettre encore. Un homme éminent, M. le comte Woronzof, a cherché avec peu de succès, bien qu'avec une intelligente
bienveillance, à améliorer la situation matérielle et les dispositions
de cette population hostile. Il l'a prise sous sa protection, il a chargé
de l'administrer des fonctionnaires remarquables par leurs lumières
et par leur probité. Tout a été presque inutile et ses efforts n'on
pas dépassé les limites de ses propriétés particulières. Les vexations

des employés inférieurs ont continué à entretenir chez les Tatars une si incurable défiance que, pendant l'affreuse disette de 1833, époque où la misère fut si grande en Crimée, et où des familles entières périrent d'inanition, les Tatars refusèrent, chose incroyable, les secours que leur offrait l'administration russe et qui, pour beaucoup, eussent été le salut. Tous les musulmans redoutaient le prix qu'on exigerait plus tard de cette assistance momentanée !

A côté des Russes, des Juifs et des Tatars, s'est établie sur le littoral de la mer d'Azof, une population intéressante, travailleuse, économe : ce sont les Allemands.

Leurs colonies, assez nombreuses dans la Russie méridionale, remontent au siècle dernier. La plus importante est celle des Mennonites ; elle habite la vallée des Roses (Rosenthall), sur les bords de la Molochnia-Vodi (Rivière de Lait), qui se jette dans les lagunes de la mer d'Azof, près de Berdiansk.

Cette tribu est un débris des anciens anabaptistes de Munster. Une première fois elle avait émigré en Prusse. Frédéric II ayant voulu les soumettre au service militaire, ils protestèrent au nom de leurs convictions religieuses, et ces Mormons de l'ancien continent, traversant toute la Russie, émigrèrent de nouveau vers le Caucase, ce berceau du genre humain, comme un fleuve qui remonte vers sa source.

Quelques familles de Souabes et de Badois s'établirent au milieu des Tatars-Nogaïs ; elles y défrichèrent le terrain, y bâtirent des villages, et aujourd'hui cette colonie compte près de 10,000 habitants. Alpstad est le chef-lieu de la petite république allemande qui est administrée par un maire (Schulz), élu pour trois ans.

La France, elle aussi, retrouvera des souvenirs nationaux sur les plages de la mer d'Azof. C'est un émigré français, le comte Maison, qui, au commencement de ce siècle, a porté les bienfaits de l'agriculture chez les Nogaïs, et est parvenu à fixer au sol ces tribus nomades. Il les administra pendant de longues années, de 1808 à 1821, et n'abandonna sa petite colonie qu'à la suite de tracasseries suscitées par l'administration russe.

C'est à ces industrieux enfants de l'Occident que sont dues les quelques vertes oasis, les quelques jolis villages européens, aux maisons coquettement posées au bord d'une rivière ombreuse, dont la fécondité, fruit d'un travail intelligent et presque libre, contraste avec la stérilité désolante du steppe.

Il y a, je vous l'ai dit, un théâtre à Kertch. Il est bien entendu qu'on n'y joue, pour le plaisir des grands seigneurs et des riches négociants, que les pièces les plus en vogue à Saint-Pétersbourg, c'est-à-dire des vaudevilles de M. Scribe, des opéras nouveaux de Paris. Ce ne sont pas ces imitations assez mal réussies qui peuvent vous intéresser et, pour mon compte, je n'eus garde de chercher là l'originalité russe.

En fait de littérature dramatique, cette originalité est tout entière dans le drame populaire. Je ne pus assister à aucune représentation de ces pièces véritablement russes par le fond et par la forme ; mais j'eus au moins, pendant les longs ennuis de ma quarantaine, la bonne fortune de lire dans une traduction de Zélénetskii quelques fragments d'un drame essentiellement national.

Ce drame barbare emprunté à une civilisation raffinée, ce souvenir des délicatesses parisiennes gâté par l'imitation inintelligente me firent faire un retour vers les qualités naturelles de cette race slave qui semble si peu pourvue d'originalité, de caractère. Est-elle donc, me disais-je, incapable de poésie propre : le drame populaire, cette première forme de la poésie des peuples enfants, lui a-t-il donc manqué ? J'avais, dans la mauvaise auberge où je logeais, surpris quelque chose de semblable à une scène de ce genre, évidemment consacrée par une longue tradition. En l'absence de l'hôtellier, et aussi de tout autre voyageur que moi, les valets de l'auberge jouaient une sorte de drame d'écurie que l'on peut traduire ainsi :

L'un des acteurs faisant le maître, dit à un autre qui représente le garçon d'écurie :

« As-tu fait boire mon cheval ?

» *Le Valet*. — Maître, je l'ai fait boire.

» *Le Maître.* — Ici, garçon, pourquoi ce cheval a-t-il la bouche sèche? Et tu dis que tu l'as fait boire.

» *Le Valet*, d'un air niais. — Oh! c'est que l'auge est élevée.

» *Le Maître.* — Et lui as-tu fait les pieds?

» *Le Valet*, avec un geste intraduisible de niaiserie menteuse. — Oui, tous les quatre.

» *Le Maître.* — Ça, me construit-on une nouvelle maison?

» *Le Valet.* — Oui, on en construit une.

» *Le Maître.* — Est-elle avancée?

» *Le Valet.* — Ni peu, ni beaucoup.

» *Le Maître.* — Où en sont les murs?

» *Le Valet.* — Couché sur le dos, vous ne pourriez les enjamber; assis, vous ne pourriez les sauter à pieds joints; le nez contre terre, vous ne pourriez voir par-dessus..... »

Cette jocrissiade populaire, dont je retrouvai plus tard la trace dans le savant livre de M. Zélénestkii (*Istoria rouskoï slovestnosti Zélénetskago*, histoire de la littérature russe), a un caractère évident d'antiquité.

Il y a tel de ces mimes qui se joue dans le peuple depuis les déserts glacés de la Sibérie, où sans doute il a pris naissance, jusqu'au pied des chaines Caucasiennes. Par exemple, le mime populaire de *la Chèvre et l'Ours*, venu de Sibérie en Russie vers le XVIe siècle. Cette scène muette, susceptible d'interprétations diverses, est devenue suspecte de politique et est défendue aujourd'hui par raison politique.

La Russie n'a, en fin de compte, ni mystères, ni drames sérieux, ni types dramatiques comme *Pulcinella* de l'Italie, comme l'*Avocat*

Patelin de la vieille France. Elle a seulement des troupes errantes de baladins, semblables, moins la poésie, à nos jongleurs du moyen âge, les *Skomoroki*, farceurs grossiers qui courent les campagnes, égayent à peu de frais les boyards et leurs domestiques par des scènes bouffonnes et trop souvent ignobles. Ces parades se retrouvent dans les marchés et dans les grandes foires de l'intérieur et sont entremêlées de chants et de danses. Le clergé a en vain cherché à détruire ces restes honteux du paganisme : les popes, avec leur moralité douteuse, n'ont pas assez d'autorité sur le peuple pour l'arracher à sa passion pour les *bessovskya igri* ou jeux diaboliques.

L'aristocratie militaire l'emporte à Kertch sur l'aristocratie territoriale. Les grands propriétaires manquent en Crimée ou bien y sont en même temps gouverneurs ou commandants. L'épaulette y domine. Aussi, là plus encore qu'ailleurs, le grade est tout. Vous ne mesurerez pas un homme à sa valeur réelle, à son esprit, à son instruction, à son éducation, pas même à sa fortune, bien que ce côté-là ait son importance, mais à sa fonction. Si un visiteur a cent âmes, c'est-à-dire possède une terre de cent paysans, vous pouvez déjà le traiter comme quelqu'un : si c'est un propriétaire de trois à cinq cents âmes, c'est déjà un homme comme il faut. Mais s'il a une mission secrète, s'il est inspecteur de quelque chose, ou colonel quelque part, oh ! alors, il a droit à vos attentions, à vos respects : souvent même il faut le craindre à tout hasard.

Peu de grands propriétaires résident ici, mais ceux qui y ont établi leur séjour font d'énormes dépenses.

La prodigalité des grands seigneurs russes est connue : quelquefois elle n'est pas absolument régulière et scrupuleuse.

Un jour, l'empereur Nicolas assistait à une fête donnée par un de ses favoris. Rien n'égalait la somptuosité des appartements, le bon goût des décorations, le luxe des luminaires, le royal apprêt du souper.

— Combien tout cela te coûte-t-il ? demanda l'empereur.

— Oh ! sire, une bagatelle.

— Mais enfin...

— Trente roubles, sire.

L'empereur Nicolas n'aime pas toujours les plaisanteries : il fronce le sourcil.

— Oui, sire, trente roubles, c'est-à-dire l'argent nécessaire pour le *papier timbré*.

Je vous l'ai dit, j'étais descendu à Kerich dans une hôtellerie assez vaste, mais de médiocre apparence. Mon aubergiste, vrai Russe de l'intérieur, Nicolas Yégor, m'y soumettait à un déplorable régime culinaire.

Dieu vous garde de l'*oukha*, mais Dieu vous garde surtout d'un hôte trop hospitalier qui se croirait mal appris s'il ne vous forçait à en manger jusqu'à la gorge ! L'*oukha*, c'est une sorte de *bouillabaisse*, inventée, m'a-t-on dit, à Moscou et qui, dans ce pays-là, se fait avec la brème et le sterlet, ce poisson qui ne vit que dans le Volga. Ici, la dorade, la bonite, la thonine, les divers poissons de côte les moins estimés, tout concourt à la façon de cette déplorable soupe au poisson.

En avais-je mangé deux fois, c'est-à-dire deux fois de trop :

Yégor, mon hôte, m'en offrait, pour la troisième fois, *une petite assiette;* et comme je refusais : Mais vois donc comme elle est grasse, me disait-il, quelle saveur, quel parfum !

Puis venait le *chtchi,* sorte de gruau au beurre cuit au four; la *kacha,* pâtée de choux fort peu appétissante.

Cette alimentation, un peu trop *couleur locale*, m'eût sans doute transformé en *mougik,* si, un beau matin, la goëlette n'eût appareillé pour Sébastopol. La côte sablonneuse fuit à l'arrière, une pointe désolée s'avance, c'est le cap de *Kamich-Bournou* qui forme une baie assez spacieuse, au fond de laquelle est le petit village de *Kamich,* pauvre bourgade située près de marais salants qui s'étendent sur les bords d'un grand lac au sud-ouest du village jusqu'à la mer. De Kamich partent deux routes : l'une suit la mer jusqu'à Kertch ; l'autre va rejoindre la grande route de Kertch à Kaffa.

C'est sur la route de Kertch à Kamich que se trouvent les ruines appelées le tombeau de Mithridate.

La première ville maritime que nous apercevons ensuite, au fond d'un vaste golfe bien abrité, c'est l'ancienne Théodosie, c'est *Kaffa.*

Kaffa, la brillante cité génoise, a une position admirable pour qui saurait en tirer parti. Située à l'extrémité de la chaîne Taurique, non loin du Bosphore Cimmérien, elle possède le seul port marchand ouvert en tout temps à la navigation, en communication facile avec des contrées riches et productives. Et cependant l'administration russe l'a vouée, dans son inintelligence ordinaire, à l'abandon et à la ruine.

D'abord Kaffa avait été dotée d'un tribunal de commerce, d'une quarantaine et d'une douane de première classe. Puis on prétexta la nécessité d'une quarantaine générale à l'entrée de la mer d'Azof, la création d'un vaste cabotage. Kaffa fut destituée au profit de Kertch. Il ne lui resta que le nom exhumé de Théodosie, triste étiquette d'une prospérité évanouie.

Entre Kaffa et *Oldkrim* s'élève une petite montagne appelée *Tiffys*. Les habitants du pays prétendent que, dans les premiers âges du monde, la mer arrivait jusqu'en cet endroit, et qu'un navigateur célèbre, venu des contrées les plus lointaines, y aborda un jour et dépouilla la montagne de tout l'or qu'elle contenait. Cette croyance se rapporte évidemment à l'expédition des Argonautes; car le navire *Argo*, que montaient Jason et ses compagnons, avait pour pilote un Grec nommé Tiphys, qui dirigea l'expédition.

Après Kaffa, la côte devient charmante. *Aloupka* est un véritable port de Provence. Là apparaissent pour la première fois les pins maritimes qui couvrent les versants de la montagne voisine de ce port. Le plateau de cette montagne est couvert de chênes verts. Si l'on s'enfonce quelque peu dans les terres, on se trouve au milieu des contre-forts de la Yalta, dont les vallons sont couverts de bois de chênes, de tilleuls, de bouleaux, au milieu desquels s'élancent çà et là des ifs magnifiques.

Le cap Aji-Rhesdor et ses environs sont assez boisés, et l'on y trouve croissant au milieu des rocs, des arbousiers et des genévriers, qui présentent souvent des dimensions énormes. Au-delà d'Alouchta, on trouve un joli vallon formé par le ruisseau le Jedur, et couvert de chênes et d'autres bois d'essences feuillues.

Après avoir passé devant la baie de Peschana et devant celle de Streletska, occupée depuis lors par nos flottes, la goëlette longea l'entrée de la rade de Sébastopol. On apercevait directement de là les plans du terrain, les forts et les ouvrages qui défendaient la ville du côté de la mer.

Quelques minutes après, l'extrémité des mâts de la flotte de guerre apparut au-dessus des forts, et mes regards purent plonger dans toute la profondeur de la rade, en arrière de laquelle je découvrais les plateaux d'Inkermann, depuis si tristement célèbres, et la coupure de la Tchornaïa.

Sébastopol est une des créations les plus récentes de la Russie, car, jusqu'en 1786, il n'y avait là que les huttes d'un pauvre village tatar, *Akthiar* ou la Roche-Blanche. Les immenses avantages qu'offrait son havre naturel pour l'établissement d'un port de premier ordre attirèrent l'attention de la pénétrante Catherine II, qui aspirait à dominer seule dans cette mer. La première pierre de cette nouvelle forteresse fut posée en 1786, et, à partir de cette époque, ses ouvrages et son importance s'accrurent rapidement.

Sébastopol est situé sur la côte occidentale de la Crimée. Il s'élève en amphithéâtre au sud du havre, et s'étend le long d'une pointe de terre qui sépare la baie d'Yujuata-Bukhta, qui forme le port, de la baie de l'Artillerie, qui n'est qu'une simple échancrure située de l'autre côté. Cette ville repose sur un lit de pierre calcaire qui, d'une hauteur de 30 pieds à l'extrémité de la pointe de terre, s'élève, à sa partie supérieure, jusqu'à 108 pieds au-dessus du niveau de la mer.

Cette élévation et la côte opposée, également rapide et composée de roche calcaire, défendent parfaitement la baie. Du sommet de ces deux hauteurs, elle semble être au fond d'une immense cavité, et de la campagne adjacente, à très-peu de distance du rivage, il me fut même impossible d'apercevoir la cime des plus hauts mâts. La ville se compose de rues parallèles sur une pente rapide. Elle est divisée en quartiers par un petit nombre de rues transversales. Près de la pointe de terre est la maison qui fut bâtie en 1787 pour la réception de l'impératrice Catherine II. En arrière se trouvent l'amirauté, l'arsenal, les administrations maritimes, et plus haut les maisons des habitants de la ville, le marché et l'église grecque. Il y en a une autre exprès pour les équipages de la flotte de la mer Noire. Les hôpitaux, les casernes et les magasins de la marine sont, en général, situés de l'autre côté du havre, et y forment une espèce de faubourg avec les casernes de la garnison, bâties à peu de distance des autres. Au dehors de la ville, du côté de la baie de l'Artillerie, sont les quartiers du corps d'artillerie, quelques maisons particulières, la Quarantaine, et çà et là, au bord de la rade, le bureau des officiers des docks et de l'arsenal. La ville de Sébastopol proprement dite n'a guère plus d'un mille de longueur, et nulle part plus de 400 verges de largeur; mais les casernes des régiments, construites à environ un demi-mille de sa partie supérieure, ni celles de la marine, situées en face de la ville, non plus que les hôpitaux, ne sont compris dans cet espace.

Le havre, qui est la partie la plus importante de Sébastopol, et que l'on compare à celui de Malte, mérite une description plus détaillée. La baie principale a environ 3 milles et demi de profondeur, sur une largeur de trois quarts de mille à son entrée, largeur qui

s'agrandit jusqu'à un mille, et se réduit ensuite à 6 ou 700 verges. La profondeur de l'eau, à l'entrée de la baie, n'excéde pas
dix ou onze brasses jusqu'à l'ancien village d'Akthiar, où sont
maintenant les magasins de la marine. Elle est là d'environ neuf
brasses. De là, en allant vers les deux ports, elle diminue graduellement jusqu'à trois brasses. Il n'y a pas une roche ni un bas-fond
dans tout le havre, si ce n'est vis-à-vis la Severnia-Kosa ou pointe
du nord, où se trouve un petit banc de sable que les bâtiments qui
entrent dans la baie doivent éviter, et où la pêche est abondante.
A l'extrémité la plus reculée du port, l'eau devient graduellement
plus basse dans la direction d'Inkermann, et près de la petite rivière
de Bujugusen, elle n'a pas plus d'une verge ou d'une verge et
demie de profondeur sur un fond de vase.

L'entrée du port est défendue par de fortes batteries placées
aux extrémités des deux pointes de terre qui forment la baie. Il y
en a une autre devant la ville, deux sur la double pointe de terre
sur laquelle elle est bâtie, et plus haut il y a une redoute. Une de
ces batteries, qui est demi-circulaire, défend en même temps la
baie de l'Artillerie. Le grand port est, ainsi que le petit, parfaitement protégé contre tous les vents par les rocs calcaires qui l'entourent et par ceux qui s'élèvent encore plus haut dans les terres,
de manière que ce n'est que dans le cas rare d'une tempête que le
vent d'ouest peut causer quelque dommage aux bâtiments mouillés
dans la baie. A environ un mille de l'entrée de la baie, le grand port,
réservé aux vaisseaux de guerre, forme une sorte de petit bras, qui
court dans la direction du sud-ouest. Ce bras de mer, que les Tatars
appelaient Kartalikosh (la baie du Vautour), s'appelle actuellement

Vunjuaia-Bukhta ou le port du Sud. Il a plus d'un mille et demi de longueur, 400 verges de largeur à son ouverture, et il s'y trouve une petite et étroite crique d'environ 600 verges de longueur, où les bâtiments désarmés peuvent rester mouillés en tout temps en parfaite sûreté. De l'autre côté de la ville, dans la baie de l'Artillerie, il y a une crique semblable.

A six lieues de Sébastopol s'avance dans la mer le cap *Lukoul*, remarquable par ses bords à pic comme les murs d'une forteresse : cette saillie énorme est formée d'une roche rougeâtre. C'est sur le flanc nord de ce cap que se trouve l'embouchure de la rivière Alma, qui, comme celles de la Belbeck et de la Katcha coupe la côte aride et sablonneuse par une vallée fraîche et boisée.

De Sébastopol, je ne puis vous dire que ce qu'un voyageur loyal peut dire d'une ville qu'il n'a vue que de loin. Ne croyez que sous bénéfice d'inventaire aux relations détaillées de ceux qui prétendent avoir visité en détail, avant 1854, la première forteresse russe de la mer Noire. L'entrée en était alors trop scrupuleusement interdite aux étrangers pour que je pusse prétendre à faire abaisser pour moi les barrières d'une consigne que je comprends et que je respecte lorsqu'il s'agit d'une place de guerre de cette taille. L'événement a prouvé que les Russes n'avaient pas tort de cacher à tous les yeux les immenses ressources de leur ville sainte (Sébastopol, ou plutôt *Sevastopol* veut dire : la ville sacrée).

Je l'avoue donc humblement, je fus relégué, ainsi que la goélette qui m'apportait, dans le petit port de Balaclava, d'où il ne me fut permis que de faire à cheval, et sous la surveillance d'un guide, une excursion dans la banlieue de Sébastopol.

Un des points les plus importants de cette banlieue, alors si peu connue, c'était le port dans lequel se balançait la goëlette de Moudania.

Rien n'est pittoresque comme l'entrée de ce petit port. De hautes montagnes le surplombent, dont les sommets les plus élevés portent encore les traces de l'ancienne domination génoise, des tours rondes en ruines comme les anciens maîtres de la Méditerranée en semaient sur tous ses rivages. En abordant à Balaclava, en voyant ces ruines italiennes, cette nature méridionale, j'ai pensé involontairement à la Corse. Ce sont les mêmes profils de terrain, les mêmes aspects de végétation, les mêmes souvenirs historiques.

Une fois que le navire a pénétré dans l'étroite entrée qui s'ouvre sur le petit port de Balaclava, on aperçoit la ville grecque endormie au bas des collines. Ici l'aspect change. L'esprit du touriste se reporte vers ces petites villes coquettes, cachées à chaque pas dans une anfractuosité des rochers de l'Archipel.

C'était ici la brillante Cembalo des Génois, ville florissante par le commerce, aujourd'hui le chef-lieu inconnu d'une petite colonie grecque dont l'origine remonte au règne de Catherine II, et qui compte plusieurs villages, avec six cents familles.

C'est une curieuse histoire que celle des Arnautes de Balaclava.

Pendant le cours de ses guerres avec la Turquie, l'impératrice Catherine II songea à tirer parti de la haine des Grecs contre les Ottomans. Elle leva, à force de promesses et d'argent, un nombreux corps naval composé de Grecs de l'Archipel, qui se distinguèrent dans leur nouveau service par une éclatante bravoure. Puis, la guerre

terminée, ces auxiliaires prirent part à l'expédition contre la Crimée.
Ils vengèrent plus d'une fois sur les musulmans les atrocités exer-
cées sur leurs pères. Leur bravoure et leur cruauté frappèrent de

terreur les Tartares et contribuèrent à leur soumission. La Crimée
conquise, les Arnautes furent récompensés. On leur donna une organisation à la fois militaire et coloniale, et ils reçurent pour résidence
la ville et le territoire de Balaclava. A partir de ce moment, les Arnautes de Balaclava formèrent un corps à part dans l'armée russe.
Au nombre de 600 environ, ils eurent pour mission de surveiller la
ligne des côtes. D'après les statuts impériaux, l'activité de service ne
pouvait être exigée de l'Arnaute que pendant quatre mois de l'année ; les huit autres mois lui étaient accordés pour qu'il pût se livrer à la culture de ses terres. Chaque Arnaute reçut vingt-huit

roubles de traitemen annuel et se chargea de son équipement.

C'est auprès de Balaclava que les troupes alliées avaient marqué le lieu du débarquement. On a fait sagement d'abandonner ce premier plan, attendu que la gorge étroite par laquelle il aurait fallu passer, facile à défendre, aurait exposé les troupes alliées à un feu meurtrier et terrible. La subdivision du pays située au sud ne ressemble en rien à la partie septentrionale pour le climat et la nature du sol. Une pente douce, des paysages d'un aspect charmant et que tapisse une végétation délicieuse, montent des bords de la mer vers l'intérieur et forment une chaine non interrompue de collines charmantes, semées d'élégantes *villas*, où les familles russes opulentes vont passer l'été, comme autrefois les Anglais allaient passer l'automne en Italie. Cette côte sud de la Crimée, dont les pentes s'embellissent de vignes et d'arbres fruitiers, se trouve à l'abri des vents qui désolent Odessa et qui rendent inhabitable l'été comme l'hiver cette ville dénuée de tout motif d'attraction ; l'hiver, le froid le plus intense s'y fait sentir ; l'été, des tourbillons de poussière ardente l'envahissent et la désolent.

Un des plus charmants paysages de la banlieue de Sébastopol est celui du monastère de Saint-Georges. Cet établissement religieux, en grande vénération chez les Russes, est placé sur un des sommets les plus élevés de la côte de Khersonèse, à 3 milles environ de Sébastopol, à 7 milles de Kamiesch et à 4 milles de Balaclava. L'expédition anglo-française l'a converti en hôpital.

Cet établissement, majestueusement placé au haut d'une falaise, domine la mer de plus de 120 mètres, au fond d'une petite baie circulaire. Le roc a été taillé en étage sur une longueur d'environ 150 mètres, de manière à présenter une vaste plate-forme, sur laquelle s'élèvent les constructions principales, qui consistent en plusieurs corps de logis à un seul étage, dans le style claustral, servant de demeure aux religieux. A l'extrémité de la plate-forme le long de laquelle s'étend une magnifique terrasse donnant sur la mer, s'élève l'église principale, d'architecture grecque, surmontée d'un clocheton vert et d'une croix très-riche à l'intérieur. Près d'elle, on voit une petite chapelle disposée dans un des corps de logis latéraux et qui sert pour les offices de la semaine. Les ornements en sont riches et précieux.

Au centre de la première terrasse est un bel escalier en pierre qui conduit à une terrasse inférieure, au milieu de laquelle se trouve une grande fontaine en marbre rouge et noir de Crimée, construite en 1846. De cette seconde terrasse part un autre escalier en pierre conduisant à des jardins plantés dans le roc sur différents plans, qui donnent accès à des sentiers descendant jusqu'au rivage.

Le monastère est entièrement fermé du côté de la campagne. On y entre par une porte en pierre surmontée d'un bas-relief représentant saint Georges terrassant le dragon.

En dehors s'étendent de grands corps de logis en pierre, de forme circulaire, non encore terminés. Ils sont destinés aux nombreux voyageurs qui, dans la belle saison, viennent visiter le monastère. Près de la porte d'entrée est le cimetière, entouré d'une belle grille en fer, et au centre duquel s'élève une petite chapelle en pierre avec un clocheton vert.

Son architecture est moderne et bien appropriée à sa destination, mais il est regrettable qu'on ait détruit de beaux fragments de ruines remontant au xiie et au xiiie siècle. C'est surtout par sa situation, qui permet de jouir du spectacle continuel des plus magnifiques aspects de la mer Noire, que ce monastère si célèbre mérite l'intérêt des voyageurs.

A l'entrée du monastère, et comme pour placer à côté de la maison de Dieu le frappant exemple des vanités humaines, est placé le cimetière. J'y ai remarqué plusieurs tombes dignes d'intérêt au point de vue de l'architecture sépulcrale.

Une de ces tombes en granit est surmontée d'une inscription en langue française. Elle rappelle le touchant souvenir d'une personne née à Paris et qui avait épousé un officier supérieur de la garnison de Sébastopol. La vue de ce monument d'une compatriote, en reportant ma pensée vers la France absente, a produit sur mon esprit une vive impression. Voici cette inscription, que j'ai copiée littéralement :

> Non, tu n'as pas quitté mes yeux ;
> Et quand mon regard solitaire
> Cessa de te voir sur la terre,
> Soudain je te vis dans les cieux.

Ci-Gît

Georgette Wavilov, née Reese,
Décédée, à l'âge de 22 ans, le 15 mars 1834.

Près de là se trouve une autre tombe toute récente, en marbre blanc. Elle se compose d'un sarcophage du goût le plus pur, posé sur un piédestal carré. Une inscription en langue russe est gravée sur une des faces, et contient cette pensée qu'on m'a traduite, et qui me rappelle le langage simple et poétique des peuples de l'extrême Nord :

« Fleur belle et tendre, le soleil du matin dorait son calice pur que vivifiait la rosée bienfaisante ; elle était l'orgueil de la nature entière, lorsque l'ouragan destructeur, élevant son souffle barbare, l'a brisée sur sa tige naissante. »

Cette tombe est celle d'une jeune fille de dix-sept ans, morte, en 1852, d'une manière bien fatale. Elle se promenait à cheval avec son père, commandant d'une des colonies militaires organisées dans le pays, lorsque son cheval, excité par un de ces chiens errants qu'on rencontre si fréquemment en Crimée, après s'être emporté, la précipita sur un rocher, où elle expira à l'instant même dans les bras de son père éploré. Cette horrible catastrophe a troublé la raison du vieil officier, et il est aujourd'hui dans la maison des aliénés d'Odessa, poussant des sanglots plaintifs et appelant sans cesse sa fille chérie.

Les autres monuments appartiennent à des religieux ou à des officiers. Une pierre de granit recouvre les restes du général de Witt : son nom et ses armes y sont seuls gravés. Mais une table de marbre incrustée dans le mur et placée à gauche de l'entrée de la grande église du couvent, porte que la dépouille mortelle du général de cavalerie comte de Witt, ancien aide de camp général de l'empereur de toutes les Russies, né en 1772, et mort le 21 juin 1840, a été confiée à la garde des religieux.

Saint Georges, sous l'invocation duquel se trouve placé le monastère, est célèbre dans tout l'Orient. Il est honoré principalement en Russie, en Angleterre et à Gênes. D'après un vieux tableau qu'on voit dans la petite chapelle du couvent et qui met sa vie en action, c'était, selon la légende de l'église grecque, un jeune et beau prince de Cappadoce, auquel la nature avait prodigué tous ses dons.

Se trouvant un jour à cheval, seul avec son écuyer, il vit un dragon formidable qui avait renversé de son char la belle Yella, fille du roi, récemment converti au christianisme; il courut à son secours, tua le dragon et délivra la jeune fille.

Sa beauté, sa noblesse touchèrent le prince, qui la demanda en mariage. La princesse le convertit au christianisme, et, peu de jours avant leur union, elle mourut d'une maladie contagieuse en allant porter des secours et des consolations à des malades pauvres qu'elle avait pris sous sa protection.

Saint Georges, accablé de chagrin, renonça aux plaisirs et aux joies du monde; il se consacra entièrement au service de Dieu, mena une vie exemplaire, toute de charité, de vertu et de religion, et eut la joie de confesser la foi catholique sous Dioclétien. Il fut martyrisé par ordre de ce prince, qui mourut peu de temps après.

Cette légende est peinte de la manière la plus charmante et la plus naïve dans le tableau du monastère, qui date du xive siècle.

La fondation du monastère de Saint-Georges remonte au xe siècle. Il servit primitivement de retraite à quelques moines grecs qui, après avoir résisté à l'hérésie de Photius, le placèrent sous l'invocation de saint Georges, si célèbre dans tout l'Orient. Il se composait alors d'une petite église et de quelques cellules taillées dans le roc. Lorsque les Génois s'établirent sur le littoral de la mer Noire, ils le prirent sous leur protection, augmentèrent ses constructions et lui firent de nombreux présents. On voit encore des ornements et des tableaux qui remontent à cette époque. Plus tard , après que le dernier Génois eut quitté le sol de la Crimée, il tomba sous la direction du patriarche grec de Constantinople et fut habité par

une nouvelle génération de moines qui ne reconnaissaient pas l'autorité de Rome.

Les Russes, devenus maîtres de la Crimée, conservèrent le monastère. En 1787, l'impératrice Catherine le visita. En 1805, l'empereur Alexandre le fit reconstruire, et en 1819 il édifia la grande chapelle. Dix ans plus tard, l'empereur Nicolas changea sa destination, le prit sous sa protection toute particulière et décida que désormais il serait affecté à la demeure d'une communauté de moines russes chargés de fournir des chapelains à la flotte de Sébastopol.

Du haut du monastère, sur la large terrasse à l'italienne, la vue est admirable, soit qu'on regarde du côté des flots bleus, soit qu'on se tourne vers les montagnes couvertes d'une luxuriante verdure. A l'entrée de la baie, comme une sentinelle attentive, s'élève un roc aigu dont la forme rappelle celle d'un moine grec en prière. La croyance publique assure qu'il représente saint Mitrophane, personnage sacré du calendrier russe. Autour de ce rocher s'élèvent plusieurs pics aigus qui percent la mer et reçoivent dans les grands vents l'écume de ses eaux.

A droite et au-dessus du cap Phiolente ou cap Saint-Georges, on voit une petite éminence sur laquelle était, dans l'antiquité, le temple élevé en l'honneur d'Iphigénie, la fille d'Agamemnon et de Clytemnestre, la prêtresse de Diane. A gauche, est la petite pointe que les navires venant du large reconnaissent et doublent lorsqu'ils se rendent à Balaclava.

En revenant de mon excursion au monastère, je trouvai un permis de séjour, non pas à Sébastopol, mais à Bagtché-Séraï. J'en profitai pour visiter la vallée de Baïdar, au point de partage des montagnes de la presqu'île.

Vue de haut, la Crimée est un losange irrégulier d'environ 57 lieues depuis l'isthme jusqu'à la pointe Parthénique, et de 84 de la pointe Tarkanski à Yéni-Kaleh. Un touriste, dont j'ai oublié le nom, prétendait que la Crimée ressemble à un manteau à galons d'or étendu aux pieds de la Russie ; le collet de ce manteau serait Pérékop, le drap serait le steppe, enfin le galon d'or serait représenté par la chaîne Taurique qui borde la côte méridionale de la presqu'île.

Le steppe, qui est la continuation de ceux de la Russie méridionale, est une vaste plaine qui s'étend à l'occident jusqu'au plateau
de Khersonèse, à l'orient jusqu'à Théodosie ; le sol n'est pas aride,
car les hautes herbes et les gras pâturages qui le recouvrent une
partie de l'année le prouvent abondamment. Pourtant, la plupart
des voyageurs qui ont parcouru la Crimée ont reconnu qu'on ne
parviendrait pas à rendre le steppe de cette presqu'île habitable
et cultivable avant d'avoir trouvé le moyen de faire pousser des
arbres.

C'est à quelques lieues de Symphéropol que l'on voit apparaître
les premiers signes de végétation arborescente, quelques tilleuls et
quelques saules de mine assez chétive. Peu à peu, et à mesure
que l'on s'enfonce dans la montagne, le paysage prend un aspect
singulièrement riant. Le terrain est de plus en plus mouvementé ;
des vallons pittoresques, des prairies verdoyantes, des villages cachés au milieu de véritables forêts d'arbres fruitiers, des chalets,
des fabriques viennent tour à tour reposer les yeux fatigués de
l'aspect désolé du steppe ; on se croirait au milieu de quelque vallée
de l'Oberland. En continuant vers le sud, et arrivé sur le versant
méridional de la chaîne Taurique, on voit se dérouler à ses pieds
l'Italie russe, véritable paradis terrestre. Dans ces vallées fertiles, le
noyer et les arbres fruitiers sont les plus communs. Pallas, ce grave
professeur allemand, dont la grande Catherine avait fait un boyard,
a dit vrai : on y voit les câpriers disséminés sur le bord de la mer ;
le laurier, l'olivier, le figuier, le micocoulier, le grenadier et le
celtis y croissent en abondance, ainsi que beaucoup d'autres arbres,
tels que le frêne à manne, le térébenthinier, le sumac, le bague-

naudier, le cyste à feuilles de sauge, l'émerus et le fraisier ar-
bousier.

Les vignes domestiques et sauvages s'élèvent sur les plus grands
arbres et forment avec la viorne fleurie des berceaux et des guirlandes.

La partie méridionale de la Crimée est très-boisée, tous les
voyageurs s'accordent à le dire. Schnitzler, dans sa statistique de
la Russie, évalue à 46,000 hectares environ l'étendue des forêts
que la couronne y possède, mais il ne donne pas la superficie des
bois des communes et des particuliers. A 12 kilomètres de Bagtché-Séraï, sur le versant oriental d'une montagne appelée mont des
Charmes, existe une forêt assez richement peuplée de chênes, de
charmes à petites feuilles très-communs en Crimée, et de *viburnum
lentana*, dont on fait des tuyaux de pipes recherchés. C'est à travers cette forêt, dont la position est bien indiquée sur la carte topo-
graphique que vient de publier Cicéri, que les armées alliées ont
dû se frayer un passage pour gagner Balaclava.

Une montagne très-boisée sépare la vallée de Baïdar de celle de
l'Aspi, où commence la partie méridionale de la Crimée comprise
entre la mer et la chaîne Taurique, et dont le climat a tant d'ana-
logie avec celui de l'Italie et de Provence.

Sur la rive nord de la Tchornaïa, passe la route Woronzof qui
s'élève jusqu'au col de Faros, point de partage des vallées de Baïdar
et d'Yalta. Au col de Faros, l'œil domine une immense étendue et
la mer s'y déroule majestueusement sous les grands plateaux boisés.
La partie supérieure du col est ornée d'un arc de triomphe en granit, assez semblable par la forme à la porte Saint-Denis. Mais il est

très-petit, d'assez mauvais goût, et n'est remarquable que par les difficultés du travail et par l'admirable panorama qui s'y déploie.

Belles forêts, asiles ombreux où se trouve la fraîcheur si rare en Crimée, mais qui s'en vont disparaissant avec rapidité. Les chèvres, dont les immenses troupeaux couraient en liberté les montagnes, ont commencé la destruction. Un jour, une ordonnance du gouverneur permit à chacun de poursuivre et de tuer ces rongeuses; mais les grands propriétaires achèvent ce que la dent des chèvres avait si bien commencé. Ils coupent à l'envi, et les collines se dénudent comme par enchantement. On cite parmi ces destructeurs l'amiral Mordvinof, dont les coupes incessantes ont détruit les riches forêts des versants de Baïdar. Les effets désastreux de ces destructions se font déjà sentir. Les sources se tarissent, les rivières perdent chaque année du volume de leurs eaux, et le bois de chauffage se vendait, en 1853, à Yalta, sur la côte méridionale, jusqu'à 40 roubles la toise.

Voilà quels charmants paysages, malheureusement un peu menacés par les folies humaines, recèle cette côte désolée sur laquelle s'élève Sébastopol. Derrière l'énorme banc de craie d'où a surgi la vieille Akthiar, s'étagent pendant vingt lieues ces vastes collines dont les vallées renferment les deux villes les plus importantes de la Crimée intérieure, Symphéropol et Bagtché-Séraï.

Symphéropol, autrefois seconde ville, aujourd'hui capitale de la Crimée, n'était sous les Tatars que la résidence du Kalga-Sultan, sorte de vice-khan de la Tauride. C'est aujourd'hui une ville russe, froidement, laidement régulière et monotone. Palais, mosquées, minarets, jardins de l'Orient, tout a disparu sous l'impitoyable marteau du maçon moscovite. On a tracé sur le terrain de la ville tatare un plan de ville immense, qui attend encore aujourd'hui ses maisons. Les rues sont là, artères désertes, sans mouvement, sans vie commerciale et industrielle.

Heureusement les Russes n'ont pas comblé ou détourné le Salghir, fraîche rivière qui coule au fond de la vallée, loin de la ville officielle qu'on a maladroitement juchée sur un plateau stérile. Le Salghir baigne le pied de quelques maisonnettes, entourées de petits jardins. Ce sont là les seules retraites habitables de Symphéropol.

Bagtché-Sérai, l'ancienne cité qui, avant la conquête des Russes, était encore une ville orientale des plus prospères, est restée la ville marquée du caractère le plus pittoresque.

La route qui y conduit longe le flanc d'une chaîne de montagnes et domine des vallées charmantes. L'amandier, le pêcher, l'abricotier, rapprochés de leur climat natal, y ont des proportions grandioses.

Bagtché-Sérai, avec son palais blanc qui se détache si bien sur le vert des forêts, avec ses fraîches fontaines chantées par Pouschkine, le rossignol russe, avec ses aqueducs en ruines, ses vieux ponts, ses tours démantelées qui racontent une civilisation détruite, est cachée comme un nid au milieu de ces verdoyants et gais paysages.

Le premier aspect de la ville est turc. Les rues étroites du vieux quartier, les minarets, les cimetières avec leurs turbehs et leurs grands ifs, rappellent les détails inévitables des rues les plus pittoresques de Constantinople, du Caire ou de Damas. Les maisons les plus riches ont aussi à l'intérieur leurs jardins, leurs kiosques mystérieux.

Ce caractère persistant tient au privilége longtemps conservé à Bagtché-Séraï. Un ukase de Catherine II permit aux seuls Tatars d'habiter leur capitale.

Au centre de la ville, au fond d'un vallon, s'élève ou plutôt s'étend le *Séraï*, c'est-à-dire le palais. De hautes murailles le protégent et une petite rivière murmurante l'entoure comme une verte ceinture. J'entrai dans la première cour : elle était plantée d'énormes lilas et de peupliers d'Italie ; dans un coin, une petite fontaine était cachée par trois saules. Ce fut là sans doute la retraite favorite des Khans. Un vieux fût de colonne, placé près de cet

ombrage poétique, servait de banc à deux invalides russes chargés de la garde du palais.

La première cour passée, je trouvai la mosquée et un petit bâtiment destiné aux voyageurs. Puis, comme dans tous les palais de l'Orient, un pêle-mêle charmant de maisonnettes, de kiosques, de galeries, tout cela relié ensemble un peu au hasard, avec des vues sans cesse variées sur des jardins délicieux plantés d'arbres centenaires. L'un de ces pavillons renferme *la fontaine des larmes*, ce mince filet d'eau tombant goutte à goutte dans un bassin, qu'a su immortaliser la fraîche imagination de Pouschkine.

Les salles du divan se trouvent dans le vieux corps d'édifice. Elles sont décorées avec une magnificence un peu puérile, singulièrement mêlée de luxe oriental et de faux goût moderne. La croix y coudoie le croissant : le verset du Koran s'y fait lire à côté de l'inscription russe. Il y a de tout dans ce palais grand comme une ville, il y a même un cimetière; ce champ de repos est tout embaumé de parfums, semé de violettes, traversé par de petits ruisseaux jaseurs.

Mon excursion terminée, je me hâtai de regagner le petit navire qui m'attendait pour déraper. Nous longeâmes les forts de Sébastopol et la côte nord-ouest, pour redescendre vers les rivages bulgares. Depuis Sébastopol, la suite des falaises conserve la même hauteur jusqu'à la Katcha ; avant ce dernier point toutefois, elle s'abaisse pour former la petite vallée de la Belbeck. A partir du cap Khersonése, le pays est, pendant quelques lieues, plus ouvert, l'herbe couvre les plaines, et trois petites rivières qui coulent de l'est à l'ouest arrosent la contrée. La première, appelée par les Russes la Gernava, se jette dans le port même de Sébastopol ; la seconde, qui se nomme la Belbeck, arrive à la mer, à environ 4 milles plus au nord ; et la troisième, qui est la rivière de Katcha, coule parallèlement, sur un parcours d'environ 10 milles, au nord du cap Constantin, et se jette dans la passe de Sébastopol. Au nord de la Katcha, la côte continue ayant un aspect uniforme, avec des différences peu sensibles de hauteur jusqu'au cap Lukul ou Loukoul, à une faible distance duquel est l'embouchure de la rivière Alma. A partir de ce dernier point, la côte devient basse jusqu'à Eupatoria, n'offrant à l'œil qu'une vaste plaine sans habitants et sans arbres.

Un petit village, bâti près d'un monticule, apparaît ensuite ; sur le monticule sont les ruines d'un ancien fort génois. Ce village est *Staroë-Ukréleni, Vieux-Fort*. Il est situé à 14 lieues au nord de Sébastopol, et à 8 lieues au sud-est d'Eupatoria. C'est sur cette plage basse que, le 14 septembre 1854, débarqua l'armée anglo-franco-turque. Tout ce littoral est aride et pierreux, coupé par des espaces sablonneux ou par des ondulations de terrain et des monticules peu prononcés. Une foule de petits chemins parallèles à la mer entretiennent les communications pendant l'été. Ils sont parcourus par des charrettes tatares attelées de deux dromadaires. Mais c'est seulement dans la saison sèche que les voitures peuvent suivre ces sentiers, devenus impraticables dans la saison des pluies et pendant l'hiver.

La côte ne change pas d'aspect jusqu'à *Eupatoria*. Ce sont toujours des sables à perte de vue et, par places, de vastes espaces d'eau salée qu'on appelle des *limanes*. Eupatoria en est pour ainsi dire entourée.

Eupatoria, plus connue sous le nom de Kozloff, est une ville du littoral occidental de la Crimée, et à gauche dans une baie largement échancrée qui porte le même nom. C'est dans toute l'acception du terme une ville turque. La plupart des rues sont étroites, sales et tortueuses ; les maisons sont basses, en briques et en clayonnage, et n'ont d'ouvertures que sur des cours et des jardins. Ses édifices se bornent à plusieurs bazars presque déserts, à quelques mosquées, une église orthodoxe, une synagogue, un palais de gouvernement. Son port est petit, peu profond et incommode. Il ne peut recevoir que des bâtiments de cabotage d'un tirant d'eau n'excédant pas 8 à 10 pieds.

La ville est située sur un promontoire qui fait saillie sur la mer. Elle était autrefois fortifiée ; ses fortifications ont été détruites par les Moscovites : ce qui en reste, aujourd'hui, est hors d'état de leur servir.

Le voisinage d'Odessa a porté un coup funeste au commerce d'Eupatoria, autrefois très-florissante. Avant l'entrée des Russes dans la Crimée, elle avait plus de 30,000 âmes ; c'était, après Kaffa, la plus puissante cité de la presqu'île, et l'une des plus riches et des plus importantes places de la mer Noire. Le recensement fait en 1851 n'accuse plus que 8,200 âmes.

La rade est magnifique. L'eau y est assez profonde jusqu'à un kilomètre du rivage, où le fond commence à décroître. A cette distance, un homme peut gagner terre n'ayant de l'eau que jusqu'à la ceinture.

Lorsque les Russes vinrent en Crimée, ils conservèrent à cette ville le nom de Kosloff, que lui donnaient alors les habitants. Mais l'impératrice Catherine II, qui, dans ses rapports suivis avec les littérateurs célèbres de la France et du reste de l'Europe, avait puisé le goût des études et des souvenirs historiques, lui restitua son ancien nom d'Eupatoria, en mémoire de Mithridate Eupator, adversaire des Romains, qui passe pour être son fondateur, quoique des recherches récentes attribuent cet honneur à un de ses principaux lieutenants.

Quoi qu'il en soit, Eupatoria ou Eupatorie est construite sur l'emplacement de la ville ancienne. On n'a pas trouvé jusqu'ici de trace sérieuse d'antiquités, mais les fouilles n'ont pas été suffisantes. On peut cependant remarquer sur une porte fortifiée, située près du bazar, un fragment de fronton en marbre blanc, et on trouvera, chez un riche habitant, une médaille en bronze en partie effacée, sur le revers de laquelle on lit encore distinctement le mot *Mithradates*.

Eupatoria est le chef-lieu d'un des quatre districts que comprend le gouvernement de la Crimée ou Tauride. C'est un pays de cultivateurs et de pasteurs. Il renferme d'immenses troupeaux de bœufs et de moutons, et de bonnes terres, dont une partie seulement est cultivée.

La population de la ville, de 9,000 âmes en temps ordinaire, s'est élevée aujourd'hui à 35,000, parce qu'un grand nombre d'habitants de la campagne, en ce moment ravagée par les Russes, sont venus y chercher un refuge, sous la protection des puissances alliées. Cette population, presque entièrement composée de juifs caraïtes et de Tatars, vit du commerce et de l'industrie agricole, dont une branche importante, celle des peaux d'agneaux vulgairement appelés agneaux d'Astrakan, malgré leur origine, est estimée de toute l'Europe.

Le pays que comprend ce district est plat ; on ne rencontre de difficultés de terrain qu'à Symphéropol. Au-dessus de cette ville et de

Bagtché-Séraï, on entre dans la grande chaîne de montagnes formant le sud de la Crimée.

A cinq milles du cap dit d'Eupatoria, s'avance une pointe qui forme à l'ouest la rade de la ville d'Eupatoria, rade fort mauvaise avec des vents de sud et de sud-ouest. La ville elle-même est située sur un pays plat, fort bas, nu et sablonneux, assise sur le côté septentrional de sa rade semi-circulaire. Le lazaret est à l'ouest et s'étend jusqu'à la pointe qui projette un bas-fond. Entre lui et la ville sont plusieurs moulins à vent. On en voit aussi au sud, entre la ville et un grand lac salant nommé *Sak*. Le lac Sak occupe un espace très-considérable et est séparé de la mer par un étroit relai, isthme d'une largeur moyenne de 2 à 300 mètres, qui sert de défense naturelle à cette partie de la ville. Au-delà, la côte est moins basse et se retire toujours davantage au sud.

Avant d'arriver aux premières maisons se trouve, sur l'isthme même, un village entier de ces moulins à vent d'une structure particulière, construits en rang, ou plutôt plantés sur le sable.

Tous les établissements russes sont situés le long d'une chaussée en mauvais état, placée entre eux et la plage. La ville tatare proprement dite, composée généralement de maisons nombreuses, mais assez pauvres, se cache derrière les constructions moscovites qu'on découvre seules lorsqu'on vient par mer.

Parmi ces constructions, on voit d'abord la manutention, vaste bâtiment carré, qui n'a pas l'apparence de sa destination; puis quelques maisons appartenant à des employés civils ou militaires russes; les archives et la chancellerie du district, l'habitation affectée à la demeure du commandant militaire, puis une place en mauvais état, aux deux extrémités de laquelle se trouvent l'église russe et la grande mosquée. Après cette dernière s'étend un long bâtiment à arcades, commencé depuis longtemps et encore inachevé ; puis une autre maison dans le même genre, élevée d'un étage, et qui a servi depuis de quartier général à l'armée ottomane, et enfin une troisième construction, se rapprochant également des autres, qui était autrefois le plus bel hôtel du pays, et qui sert actuellement d'hôpital.

En face de l'état-major turc est le débarcadère, à l'entrée duquel s'élèvent deux corps de garde en pierres de taille non terminés, flanqués de deux guérites.

En continuant, on rencontre l'ancien palais du gouverneur du district, avec une façade et un fronton supporté par quatre colonnes en pierre blanche ; puis quelques maisons éparses sur le sable, entre autres celle de l'ancien commandant militaire de la ville, occupée depuis par le commandant anglais, et enfin le lazaret, composé d'une série de petites habitations en pierre, entourées de vastes murs de clôture destinés à les isoler, et communiquant avec la mer au moyen de deux débarcadères particuliers indépendants du reste de la ville. En dehors du lazaret et à 7 ou 800 mètres de la place, se trouve une magnifique caserne depuis en partie détruite.

Quatre monuments méritent une mention particulière. Le premier et le plus intéressant est la synagogue, qui remonte au xi⁰ siècle et qui a eu pour fondateur un des descendants directs du célèbre Anan-ben-David, le chef de la secte des juifs caraïtes, si répandue en Égypte, en Turquie, en Crimée, en Russie et en Pologne ; elle se compose d'une vaste galerie en pierre garnie d'inscriptions et de peintures dans le style byzantin, au centre de laquelle est placé un magnifique monument en marbre blanc, élevé par l'empereur Nicolas à son frère l'empereur Alexandre ; à l'extrémité de cette galerie, qui est à ciel ouvert, se trouve une petite cour dallée en pierre, dont les murs sont également remplis d'inscriptions et de peintures : sur un des côtés de cette cour, s'ouvre la synagogue des hommes, et sur l'autre celle des femmes, toutes deux d'une grande richesse. La première renferme un objet très-précieux : c'est une Bible qui remonte au VIIIᵉ siècle et qui a appartenu au fondateur de la secte. Elle est l'objet de la vénération des israélites.

Lorsque les armées de Catherine vinrent en Crimée, toute la fortune et tout le commerce du pays étaient entre les mains des caraïtes ; ils se déclarèrent pour les Russes et leur procurèrent de grandes ressources. Depuis ce moment, ils ont été favorisés d'une manière particulière par la cour de Russie, et leur prospérité n'a fait qu'augmenter. La plupart des grandes familles juives ont quitté la ville au commencement des hostilités.

Le second de ces monuments est la grande mosquée fondée au XIIIᵉ siècle. L'intérieur présente un style tartare qui est un dérivé de l'architecture arabe. On voit sur les murs des peintures byzantines et une inscription contenant, en résumé, les principaux traits de la vie d'Ali, le fondateur de la secte des chyites, à laquelle les populations musulmanes de la Crimée appartiennent. Cette dernière circonstance explique le peu de sympathie des Tatars pour les Turcs, qui appartiennent à la secte opposée, à celle des sunnites.

Le troisième monument est l'église arménienne, d'une architecture très-ancienne, et le quatrième est l'église russe, qui se compose d'un vaste bâtiment quadrangulaire surmonté d'un clocheton vert d'assez mauvais goût, mais dont l'intérieur est d'une très-grande richesse.

Il y a encore plusieurs autres mosquées très-anciennes et quelques édifices mal entretenus, mais curieux, parce qu'ils offrent le type de l'architecture tartare du temps des princes mongols.

Le bazar est un édifice en bois d'un genre unique. Il s'étend des deux côtés d'une vaste rue, sur une longueur d'environ 1 kilomètre, et il renferme près de mille boutiques obscures et sales, dans lesquelles on trouve, en temps ordinaire, tous les produits de l'Orient et de l'Europe entière.

La ville tatare est triste et sale; ses rues, par les mauvais temps, deviennent impraticables. Elles sont encombrées d'animaux morts qui, l'été, entrent en putréfaction, corrompent l'air et développent des maladies épidémiques.

En dehors de la place, on ne rencontre que de vastes steppes surmontés çà et là par des tumulus d'une élévation moyenne et par de petites collines faisant une espèce de ceinture autour de la ville.

Après Kozloff ou Eupatoria, nous doublâmes le cap de Karam-Roun, pointe la plus occidentale de la presqu'île, et nous aperçûmes la vaste échancrure du golfe de Kerkinite ou de Pérékop. Puis, nous passâmes devant la pointe de cette longue bande de terre appelée île de Tendra et, doublant le cap de Kilbourn, nous reconnûmes le vaste limane où débouchent le Dniéper et le Bug. C'est là que sont Kerson, qui donne son nom au gouvernement dont la Crimée n'est qu'une partie, et Nikolaïef, annexe de Sébastopol et son chantier de construction maritime.

Puis, serrant le vent, nous commençâmes à courir sur *Odessa*. Le patron de la goëlette avait à y traiter quelques affaires importantes qui l'y retinrent quarante-huit heures. Mais, quant à moi, je connaissais trop bien désormais les difficultés d'un séjour, même de quelques jours, en terre russe, pour m'y exposer de nouveau. Je me contentai donc d'admirer, du port marchand, le panorama de cette ville animée et j'attendis patiemment que l'on remît à la voile.

La petite goëlette avait terminé sa campagne commerciale et revenait, chargée de grains, dans le Bosphore. Je m'arrangeai avec le patron pour qu'il me déposât au petit port turc de *Kara-Bouroun* où je devais trouver de nombreuses occasions pour visiter en détail les côtes turques de la mer Noire, jusqu'aux bouches du Danube. Ainsi, j'aurais accompli mon périple oriental et je rentrerais dans l'Europe de l'Occident, par le grand fleuve qui relie les deux civilisations aujourd'hui mises en présence.

Deux jours nous suffirent pour arriver à Kara-Bouroun, et là, je me hâtai de dépouiller la fustanelle de Christidès, pour reprendre l'habit noir et le chapeau rond, moins pittoresques sans doute, mais infiniment plus respectés en Turquie. Je trouvai à bas prix une place sur un de ces petits bricks côtiers, qui font entre les ports turcs de la mer Noire un actif cabotage, et, tout en relisant mes notes de voyage, je fis voile pour Bourgas.

J'avais achevé la première et la plus importante partie de mon excursion en Orient : ce que j'avais vu jusqu'alors, c'était le but des éternelles luttes de l'humanité, le grand courant du commerce et de la puissance, l'Orient d'Asie et d'Afrique à conquérir par les armes ou par la civilisation. Ce que j'allais voir maintenant, c'était l'Orient d'Europe, l'Orient moyen, si je puis m'exprimer ainsi, déjà touché de la civilisation moderne. La grande artère de cet Orient, campé à l'extrémité de l'Europe, c'est le fleuve allemand par sa source, turc et russe par son embouchure, le fleuve teuton et slave, roumain et musulman, chrétien et grec : c'est le Danube.

CHAPITRE DIXIÈME.

Kara-Bouroun, petits ports de la Roumélie, Bourgas ; le Bulgare ; Varna, commerce, habitudes, paysages ; Baltchik et Kavarna. — Les Balkans, bergers et voleurs, Kirdjalis et Daglarbegs, une histoire d'Anglais. — Ruines, steppes et marécages, la fièvre et la Dobroutscha ; ferme bulgare ; les bohémiens. — Kustendjé ; les bouches du Danube. — Tsernavoda ; le Danube, esquisse de son cours. — Un tour en Valachie, Daces et Roumains, opprimés et oppresseurs ; le sol et les hommes ; Bucharest, mouvement et civilisation, le peuple et la Vornichie, l'aristocratie roumaine. — Un relai de poste, fête de village. — Adieux à l'Orient, Belgrade, cohue de races et de costumes, Hongrois et Monténégrins. — Le retour.

Pour revenir de la mer Noire en France, j'avais le choix entre trois itinéraires. Je pouvais prendre la ligne de Malte par Smyrne, ou celle de Trieste par la Grèce, ou encore celle du Danube. On sait déjà que j'avais choisi cette dernière.

La voie du Danube est assurément la plus longue, mais les interminables quarantaines de Malte et des différentes relâches de la

Méditerranée l'emportaient, pour la lenteur, sur la navigation assez lente du Danube, avec quelques heures seulement de réclusion à la frontière autrichienne. Et d'ailleurs, si Constantinople m'attirait encore, n'y avait-il pas plus à voir, plus à apprendre, dans cette partie peu connue de l'Orient qui s'étend sur les deux rives du bas Danube ? Je jetai donc un regard de regret sur cette profonde découpure de la côte, au fond de laquelle je devinais le Bosphore et ses merveilleux paysages; mais je laissai la goëlette de Moudánia reprendre son vol vers Scutari, et je donnai un coup d'œil au village maritime dans le port duquel je m'étais assuré le passage sur une grosse barque côtière.

Kara-Bouroun, c'était son nom, pauvre gîte, pauvre forteresse. J'ai souvenir d'un certain fort de Porquerolles, dans l'une des îles d'Hyères, près de Toulon. Ce fort, gardé par un canonnier à jambe de bois, avec lequel je faisais la pêche au feu pendant les belles nuits de septembre, ne consistait qu'en un épaulement garni de deux canons rouillés. Mais au moins, ce fortin innocent était pittoresque et sans prétention; et d'ailleurs, le terrible Toulon était là derrière, à quatre lieues. Mais ce fort de Kara-Bouroun est armé en apparence de six canons, servis par une soixantaine de Turcs. Seulement, ces artilleurs sont déguenillés et mangent quand ils peuvent et ce qu'ils trouvent; ces canons sont hors de service, et il n'y a pas même de poudre pour tirer un salut.

Je ne sais pourquoi on a donné à cet endroit le nom de *noir* (*kara*). Assurément il ne le mérite pas comme le cap menaçant qui se dresse à l'entrée du Bosphore (Kara-Bournou). Kara-Bouroun rappelle les paysages qui ont valu à l'Angleterre le nom suranné d'Albion. Le profil de toute cette côte est formé de falaises crétacées et de collines de sable, le tout d'une éblouissante blancheur. Au reste, c'est ici un mouillage étroit, peu sûr, autour duquel mugit incessamment une vague lourde et menaçante, incessamment fouettée par les courants du Bosphore.

Il faut s'avancer à une lieue au moins dans les terres, pour découvrir des paysages assez caractéristiques. La vigne y est cultivée, et d'innombrables buffles y traînent l'*araba* ou la charrue d'un pas grave et lent. Le pâtre, armé jusqu'aux dents, y ressemble plus à un bandit qu'à un honnête cultivateur.

Je quittai avec plaisir ces sinistres falaises et, en compagnie de cinq honnêtes Turcs, à la figure placide, je vis bientôt se dérouler rapidement à bâbord le monotone panorama des côtes de Roumélie. Rien d'assez pittoresque dans ces dunes, dans ces falaises, pour détourner mon attention du spectacle bien autrement grandiose que présentait la mer Noire, rougie des premiers rayons du soleil levant. Ma pensée se reportait sur tout ce que j'avais vu, et je cherchais à tirer de mes observations diverses une conclusion générale. De tout cela, peuples et pays, ressortait pour moi ce dilemme fatal et dont je n'ai pas la prétention de donner la solution.

Il faut à l'empire dont la capitale est à Constantinople, l'influence commerciale et militaire dans la mer Noire ; mais il faut à l'empire dont tous les grands fleuves se jettent dans la mer Noire, qui y possède les côtes de Géorgie, la mer d'Azof, la Crimée, la Bessarabie et le Danube, il lui faut de toute nécessité, non-seulement la prépondérance dans la mer Noire, mais la liberté du Bosphore et des Dardanelles.

Concilier ces inconciliables prétentions, c'est la difficulté, et cette difficulté se nomme *la question d'Orient.*

Nous passons rapidement devant les petits ports de *Midia*, d'*Iniada* et de *Vassilikos*, qui offrent d'assez bons mouillages, et nous arrivons au golfe de *Bourgas*, position plus importante et la meilleure de toute cette côte. Pour entrer dans le golfe, en venant du sud, il faut doubler la presqu'île de Siziboli (Apollonia de Thrace), où s'élève une petite ville très-forte qui ne tient à la terre que par un isthme très-étroit. En 1829, cette forteresse fut abandonnée par sa garnison aux premiers coups de canon de la flotte russe. Le général Diébitch, dans sa marche sur Andrinople à travers le Balkan, s'empara de la ville, à peine peuplée de 6,000 âmes, que la négligence ordinaire des Turcs a laissée sans fortifications. C'est là que la flotte de Sébastopol débarqua des renforts, des vivres, des munitions et huit cents chameaux, dont on forma des caravanes pour ravitailler l'armée.

Tout cela se fût reproduit, sans doute, si les flottes alliées ne s'étaient, tout d'abord, emparées de la mer Noire.

Bourgas est le premier point de la côte où j'ai rencontré un peu de vie et de commerce. Du Bosphore au golfe de Bourgas, ce ne sont que côtes inaccessibles, régions montueuses. Il n'y a place, dans cette région, ni pour un établissement maritime sérieux ni pour des exploitations agricoles. Ces rivages désolés ne peuvent guère produire que du combustible, bois ou charbon de terre.

En face de Bourgas est le meilleur port marchand de toute la côte occidentale, le port de *Tchinghené-Iskélési*. Il y a là une véritable animation, un commerce d'exportation qui, tous les jours,

prend plus d'importance. La fustanelle blanche du palicare et les
vestes roides d'or y reparaissent à côté du kaftan, de la robe arménienne ou juive. Les sacs, les tonneaux, les colis divers roulent et

se casent sur le quai dans un pittoresque désordre. En sa qualité
de ville turque, Bourgas est sale ; mais au moins elle vit. La prospérité de ce petit port d'Iskélési, ainsi que celle de Bourgas, a à
peine sept années de date ; il est fâcheux de dire que le pavillon
français y était à peu près inconnu à cette époque.

La barque qui m'a amené à Bourgas se vide et se remplit avec
une activité qui m'étonne. Est-ce bien là le Turc, et où est la superbe indolence de ce peuple qui a inventé le *Kief ?* On travaille ici :
suis-je bien en Turquie ?

N'acceptez que sous bénéfice d'inventaire tout ce qu'on vous a
dit de la paresse du Turc. L'Irlandais, lui aussi, passe pour fai-
néant, parce que la conquête a pesé sur lui de tout son poids, parce
qu'on l'a exploité, abruti, rançonné. L'Irlandais libre, au sein des
immenses forêts du *Far-West* américain, est laborieux, économe,
ingénieux.

C'est ainsi que j'ai rencontré sur toute la côte occidentale de l'Euxin, des Turcs aussi laborieux, aussi intelligents que les Bulgares. Les courtiers qui servent d'intermédiaires entre le négociant et le producteur sont presque tous des Turcs. A leurs qualités d'intelligence se joint presque toujours une inappréciable qualité, fort rare chez les Bulgares, presque inconnue chez les Grecs, une probité à toute épreuve.

De Bourgas au promontoire de Kalagriah se développe une autre région mieux partagée que la première. Au nord et au sud de la branche orientale du mont Balkan s'étendent des terrains bas, remplis de couches profondes d'humus fertile et se creusent des ports excellents. C'est ici que les réformes nouvelles, que la liberté agricole et commerciale ont eu les plus heureux et les plus rapides résultats.

Bourgas, Baltchik, Messemvria, Ankialou, Varna, Kavarna, voilà les points principaux de cette partie de la côte occidentale du Pont-Euxin.

Au nord de Bourgas, on voit s'avancer dans la mer un contre-fort du Balkan, le cap Emineh ou Emona, grand promontoire de l'Hœmus, à l'abri duquel s'enfonce dans les terres le golfe de Messemvria. Ici commence la Bulgarie.

Messemvria est vraiment assez jolie : elle a des ruines pittoresques, des minarets turcs, des églises byzantines d'un aspect élégant.

C'est ici que germe, au pied de la mer Noire, la chaîne orientale des Balkans. Le cap Emona, près de Messemvria, en est comme la première arête.

Ankialou a des salines, une agriculture assez avancée, mais surtout une attitude aristocratique due à un certain nombre de fonctionnaires attachés à la quarantaine.

Du cap Émona à Varna, ce ne sont que collines boisées, vallées grasses et plantureuses, villages bulgares, troupeaux de buffles. Bientôt se dessine un petit golfe assez bien abrité, au fond duquel blanchit la forteresse de *Varna*.

Le rivage de Varna est tout couvert de taillis épais, qui font plaisir à l'œil. Mais, derrière la ville, s'élève un plateau poudreux, qui rappelle des idées de solitude et de sécheresse. Le tout est couronné de montagnes bleuâtres qui se fondent dans le bleu gris de l'horizon.

Varna est une ville de 18,000 âmes. Les vaisseaux de ligne peuvent jeter l'ancre dans sa rade. Construite sur une hauteur au bord de la mer, elle a dû à sa rade et à cette position son importance militaire qui l'a fait choisir en 1854, pour servir de place d'armes et de base d'opérations de l'armée anglo-française.

Un rempart composé d'une douzaine de petits bastions à forme irrégulière, et trois lunettes, telles étaient les fortifications de Varna en 1828. Elles ont été relevées et augmentées depuis. Tout imparfaite qu'elle fût, cette place n'en soutint pas moins alors un siége de trois mois. Au reste, le siége de Silistria a récemment prouvé la force de résistance des Turcs derrière des fortifications.

Après tout, Varna n'est qu'un sale et énorme village. Pas de monuments, si ce n'est les bastions fortifiés qui l'entourent. Mi-Bulgares, mi-Turcs, les Varniotes ont, dit-on, un esprit à part, le vieil esprit de résistance à la réforme, l'esprit janissaire.

Il n'y avait là qu'une chose curieuse à visiter, les remparts.

J'eusse fait sans doute un très-mauvais élève de Vauban ou de Cormontaigne, mais enfin la faiblesse de ces défenses saute à l'œil. On ne comprend pas qu'une nombreuse armée russe, ayant à sa tête le tsar en personne, se soit heurtée pendant près de trois mois contre cette grande bicoque, attaquée par eux du côté de terre et du côté de mer, et que la Russie n'ait pu emporter cette place qu'en achetant le pacha chargé de la défendre.

Blé, orge, amandes, caroubes, raisins secs et figues de Smyrne, fruits verts et légumes, fers de Russie et d'Angleterre, café et spiritueux, tels sont les objets d'échanges du commerce de Varna, capitale maritime de la Bulgarie, comme Roustchouk en est la capitale danubienne. La société du Lloyd de Trieste y a établi une agence pour les bateaux à vapeur du Danube. Aussi, je paie mes conducteurs dont la barque va charger pour Constantinople des asperges, des fraises et de la chicorée, produits naturels des campagnes de Varna, et je m'entends avec l'agent autrichien pour m'embarquer sur le Danube à Roustchouk, qui n'est éloigné de Varna que de trente-six heures. J'envoie, selon mon habitude, le gros de mes bagages en avant, et me voilà libre pour quelques jours d'arpenter plaines et montagnes, de m'écarter à volonté de la route de terre ou des côtes, d'explorer enfin les quelques lieues qui en séparent les bouches du Danube.

Je suis logé à Varna dans le quartier franc, près de l'agence du Lloyd : ce côté-là est sain, et la ville tout entière le serait aussi, sans les miasmes qui s'échappent du quartier turc, qu'arrose un filet d'eau fangeux, une sorte de Bièvre, qu'on appelle la Derse. C'est là que les Varniotes vont laver leur laine et leurs étoffes. Je vous laisse à penser si ce spectacle est réjouissant. Malgré tout, me dit-on, on parvient ici à un âge très-avancé ; les centenaires ne sont pas rares à Varna. L'hygiène est cependant assez lestement traitée ici. On tue les bestiaux, bœufs, buffles, moutons et porcs, devant la porte des maisons.

Je me suis enquis de la nourriture de cette population, par une curiosité bien naturelle à l'homme qui voit chaque habitation d'une ville convertie en boucherie. Il m'a été répondu que, contrairement aux habitudes turques, le Varniote mange beaucoup de viande. Les préparations qu'ils font subir à la chair des bestiaux ne sont pas des plus saines. Ils en font du *pastruma*, viande de buffle ou de bœuf séchée au soleil, et des *sutjoukia*, saucisses que l'on mélange avec des choux pourris dans les caves. Tout l'été, les pauvres familles se nourrissent du lait de quelque vieux buffle femelle et en confectionnent le *giaourt* ou lait caillé. En septembre, le pastruma et les sutjoukia sont fabriqués avec la chair de l'animal, et voilà le buffet garni.

Ces habitudes de la petite propriété se retrouvent en grand dans le commerce. Chaque année, de la moitié d'août à la fin de septembre, on tue dans l'abattoir six à huit mille bœufs et vaches. On choisit les plus vieux et les plus épuisés par le travail ; ce bétail est employé à préparer le pastruma ; avec la graisse on confectionne des chandelles dont une partie est envoyée à Constantinople, où elles sont recherchées. On les reconnaît à la couleur rouge d'un de leurs bouts.

Ajoutez à ces ressources les mille fruits et légumes qui croissent presque spontanément dans la campagne ; les poissons nombreux, merluches, muges, soles, qui se pêchent de Baltchik à Varna ; les chevreuils, les lièvres, les canards, les merles des bois et des marécages, et vous aurez un ensemble de ressources assez confortable.

Aussi, la richesse aidant, les mœurs ont changé. Jadis, si une femme habillée à l'européenne osait sortir de sa maison, même accompagnée de son mari, elle était exposée aux huées des enfants. Aujourd'hui, elle peut sortir toute seule sans courir aucun danger. La promenade publique est, depuis 1850, fréquentée par des dames habillées à la dernière mode, car elles font leurs commandes à Constantinople, aux riches magasins de Péra. Les hommes même commencent à s'habiller à l'européenne, et en 1851 il y avait quatre marchands tailleurs européens, quatre succursales de la *Belle-Jardinière !*

Les meubles d'Europe commencent aussi à s'introduire dans les maisons des Varniotes aisés ; les maisons étaient auparavant montées tout à fait à la turque, c'est-à-dire n'ayant pour tout meuble, dans la chambre de réception (*Mousafironda* ou chambre de l'hôte), que de petits divans et des tapis de Schoumla, ou de simples nattes. Les maisons qu'on élève à présent sont en pierre et sont construites sur un plan qui s'approche de celui de l'Europe, tandis que les vieilles maisons sont toutes en bois, et ressemblent plutôt à des cabanes.

Mais sortons de la ville. Les environs de Varna sont vraiment pittoresques ; les coteaux qui bordent la route de Baltchik sont couverts de vignobles qui fourniraient des vins excellents, si le Varniote savait les fabriquer ou les conserver : tels qu'ils sont, il en boit sans compter les bouteilles. Le plus pauvre habitant est propriétaire d'un vignoble où il cultive des cerisiers, des cognassiers, des poiriers, des pruniers, des pêchers, des grenadiers, des noisetiers et des noyers. Dans les vignobles où il y a une source d'eau, on en profite pour faire, d'une partie du vignoble, un jardin potager. On y cultive les melons d'eau vert-foncé, les melons ordinaires, les melons géants ou aubergines, les courges, les concombres, les bamias, les poivrons, les fèves, les haricots, les petits pois, l'oignon, l'ail, le romarin, la marjolaine, le persil, le céleri, la carotte, les épinards, les artichauts, la poirée, la tomate, la laitue, la chicorée, les radis, les choux ordinaires, les choux pommés, les choux-fleurs, les betteraves, les raves, les navets et les pourpiers. Autour de ces plantes légumineuses il n'est pas rare de voir des rosiers et des girofliers disposés avec goût.

Sur les boulevards de la forteresse et dans les champs autour de la ville, croissent en abondance les camomilles, les pavots, la guimauve et les violettes des champs.

Dans les maisons de la ville qui possèdent un petit jardin (*baxé*), on cultive toutes les fleurs qui sont communes en Europe, surtout la rose, la giroflée et le jasmin; les lilas, les saules et les tilleuls me rappellent les charmantes villas des coteaux du Cher et des rives de la Loire.

J'ai arrangé mon itinéraire de manière à voir les principaux points de la côte jusqu'au Danube, sans cependant me priver de faire çà et là quelques excursions dans l'intérieur. C'est le moyen de voir de plus près les habitants, et de prendre sur le fait les types et les habitudes. Je pars donc fièrement, monté sur une lourde *araba*, et je dis adieu à cette petite ville, que la civilisation occidentale va bientôt saisir, et dont elle fera peut-être, si la puissance russe est sérieusement atteinte dans la mer Noire, une rivale heureuse d'Odessa.

A mesure que nous nous rapprochons des bouches du Danube, la vie et le mouvement commercial augmentent à vue d'œil. Voici une petite ville d'un aspect tout nouveau : c'est *Baltchik*.

Baltchik est une échelle importante. La ville proprement dite consiste en trois cents maisons environ qui s'étalent d'une façon assez pittoresque sur le contre-fort d'une montagne crayeuse. Le port est spacieux, bien abrité. Mais l'insouciance turque est écrite sur la route qui fournit au mouvement d'exportation du port. Cette route n'est qu'une vaste ornière et les *arabas* ou carrioles ne peuvent circuler qu'une à une et à la file. Le cap qui forme la rade de Baltchik est à 40 lieues des bouches du Danube et à 100 lieues de Sébastopol. Cette rade, parfaitement abritée contre les vents du nord, passe pour excellente en toute saison, bien qu'elle soit ouverte aux vents du sud, parce que, dit-on, ces derniers vents mollissent à la côte lors même qu'ils règnent avec force au large. Les grandes chaînes de montagnes, l'Hœmus, le Rodope, les Krapaks et le Caucase, qui forment l'enceinte de la mer Noire et des contrées riveraines, y produisent des phénomènes fort singuliers. Ainsi après avoir franchi la moitié de cette mer avec un vent, on trouve dans l'autre moitié un vent opposé. Le phénomène se produit également sur une même côte, d'un cap à l'autre.

De Baltchik à Kavarna, six lieues environ : du côté de terre, ce sont six lieues de steppes, car déjà s'annoncent ici les plaines stériles de la Bessarabie. Du côté de la mer, l'aspect a également changé. Nous cessons de côtoyer le pied des montagnes, dont les découpures garnies d'arbres offraient à l'œil tant d'aspects pittoresques, tant d'anses et de petits ports cachés comme des nids de mouettes dans le sable.

Kavarna ou *Callacria*, horriblement ravagée par les Russes en 1828, était autrefois une petite ville gaie et florissante. Mais placée trop près des atteintes moscovites, elle a gardé le triste souvenir des invasions fréquentes parties des bords du Dniéper. J'ai même quelque idée d'attribuer à la torche et au sabre des envahisseurs ces steppes qui déshonorent et appauvrissent la Bulgarie, la Bessarabie, le nord de la Crimée. L'histoire nous montre ces contrées prospères et fécondes avant le passage dévastateur des sauterelles humaines.

Kavarna n'est plus qu'un misérable bourg de deux cents feux habité par des rayas, des Hellènes et quelques Ottomans. Les Turcs l'appellent *Kemé* ; elle est sous la juridiction de l'ajanni de Baltchik, qui y délègue un bulubachi. Les bâtiments surpris par le mauvais temps viennent s'abriter dans la rade de Kavarna ; c'est là que mouillent aussi, pendant l'été et l'automne, les navires frétés à Constantinople ou à Varna pour prendre leur cargaison de blé ou d'orge. La rade de Kavarna est à une lieue et demie de celle de Baltchik. Près de Kavarna se trouve l'anse de *Callacria*, où les navires vont chercher un abri momentané contre la furie des tempêtes qui s'élèvent soudainement dans ces parages de la mer Noire, jusqu'à ce que le vent, devenu plus calme, puisse leur permettre de se réfugier dans le port voisin de Baltchik.

Il n'y a à Kavarna aucun vestige d'antiquités, et M. Boué s'est trompé en disant que surtout près de Kavarna il y a des restes du mur que Trajan fit bâtir à travers l'isthme entre *Tschernavoda* et *Kostendschié*. Le savant géographe *Bruzen de la Martinière* ignorait l'existence de l'anse de Constantia, nommée aujourd'hui *Kustendjé*, anse qui a remplacé celle de Tomis, et de plus il confond l'anse de Callatis (la moderne Mangalia) avec celle de Callacria (Kavarna). Il se trompait enfin en prenant pour une petite baie le port d'Odessa (aujourd'hui Varna), et n'avait pas connaissance du port de Baltchik, que l'on rencontre après celui de Kavarna.

Située sur un plateau, cette petite ville de Kavarna couronne un vallon profond qui descend dans la mer. Elle est plus propre que les autres villages turcs. La plupart des maisons sont couvertes en tuiles, ce qui ne se rencontre pas de Varna à Baltchik. En effet, les villages de cette contrée sont tous pauvres ; les murs consistent en un clayonnage revêtu de torchis ; les toits sont en joncs. Les greniers à blé y sont seuls soignés : ce sont de grands paniers en osier qui sont séparés du sol par un échafaudage de poutres et que recouvre un claie de forme conique, aussi en osier. L'intérieur des maisons, cependant, est aussi propre que leur extérieur est misérable. Les races de ce pays regardent la propreté comme une vertu ; il suffit, pour s'en convaincre, de remarquer le luxe des fontaines, déjà plus belles, au reste, dans le midi de la France que dans le nord. Le plus pauvre est tenu de se laver comme le plus riche.

A mesure qu'on dépasse Kavarna, les villages deviennent plus rares et n'ont plus l'aspect si caractérisé des villages turcs. *Mangalia*, par exemple, n'est plus une ville turque. Les murs sont tous en pierre, les rues sont larges. Ce doit être, du reste, une très-vieille ville. Un fossé l'entoure ; une redoute, faisant face à la Turquie, domine la digue sur laquelle on passe le petit lac salé qui est au sud. J'ai vu parmi les galets du rivage, à quelques pas des flots, d'énormes pierres de taille et un fût de colonne cannelée. Une assise profonde du mur, perpendiculaire au rivage, indique quelque vieux château-fort. Le port est nul. Une seule maison est construite dans le but de communiquer avec la mer. On descend de son rez-de-chaussée sur la plage par un escalier en pierres non-scellées et sans garde-fous, où l'on risque de se briser les jambes.

Mangalia ou Calatis est située à 10 lieues sud de Kustendjè, et sa population, composée exclusivement de musulmans, ne surpasse pas 1,000 âmes. L'aga qui y réside a sous sa juridiction plusieurs villages habités exclusivement par des Turcs, qui ne s'occupent que du commerce des blés.

Si je voulais ou si je pouvais étudier le curieux pays de montagnes qui s'étend à l'ouest, je prendrais la route de Schumla. Mais j'ai hâte de gagner le Danube.

Schumla est vraiment une place forte et mérite bien le nom de *Clef des Balkans*. Elle fut prise, il est vrai, en 1829, par Diébitch, qui gagna sous ses murs le nom de Sabalkanski. Mais le siége de Silistria nous a montré récemment quelle différence il y a entre un Turc d'aujourd'hui et un Turc d'il y a vingt-cinq ans.

Toutes les routes des forteresses au Danube, celles de la mer Noire et de la Thrace convergent vers Schumla ; c'était donc un point stratégique admirablement choisi par Omer-Pacha pour son quartier général. A l'époque où je passai les Balkans, il n'était question, en fait de guerre, que des escarmouches assez fréquentes entre les diverses populations de voleurs qui infestent ces parages. La question d'Orient prenait, dans ces petites affaires, une physionomie originale et peu connue.

Les Balkans, ces Pyrénées de la Turquie d'Europe, tout déchirés de ravins sans fond, tout hérissés de forêts impénétrables, renferment dans leurs gorges centrales des populations plus qu'à demi sauvages. Leur existence est consacrée à l'élève des troupeaux que viennent y acheter de véritables caravanes bien armées. Ceci pour deux raisons : les voleurs, ou pour mieux dire les brigands, n'y sont pas rares ; et de plus, il faut porter, dans ces montagnes peu sûres, d'énormes sacoches d'espèces métalliques, le *caïmé* (papier-monnaie) n'ayant pas cours dans ces régions. Le crédit y est inconnu, et, qui veut acheter un mouton ou 20,000, doit les payer en or ou en argent monnayé.

Les bergers de ces montagnes ne sont pas, on le pense bien, des bergers du pays du Tendre, et leur houlette ressemble passablement à une carabine damasquinée. Et bien leur en prend d'être constamment prêts à la défensive. Car deux clans de brigands sont toujours prêts à leur courir sus. Heureusement, ces industriels de montagnes sont divisés en deux peuplades ennemies, les *Kirdjalis* et les *Daglarbegs*. C'est toujours la vieille rivalité des anciennes races conquérantes et conquises, rivalité que perpétuent l'intérêt et l'avidité.

Les Kirdjalis sont, à les entendre, propriétaires nés des champs ouverts (leur nom l'indique : *Kir*, champ ; *djali*, tenancier par force). Les Daglarbegs sont les princes de la montagne (*Dag*, montagne; *beg*, prince). Or, dans ces contrées, la montagne et la plaine s'enchevêtrent de telle façon, que les prétentions se rencontrent toujours au bout des fusils chargés.

Les Kirdjalis, intrépides cavaliers, préfèrent l'arme blanche à l'arme à feu, l'attaque en plaine à l'embuscade, et savent en une seule journée parcourir des distances incroyables, traversant le désert sans chemins tracés, sans indices apparents de direction, mais connaissant leur voie et assurés d'arriver au but au moment voulu, comme l'Européen suivant ses étapes sur une grande route. Les Kirdjalis, qui forment plutôt une horde qu'une troupe, sont en général composés de Tatars, de Bulgares et de descendants des anciens Osmanlis; parmi eux on ne s'enquiert guère du culte, ni de la nationalité d'une recrue; la bravoure, l'agilité, la force, la discrétion et un bon cheval, voilà ce qui constitue le mérite, ce qui attire l'estime et la considération.

Les Daglarbegs, au contraire, préfèrent les fusils aux yatagans, et confient de préférence les chances d'une entreprise à une embuscade qu'à un champ clos. Fins et rusés, c'est parmi les Grecs et les Arnautes qu'ils se recrutent; parfois encore quelque Bulgare ou quelque Serbe égaré vient s'enrôler parmi eux, mais jamais un Tatar ni un Osmanli. Aussi les Kirdjalis se glorifient-ils de donner de temps en temps des guerriers distingués, et ont-ils vu récemment élever à la dignité de pachas-muchirs (maréchaux) deux braves sortis de leurs rangs, tandis que les Daglarbegs déclinent de si dangereux honneurs et ne font la guerre qu'aux caravanes et aux négociants voyageurs.

Cette rivalité de voleurs fit le salut du plus étrange des voyageurs que l'excentrique Angleterre ait jamais versés sur le monde. Voici son histoire telle qu'elle me fut racontée à Varna ; on s'en amusait beaucoup alors, car il y avait peu de temps que s'était passée cette bouffonnerie sérieuse.

Il existe à Londres, cette patrie des *clubs* et des voyageurs, un club des voyageurs, *Traveller's club*. Cette société, qui rend du reste à la science d'éminents services, possède une collection d'originaux de première force. L'un d'eux, sir Francis Molesworth, se distinguait de tous ses collègues par des habitudes casanières qui faisaient un singulier contraste avec l'humeur pérégrinante de ses compatriotes. Riche horticulteur du Lincoln'shire, sir Francis Molesworth avait la passion des fleurs, passion hollandaise, qui se nourrissait de fleurs impossibles, d'accouplements monstrueux, de créations bizarres. Les productions normales de la nature excitaient son mépris, et il n'eût pas fait un pas pour admirer la flore sincère des campagnes anglaises, à plus forte raison celle des pays aimés du soleil. Et cependant sir Francis était membre du *Traveller's club*, et il n'avait de sa vie passé le détroit.

A trente-cinq ans, en Angleterre, n'avoir pas fait son *tour*, quand on est riche et baronnet, ce n'est plus une bizarrerie, une excentricité, c'est une inconvenance. Il fallut donc que le savant horticulteur se résignât à payer sa dette à la respectable tyrannie des mœurs de l'*high life*. Mais lui faire abandonner ses expériences, ses collections, ses herbiers, ses livres aimés de botanique, c'était trop exiger de lui. On put donc le décider à un déplacement ; mais à un voyage, point. Voici ce qu'imagina l'original baronnet.

Il fit construire une longue, lourde et solide berline, dans laquelle il fit placer un lit hamac, une table, ses herbiers, ses livres, quelques plantes choisies, des oignons rares, des loupes, en un mot, tout ce qui pouvait le consoler de la perte momentanée de son jardin, de ses serres et de son cabinet. A l'arrière-train, il fit établir une petite cuisine, confia la direction suprême de l'édifice roulant à son intendant, avec recommandation de faire voyager la berline par toute l'Europe, pendant trois cent soixante-cinq jours, pas un jour de plus, pas un de moins. Mais il fut défendu au factotum de laisser retomber sur le maître aucun des désagréments nombreux d'un voyage. Sir Francis ne voulut pas même savoir où on le conduisait. Que la berline roulât tant bien que mal à travers le monde, c'était tout ce qu'il lui fallait.

M. Philip, homme habile, ne trouva d'autre moyen que de faire passer son maître pour fou : se trompait-il ? A la faveur de ce stratagème, sir Francis, respecté par les douanes et par les polices de l'Europe entière, roula par l'Europe, sans mettre même le nez à la portière. L'intendant, cependant, profitait de l'occasion pour faire, lui, son *tour* le plus agréablement possible. C'est ainsi qu'un jour, sans le savoir, sir Francis se trouva sur la route d'Eski-Zara à Andrinople.

Or, un chef de Kirdjalis, Méhémet-Fourchidji, avait éventé la monstrueuse berline et, au train du propriétaire, avait flairé dans ses robustes flancs une bourse bien garnie. Cinq ou six domestiques armés jusqu'aux dents n'étaient pas pour l'effrayer. Il se mit donc en campagne et, un beau matin, au coin d'un petit bois touffu, il se présenta galamment à la portière, suivi d'une escorte assez imposante pour faire réfléchir les gens de sir Francis.

Notre voyageur, cependant, qui ne savait pas même de quoi il s'agissait, travaillait dans sa boîte et, par hasard, s'était affublé le chef d'une casquette à galon d'or. A cette vue, Méhémet-Fourchidji se gratta l'oreille. Cet Anglais pouvait bien être un *capitan inglis*, quelque officier en mission. Lord Stratford de Redcliffe se fâcherait à coup sûr, réclamerait avec l'obstination naturelle à sa nation, avec l'autorité de son caractère. Le chef de Kirdjalis n'était pas sans ambition ; il avait eu l'exemple d'un de ses anciens camarades de grande route, nommé *muchir* (maréchal), après nombre d'exploits qui, chez nous, conduiraient infailliblement leur homme à Toulon ou à Cayenne. Il se contenta donc de saluer l'illustre inconnu, qui se borna à grommeler contre son intendant qui n'avait pas su lui épargner cette visite.

Méhémet-Fourchidji et ses gens suivirent la berline, à la façon de chacals désappointés, qui ont rencontré une proie trop grosse et trop forte. Mais voilà que, près d'*Eschoban-Schesmesy* (la fontaine des pâtres), charmant réduit entouré de jeunes peupliers et que maître Philip avait judicieusement choisi pour une halte, une troupe de Daglarbegs se montra tout à coup. A leur tête, caracolait Hadji-Papas-Episkopos-Demitrico, pèlerin en terre sainte, Grec d'origine, de religion et d'habitudes. Partisan déclaré de la Russie orthodoxe, Hadji-Papas n'avait aucun des scrupules de Fourchidji à l'endroit d'un ennemi naturel de l'influence et de la religion gréco-russes. Sur un signe de cet écumeur de montagne, une décharge de coups de fusil, partie des bosquets les plus rapprochés de la fontaine, abattit deux des chevaux de la berline, et cinquante cavaliers aux armes étincelantes s'élancèrent à l'abordage du massif équipage.

Mais Méhémet-Fourchidji et ses gens étaient là : le chef de Kirdjalis avait réfléchi que défendre un capitaine inglis, c'était encore mieux travailler pour son intérêt que ne pas l'attaquer. D'ailleurs, l'occasion était belle pour écraser ces insolents Daglarbegs. La troupe des Kirdjalis était supérieure en nombre.

Voilà donc les Kirdjalis qui s'élancent au galop : un combat terrible s'engage, combat homérique, accompagné de provocations ardentes, d'injures, de cris, de duels multipliés. Sir Francis, avec la flegmatique bravoure d'un Anglais, s'est remis à lire dans sa berline, après avoir jeté un coup d'œil sur les combattants. La lutte dure deux heures : au bout de ce temps, un cavalier couvert de sang et de poussière se présente à la portière, tenant une tête à barbe noire, fraîchement coupée. C'était Méhémet-Fourchidji et la tête était celle de Hadji-Papas-Episkopos-Demitrico.

« Capitan, dit le vainqueur, j'ai coupé la tête au giaour moscovite, regarde-la pour la reconnaître et témoigne en ma faveur. »

L'Anglais, sans manifester ni surprise, ni trouble, prit la tête, l'examina comme s'il avait tenu un exemplaire inconnu de quelque bulbeuse rare et, remettant entre les mains du Kirdjali cette sanglante dépouille :

« Dis-moi ton nom, j'en informerai mon ambassadeur et mon gouvernement. »

Le Kirdjali donna son nom, que sir Francis inscrivit sur une page blanche de son herbier de voyage : puis l'Anglais siffla ses gens, fit dételer les chevaux morts, atteler deux chevaux de selle et reprit flegmatiquement son voyage. Ce fut la seule fois, dit-on, qu'il mit la tête à la portière.

Sur la recommandation chaleureuse de l'excentrique *traveller*, qui pour être un original n'en est pas moins un homme de haute distinction, le Kirdjali a obtenu un grade dans l'armée turque, et on m'a dit qu'il a fait depuis avec honneur la campagne du Danube.

Autant les ruines sont rares en Crimée, autant elles abondent en Bulgarie. Les cadavres de villes antiques s'y rencontrent pour ainsi dire à chaque pas : tours ruinées, anciennes forteresses rasées à fleur de sol, camps romains, vestiges de cimetières y sont comme semés. On sent que ce pays fut toujours un lieu de passage des in-

vasions. Voici, dans ce quinconce de chênes nains, un amas de taches blanches. J'approche : ce ne sont pas des rochers, mais des pierres plantées, des fûts à moitié enfouis, ruines mystérieuses, sans nom. De temps en temps, la plaine s'ondule de tertres arrondis : ce sont les traces d'une bataille, les *tumuli* d'une armée romaine ou d'une horde barbare.

Depuis Mangalia, je n'ai vu que quelques pauvres villages,

Behkoï, *Karana-Sani*, *Samenlek* et, à ma gauche, est un désert de 30 lieues. Pas de forêts de ce côté ; le terrain est marécageux et la vase élastique est comme une source incessante de miasmes pestilentiels. Ces plaines immenses ont évidemment servi autrefois de lit au Danube.

Ces relais fétides, tombeau de tant de Russes et de plusieurs centaines de Français en 1854, ont pour nom général celui de *Tartarie-Dobroutscha* ou plutôt *Dobrudja*. C'est le pays mortel où fut relégué Ovide. Cette plaine basse et marécageuse de la Dobroutscha, interrompue seulement par les collines de Baba-Dagh, se confond de loin avec les plaines semblables de la Bessarabie et les steppes d'Odessa. Elle se termine par le delta du Danube, dont l'aspect est celui d'un immense atterrissement, où l'œil n'aperçoit, sur trente lieues d'étendue, que des sables, des roseaux, des prairies, quelques arbres et quelques groupes de cabanes, vaste terrain coupé par des dérivations naturelles, par des marais et des flaques d'eau.

C'est là que le muchir Omer-Pacha sut attirer une partie de l'armée russe et la laisser en face de l'ennemi le plus redoutable qu'il pût lui susciter.

A quelques lieues de Kustendjè, sur la route de Galatz, le terrain s'ondule et forme de nombreux monticules. C'est un ossuaire. Là dorment pêle-mêle les soldats de Trajan sous leurs *tumuli*, les Daces vaincus par Rome encore invincible, et aussi, côte à côte avec ces débris des anciens âges, les soldats russes frappés par milliers en 1828 et en 1854 par la fièvre de la Dobroutscha.

Dans ces plaines immenses, aussi loin que la vue puisse s'étendre, pas un arbre, pas une créature vivante, de l'herbe, de l'herbe et toujours de l'herbe. Le soleil tombe d'aplomb sur ces herbes desséchées, et le vent qui ne trouve pas d'obstacles à ses efforts, les courbe sous son souffle comme les vagues d'une mer jaunâtre.

De distance en distance, quelque puits creusé pour les besoins du voyageur rompt la monotonie du paysage ou quelque *poulza* (ferme en transylvain, en hongrois et en slave) représente ici la riante oasis des déserts d'Afrique. Autour du puits s'arrêtent les chariots aux chevaux maigres et ardents, aux rideaux de cuir, et le charretier au grand chapeau de feutre brun, au fouet gigantesque, s'y dispose pour la halte de nuit. Pour les chevaux, il ramasse un peu d'herbe, d'écorces fraîches, il remplit d'orge ou de maïs broyé leur musette, puis attachant à la mèche de son fouet son vaste chapeau, le remplit d'eau pour rafraîchir ses bêtes et lui-même.

Vie du désert, presque nomade, habituée aux longs espaces, aux industries ingénieuses et aux libertés farouches de la solitude, je le retrouve ici, en pleine Europe, après t'avoir rencontrée si souvent dans le Nouveau Monde ou dans les solitudes mystérieuses de l'Afrique.

De temps en temps, mais seulement sur la droite, du côté de la mer, j'aperçois quelques toits bas, un puits aux margelles verdoyantes, une clôture d'épines et d'herbes odoriférantes : c'est une ferme bulgare. On y chante et l'on y danse. Entrons.

Pour ces populations toujours prêtes pour le plaisir, un orchestre est bientôt composé. Il y a toujours sous leurs mains quelque *guzla* (guitare) aux sons aigres ; les castagnettes semblent s'attacher d'elles-mêmes aux doigts agiles des jeunes filles, et quelque vieille bohémienne vient compléter l'harmonie en frappant avec une violence monotone, et comme avec une tristesse enragée, sur un petit tambourin. Les brunes et vives danseuses partent aux premiers sons.

La vie a ici quelque chose de patriarcal qui me rappelle les familles bibliques : sous l'œil de Dieu, car la loi n'a ici rien à prétendre, le chef de la ferme jouit sur ses enfants et sur ses domestiques d'un pouvoir sans limites. Il est riche de tout ce qui est nécessaire à la vie, il est pauvre de toutes les superfluités de notre luxe civilisé. Il est riche, si la richesse consiste dans l'abondance des aliments. Campé sur une terre fertile, que n'a jamais épuisée le labeur de l'homme, il a travaillé le printemps et l'été; il a semé un peu au hasard le blé et le maïs; l'espace ici ne coûte guère. La récolte se fait au hasard comme les semailles: on laisse tomber à terre un tiers du grain, l'autre tiers se perd en route, et il en reste encore trop pour les besoins de la maison. Quant aux troupeaux, quant aux chevaux, ils ont la plaine et ses richesses que l'homme n'a pas eu la peine de préparer. Vienne l'hiver, et le grain entassé dans les *silos* à la manière arabe, nourrira son indolent propriétaire. Le cheval, le bœuf s'engraisseront dans les vastes enclos et le paysan fermier, couché voluptueusement près de son vaste poêle, passera de longs jours plongé dans les douceurs du *kief* oriental et entouré des vapeurs bleuâtres de l'excellent tabac qui brûle dans sa pipe.

Car le Bulgare, souvent solitaire dans ses vastes prairies, a une amie fidèle, une société dont il ne se lasse jamais, sa pipe.

La pipe bulgare, amoureusement sculptée par le fumeur lui-même, ornée comme une maîtresse, est incrustée de clous et de filets de cuivre artistement disposés. Le tuyau, en bois de buis, est brodé de dessins et d'arabesques produits par la pointe d'un fer rouge. La pipe est l'objet d'une jalousie singulière, d'une superstition spéciale ; il ne faut pas la céder à un *frenghi*, car un objet aussi intimement uni pendant longtemps à son maître, donnerait à son nouveau possesseur un pouvoir magique sur l'ancien.

Mais voici des habitations encore plus sauvages : ce ne sont pas des maisons, ce sont presque des terriers. C'est un village, ou plutôt un campement de *Tsiganes* ou Bohémiens.

Ici, plus de maisons en boue ou en pierre recouvertes de chaux, plus de maisons de bois peintes ! les habitations sont en pisé et en clayonnage. Plus on avance dans le steppe, plus la nature est désolée. Le bois disparaît et le *kerbitch*, ou fiente de vache desséchée, est le seul combustible connu.

Ces Tsiganes des Carpathes et de la Bulgarie me rappelaient ceux de leurs frères que j'ai vus sur toutes les grandes routes de l'Europe méridionale, dans tous les déserts de l'Afrique. Ce sont bien là les mêmes nomades que j'ai rencontrés en Espagne, à l'Albacyn de Cordoue ou à la playa de San-Lucar ; en France, campés autour des arènes de Nîmes ; au Maroc, dans les rues de Tanger ; en Égypte enfin, près du Sphinx et des Pyramides.

Race mystérieuse que l'Europe vit apparaître avec un étonnement mêlé d'effroi et de dégoût, vers le commencement du xve siècle, ces Tsiganes, Tsikinners ou Bohémiens semblent venus des profondeurs de l'Inde ou des retraites inaccessibles de l'Afrique intérieure. Nomades par habitude et par besoin de nature, ils campent dans tout l'univers. La muraille les étouffe, la porte leur fait peur. Même sous les cieux les plus incléments, ils bivouaquent en

plein air. Leurs poitrines brunes, leurs cheveux crépus et d'un noir bleu, leurs nez busqués, leurs yeux d'aigle sont les traits partout reconnaissables, partout inaltérés d'une race identique à elle-même. Une langue uniforme, bizarre dans son énergie, trahit d'ailleurs l'origine commune de toutes ces bandes semées sur le vieux continent.

La capitale maritime de la Dobroustcha, c'est Kustendjé.

Kustendjé ou *Custendjeh*, c'est l'ancienne Tomes (Tomi), lieu célèbre par l'exil d'Ovide. C'est ici qu'il écrivit ses *Tristes*, élégies d'un *dandy* romain relégué en province, loin du boulevard de Gand et du passage de l'Opéra de son temps. Certes, il y a de plus beaux paysages que celui-ci, mais quand je vois ce qu'est encore ce pays malgré cinq flots destructeurs de Russes qui ont dû changer déplorablement la physionomie de la contrée, je comprends que l'humeur du poëte en disgrâce enlaidissait à ses yeux sa retraite. A l'entendre, vous croiriez lire une description de Tobolsk et vous promener avec lui en pleine Sibérie.

Kustendjé ne mérite pas le nom de ville. Avec sa crique, ses huttes misérables, sa population déguenillée, sale, étiolée, rappelant le type bohémien plus que le grec, le turc ou le valaque, ce village ne serait en France que le plus sordide des hameaux de la Bretagne. Il n'a d'important que sa position, à l'extrémité de la ligne de défense formée par l'ancien *Vallum Trajani* ou muraille de Trajan.

Ici Trajan voulait, par une coupure de douze lieues à peine, passant par le lac Karasou, raccourcir le Danube de cent lieues. Romains et peuples modernes ont fait des travaux plus gigantesques que celui-là. Un pareil canal serait une des solutions les plus faciles de la question des bouches du Danube. Soulina n'aurait plus à conspirer pour le Dniester, si le Danube coulait de Tsernavoda à Kustendjé.

Comme je n'ai aucune envie de traverser les quelques lieues de marécages infects qui me séparent ici des bouches du Danube, et que je puis trouver le fleuve à ma gauche, par une route passable, sans faire l'énorme détour dessiné par le coude qui commence à Galatz, laissez-moi vous dire en quelques mots tout ce qu'il est nécessaire de savoir sur les bouches du Danube et sur les deux rives du fleuve de Soulina à Galatz.

Le Danube, on le sait, se jette dans la mer Noire par sept embouchures différentes, dont trois seulement, *Kilia*, *Soulina* et *Saint-Georges*, sont navigables. *Soulina*, située au milieu des deux autres, est la passe la plus considérable et la plus sûre, quoique la profondeur du fleuve, à l'endroit de la barre, ne soit que de douze à quinze pieds dans les hautes eaux et de sept et demi dans les eaux basses.

Quant à la petite ville de *Soulina*, située sur ces fourches caudines du Danube, elle consiste en cent vingt maisons environ placées sur la rive droite, en face de la quarantaine. La garnison montait, avant la guerre, à 360 à 400 hommes.

C'est une triste plage que celle du Danube en cet endroit, avec ses bas-fonds marécageux, ses champs humides de roseaux jaunâtres, ses brouillards et ses vents éternels.

La ville de Soulina (en Bessarabie), qui a donné son nom au canal tout entier, est le siége d'une station de quarantaine établie par les Russes. Elle est située en face de la ville bulgare de Jeni-Fanal. Le défilé ou canal de Soulina continue jusqu'auprès de Galatz; il est tortueux et entouré de marais couverts de joncs épais, habités seulement par les sentinelles de la douane. Ces pauvres gens demeurent dans de misérables huttes en bois, construites sur des piliers qui les élèvent de 12 à 15 pieds au-dessus du sol pour combattre l'excessive humidité du terrain; ils n'ont d'autre compagnie, dans leur isolement, que des bandes nombreuses de pélicans et autres oiseaux aquatiques qui ont élu leur domicile dans ces marécages d'où s'exhalent des vapeurs pestilentielles.

Entre Soulina et Galatz, il y a onze heures de chemin à la descente et environ dix-huit heures à la remonte. Soulina serait un port important sans la secrète rivalité des intérêts russes et européens. Mais la barre du Danube y rend le passage difficile, dangereux et couleux. Grâce à l'intelligente incurie du gouvernement russe, cette passe, à laquelle il serait facile de conserver 20 pieds de profondeur en tout temps, en a de 7 à 10 en moyenne. De là trop souvent des transbordements onéreux sur des alléges.

Mais, cette fois encore, ne vous hâtez pas trop d'accuser de tout le machiavélisme russe. Il y a quelque temps, avant que les Russes ne fussent chassés de Soulina, les trois cents alléges du port appartenaient au colonel commandant de la place, M. Solouviof, neveu du général Fédorof, gouverneur de la Bessarabie. On conçoit dès lors que la passe fût mal entretenue.

Un jour cependant, en exécution de la convention passée en 1840 entre l'Autriche et la Russie, et qui mettait à la charge de cette dernière l'entretien de la passe, une machine à draguer fut commandée en Angleterre. Mais on la décommanda bien vite, la passe s'étant, affirma-t-on, subitement améliorée.

Encore une fois, voyageur curieux et impartial, je ne m'occupe pas de politique ; mais je ne puis m'empêcher de penser que, si j'étais Allemand, je ne verrais pas, sans un déplaisir profond, les canonniers et les douaniers russes maîtres de l'embouchure de ce fleuve, qui prend sa source dans le bassin de marbre du jardin de Fürstemberg.

La rive droite du Danube a été de tout temps le théâtre de faits importants. Presque toutes les villes ont été prises et reprises par les Russes, les Turcs et les Madgyars ; récemment encore, les bords du fleuve furent ensanglantés par de fréquents combats. En remontant le Danube, la première ville qu'on rencontre est *Ismaïlof*, qui commande les bouches du Danube, et qui fut prise le 22 décembre 1790, par le cruel Souvarof. Plus haut, la Turquie possède, sur la rive droite, les trois petites citadelles d'*Isatcha*, de *Toultcha* et de *Matchin*, véritables fortins pris et repris dans la dernière campagne.

Après *Galatz*, qui domine le cours du fleuve, sont placées *Ibraïla*, *Hirsova* et *Tsernavoda*. Quelques lieues faites de *Kustendjé* à cette dernière ville allaient m'épargner l'énorme tour que je viens de décrire. Je fis le trajet en poste, dans une énorme boîte roulante montée sur deux roues gigantesques, bruyamment et rapidement menée par un adroit et élégant postillon.

Le fouet du postillon bulgare c'est le *tchiko*, singulier et redoutable instrument que j'ai rencontré dans l'est de l'Europe depuis la Theiss jusqu'à la Néva, depuis Pesth jusqu'à Saint-Pétersbourg. Le *tchiko*, avec un manche assez court, se termine par une lanière démesurément longue, dont la mèche est tressée avec soin et se divise en filaments nombreux à chacun desquels est suspendue une balle de plomb de petit calibre. Cette arme d'un nouveau genre, maniée avec adresse, est aussi terrible que le *lasso* mexicain. Un cavalier lancé au galop peut envelopper d'un coup de *tchiko* un ennemi ou son cheval, et le terrasser sans peine. J'ai vu, sur la route de Moscou, un mougik frapper au galop d'un coup de fouet à peu près semblable, un malheureux moineau qui chantait sur le toit de chaume de la maison de poste.

Tsernavoda n'est encore qu'un hameau de vingt maisons, où quelques Turcs misérables vivent, servis par des Bulgares plus misérables encore. De grandes herbes desséchées, quelques bouquets de saules maigres et pâles composent le paysage. La vie semble s'y être figée, et les oiseaux eux-mêmes y sont représentés par la grave cigogne, immobile sur une patte au haut d'un toit.

Mais les sauvages et majestueux aspects du Danube m'ont bien vite fait oublier la pauvreté, la laideur des habitations humaines.

J'arrive à *Tsernavoda* : je cours au Danube. Il me semble que je vais revoir un ancien ami depuis longtemps oublié, resté dans mes souvenirs plus jeune, plus faible et dont j'aurais souvent entendu parler depuis sans le rencontrer jamais. Le voilà donc ce fleuve énorme, le plus grand de l'Europe qui sort là-bas des montagnes du Wurtemberg et qui se précipite dans l'Euxin, qui traverse à la fois la Bavière, l'Autriche, la Hongrie, la Turquie, côtoie les principautés et va se perdre dans les flots de la mer Noire, sous le canon des Russes.

Regardez la source et l'embouchure de ce fleuve majestueux, et vous comprendrez qu'il a été destiné par la nature à servir de lien entre l'Orient et l'Occident. Il est, ou du moins il sera bientôt la grande artère de la civilisation moderne, refluant aujourd'hui vers son point de départ.

J'avais vu le Danube à Vienne, et ses eaux languissantes n'avaient pas eu de voix pour mon oreille. Je l'avais revu à Buda-Pesth, et la Hongrie semblait déjà lui imprimer un caractère plus sauvage, une plus fière attitude. Mais ici il était vraiment beau, avec ses rives immenses hérissées de forêts et de montagnes, avec ses brusques sinuosités dessinant à chaque instant des points de vue nouveaux. Il a dû se passer, il se passera évidemment de grandes choses sur ces bords. Le cadre est trop vaste pour les petites. Je pense au Rhin en ce moment, et je compare les deux fleuves : le Rhin, avec ses décors d'Opéra, ferait à côté de ce géant de l'Europe une triste figure.

Ici, le Danube est la frontière de la Bulgarie qu'il sépare de la Valachie. Entre ces deux provinces, le cours du fleuve se partage naturellement en trois régions : le haut Danube, d'Orschova à Viddin ; le moyen Danube, de Viddin à Routschouk et à Silistria ; enfin le bas Danube, de cette dernière ville jusqu'à la mer. Avant d'arriver à Orschova, le cours du fleuve est resserré dans une gorge étroite dont les rives sont très-abruptes. La rapidité du courant est d'une lieue et demie à l'heure ; les bateaux ne peuvent remonter qu'à la traîne ; les bâtiments à vapeur même y réussissent difficilement.

Quelquefois une partie du cours est obstruée par de véritables cataractes : d'énormes rochers se montrent à la surface de l'eau, et partout on aperçoit des tourbillons et des écueils. Le chemin qui fait communiquer d'une part la Servie avec la Bulgarie , et d'autre part la Hongrie avec la Valachie, est taillé dans le roc sur les deux rives. Celui de la rive bulgare a été construit en escalier par l'empereur Trajan , comme l'atteste une inscription qui subsiste encore sur le roc. A l'issue de ce défilé, le fleuve se calme et s'élargit. Là il forme une île où s'élève la forteresse d'*Orschova*. A cinq lieues au-dessous, vis-à-vis le bourg valaque de *Tchernetz*, on voit les ruines du grand pont de Trajan, dont les piles et cinq arches encore existantes attestent la hardiesse et la solidité.

Plus loin se trouvent encore des rapides et des cataractes qui gênent la navigation à la remonte , sans toutefois l'intercepter. Là, sont *Viddin* et *Nikopoli*. Plus bas encore, c'est *Sistova*, puis *Roustchouk*, placé comme un lutteur en face de Giurgevo; puis *Tourloukaï*, assise sur le penchant d'une colline ; enfin, *Silistria*, célèbre par sa récente et si admirable défense. Silistria, placée dans un charmant paysage, au milieu de collines boisées et couvertes de verdure, étale ses fortifications redoutables et ses maisons de bois pittoresques à l'endroit où le Danube atteint sa plus grande largeur, et au point même où commence à se dessiner le coude énorme fait par le fleuve vers le nord. Silistria, je parle avant la guerre, compte 20,000 habitants ; les maisons sont de bois et n'ont en général qu'un seul étage. L'édifice principal est une grande église grecque avec un couvent dont la construction a été commencée pendant l'occupation des Russes qui avaient gardé la ville, après la campagne de 1829 , comme gage de l'exécution du traité d'Andrinople. L'empereur Nicolas a deux fois envoyé des sommes considérables pour contribuer à la construction de l'église et du couvent, mais il paraît que ces sommes, confiées aux entrepreneurs du culte orthodoxe, ont été détournées de leur destination, et l'église n'est qu'une ruine.

Là commence le bas Danube, dont j'ai déjà esquissé la course. La largeur du fleuve roi augmente, sa rapidité diminue et il s'étend en marais immenses, impraticables.

A Tsernavoda, où je revoyais le Danube si changé de proportions et de caractère, je fis prix avec un guide pour une excursion de quelques jours dans les Principautés Moldo-Valaques. Je ne voulais pas avoir vu devant moi l'ancienne Dacie sans y avoir au moins posé le pied. Je calculai le temps qui me restait avant le départ du bateau du Lloyd et je franchis le fleuve à Tsernavoda, me dirigeant sur Bucharest.

Je touche du pied la Valachie et, je dois le dire, ma première impression n'est pas favorable.

Autour de moi s'étend le steppe désolé, monotone, avec ses touffes basses de broussailles courbées par le vent. A bien chercher cependant, je trouvai dans un pli de terrain une charmante petite maison valaque. Était-ce le contraste qui me la faisait trouver si jolie ? Une haie d'épines entourait, derrière la maison, une plantation de maïs, et des volailles animaient le paysage si morne à quelques pas de là. La brave femme qui blanchissait du linge au ruisseau, près de sa porte, m'offrit une galette à l'ail et aux porreaux qui ne pouvait pas passer pour une délicate friandise, mais qui me rappela les flancs aux porreaux de la Picardie.

Au premier pas fait dans les plaines Valaques, vous vous sentez en pays latin. Le paysan parle latin, latin de Molière ou de cuisine, si vous voulez, mais enfin c'est du latin. Le Moldave et le Valaque sont Roumains, c'est-à-dire fils de la grande famille latine. Ce postillon qui monte à cru son cheval sauvage, ce pâtre robuste me rappellent les énergiques enfants de la Dacie,

Aut conjurato descendens Dacus ab Istro.

Ces costumes, cette pelisse de peau de mouton jetée sur les épaules, ce pantalon léger qui s'attache aux chevilles avec des cordes et va finir dans des sandales de cuir ; c'est ainsi que sont vêtus les prisonniers sculptés en marbre sur les enroulements de la colonne Trajane.

Singulier pays que celui-là dont les habitants, à six cents lieues de la France, parlent une langue qui rappelle à notre oreille le doux patois du Languedoc ; qui s'intitulent eux-mêmes Romains ou Roumains et qui nomment leur pays une terre romaine *Tsara roumaniasca*. Nous sommes donc ici en pleine race latine, et cependant au nord, au sud, à l'est, à l'ouest sont campées des nations slaves, grecques ou ottomanes. Suite inévitable de cette parenté d'origine et de langage, la France est ici aimée comme une sœur. Et cependant, que n'a-t-on pas fait pour faire disparaître cette sympathie ? Un archevêque de Moldavie alla, au xvᵉ siècle, jusqu'à proscrire les caractères latins pour mieux fonder le schisme.

On sait l'histoire des ancêtres des Roumains d'aujourd'hui.

Il y avait, dans le pays situé au nord du Danube, une nombreuse et puissante tribu de Scythes appelée les Daces. Sous Auguste et sous Domitien, ils résistèrent heureusement aux armes romaines. C'était là une rude épreuve et qui faisait l'éloge d'un peuple.

Numides et Parthes avaient seuls eu quelque temps cet honneur. Domitien les avait attaqués en personne, et Domitien avait été vaincu. L'empereur romain avait dû abaisser devant cette défaite l'orgueil de la *Cité*. Il avait consenti à payer un tribut.

Mais cela était inouï et ne pouvait pas durer. Il ne fallait pas plus longtemps donner au monde un dangereux exemple. Trajan, l'an 102, refusa le tribut. Naturellement, les Daces envahirent le territoire impérial et le saccagèrent. Trajan marcha à eux, et Trajan les battit. Mais il ne les soumit pas du premier coup. Il fallut que ce rude empereur, qui marchait nu-pieds quelque temps qu'il fît à la tête de ses troupes, hivernât sur les bords du Danube, et y fît construire par Apollodore de Damas une de ces fortifications colossales qui défient les siècles, et dont les immenses vestiges sont encore visibles aujourd'hui, le fossé de Trajan, *vallum Trajani*.

Septime Sévère acheva cette conquête, et la Dacie fut une colonie romaine.

Les principautés sont, dans le monde moderne, devenues le passage naturel des invasions, le théâtre de la lutte entre le nord et le midi.

Après tout, la question d'indépendance et de nationalité mise à part, les principautés n'ont pas laissé que de gagner quelque chose au frottement de la Russie. Placées entre deux empires absolus, la Valachie et la Moldavie ont gagné à la rivalité de leurs voisins une sorte de gouvernement représentatif, des franchises électorales, municipales, des écoles primaires. Tout cela n'est qu'en germe, je le veux, mais c'est déjà quelque chose. La condition des Roumains ne s'en est pas moins élevée de beaucoup au-dessus de celle des rayas turcs et des serfs de Russie. Les principes de l'administration moderne, l'organisation de la justice à la française, sont pour les principautés des bienfaits du protectorat russe.

A chaque invasion de la Russie, les procédés du dominateur s'adoucissent. Si, dans la dernière campagne, le général Gortschakoff a dû, pour faire vivre une armée considérable, écraser et pressurer le paysan, nous ne sommes plus au temps où un général russe, prévenu que les boyards n'avaient plus de bœufs pour faire ses transports, répondait :

— Eh! bien, qu'on attelle les boyards.

A les regarder de haut, les deux grandes Principautés danubiennes ne sont qu'une partie de cet immense bassin qui, du pied des Karpathes, longe vers le sud-est le cours du Pruth, cette frontière diplomatique, du Séreth, de l'Aluta et d'autres cours d'eau de moindre importance, pour former enfin cette plaine gigantesque qui se termine à la rive gauche du bas Danube.

Plus j'avance dans le pays, plus je m'éloigne des marais désolés du Danube, plus la richesse de ces contrées m'apparaît dans son développement inouï. Il y a tant de bétail dans les principautés et il s'y élève à si peu de frais dans les excellentes prairies naturelles du pays, que l'exportation de la viande fumée ou salée y constituerait une branche de commerce importante.

Une cheminée d'usine avait attiré mes yeux à quelques centaines de mètres d'un petit hameau. Je m'informai, c'était un échaudoir anglais pour l'abattage et le salage des porcs.

Que de ressources dans ces contrées si l'activité occidentale y remplaçait l'incurie des habitants! En attendant, tout y est abandonné au hasard et aux forces individuelles. On sent à tous les détails l'impuissance de l'administration.

Je voudrais, par exemple, qu'on me dît ce que c'est qu'une route en Valachie. Pourquoi la route est-elle ici plutôt que là? Le choix est abandonné au caprice du *souroudjou* (postillon). Si on fait plusieurs fois le même trajet, il y a neuf à parier contre un qu'on ne passera pas par les mêmes endroits. Tantôt on coupe à travers une prairie, et la voiture fait lever des centaines de buffles qui ruminaient gravement et qui se jettent de côté en lançant aux chevaux des regards terribles. Tantôt on passe tranquillement au beau milieu d'un champ de maïs, ou dans un jeune taillis. Il n'y a que les ponts et les montées qui soient obligatoires. Encore je vous laisse à penser comment ils sont entretenus.

Ces routes du Danube sont parcourues en tous sens par la population la plus bariolée qu'il soit possible de voir en Europe. Autrichiens graves et compassés, vêtus d'habits étriqués, sentant le bureau d'une lieue; Anglais fiers et raides; Russes vêtus de peaux de mouton ou couverts du redoutable habit de l'officier en voyage; Polonais juifs et marchands; Valaques, avec leurs casquettes de fourrure semblables au casque sauvage des anciens Daces; Bulgares demi-nus, voilà ce qu'on rencontre dans tous les ports, sur tous les bateaux, sur les chemins de l'intérieur, dans les villes un peu commerçantes.

Belles et riches contrées, si le Danube qui les fertilise n'y promenait pas à la fois la richesse et la mort. Les fièvres paludéennes sont terribles dans toute la vallée du fleuve. Une armée y perd plus d'hommes par le Danube que par les balles et les boulets. Et pas de remède à ce mal qui saisit l'étranger : il faut qu'il parte ou qu'il meure.

Tel est le spectacle que présente la Valachie, du Danube à *Bu-charest*.

Bucharest, la ville aux trois cents clochers, est le type le plus complet de ce mélange inouï de civilisations diverses qui est le caractère général des Principautés. J'ai vu de loin les élégants mina-

rets d'une ville turque : je descends de voiture et je trouve, pour me conduire à l'hôtel, un fiacre numéroté, ou un *mylord*, dont l'au-tomédon parle français. Je lui dis de me conduire à un hôtel con-fortable : prétention ridicule et bientôt réduite à sa juste valeur. Mon gaillard arrête à la porte d'un *kani*, où, pour tout lit, on m'of-fre un tapis usé, malpropre et, hélas ! par trop habité.

La population offre le même pêle-mêle. Voyez passer dans ce coquet tilbury ce dandy aux gants jaunes, le lorgnon dans l'œil gauche. J'ai rencontré certainement cette figure aux Champs-Ely-sées et à l'Opéra, surmontée du fez oriental et encadrée dans la redingote à collet droit. Mais voici passant gravement un boyard de la vieille roche, à l'ample et riche kaftan, aux larges pantalons, à la ceinture de cachemire ; sa tête vénérable et barbue est sur-montée du *kalpak* d'Astrakan.

Le *joupoun* seul, c'est le nom du bas peuple, conserve encore avec obstination le vieux costume roumain. Pour lui tout habit noir, tout chapeau en tuyau de poêle, tout pantalon étroit ne peuvent recouvrir qu'un étranger, et de tous les étrangers le plus méprisable à ses yeux, un *Niems*, un Allemand.

Ville de 90,000 habitants, ville de luxe et de plaisir, Bucharest mérite bien son nom valaque; *Boukour* veut dire joie. Comme Na-ples, autre ville de plaisir, elle est assise près d'un volcan. Les tremblements de terre y sont fréquents; aussi n'y construit-on généralement que des maisons d'un seul étage. Dans le quartier des *Mahallas*, chaque maison, chaque maître.

Le climat y est agréable l'été, mais, pendant cinq mois, il est âpre, et quelquefois terrible. Quand souffle le vent russe, le *Kriwatz* qui vient du nord-est, le thermomètre marque 25 degrés au-dessous de zéro. Cinq ou six pieds de neige recouvrent les chemins, et le traîneau remplace les autres véhicules. Ce n'est plus l'Orient, c'est la Sibérie.

Les monuments de Bucharest rappellent le pêle-mêle de sa po-pulation bariolée.

L'église Saint-Georges, la principale église de la ville, n'a pas de caractère. Ses peintures et ses arabesques intérieures, les seuls détails curieux qu'elle pût offrir, ont disparu sous une affreuse couche de badigeon, ressource suprême des architectes allemands. A l'intérieur, la balustrade du porche donne seule l'idée de l'élégance originale de cet édifice byzantin si souvent ravagé et qui, en 1854, servit d'hôpital et d'ambulance à l'armée russe.

La population primitive de Bucharest, le fond même de la vieille race romaine, est curieux à étudier. On y trouve des qualités intellectuelles de premier ordre, une élégance naturelle, une abondance d'idées et d'images qui fait penser à l'Italie ; mais on sent sous tout cela la résignation d'un peuple longtemps foulé, pressuré, opprimé. Il y a, par exemple, peu de pays, je parle des moins libres de l'Europe, où pourrait fleurir une institution comme celle de la *Vornichie*.

Savez-vous ce que c'est que la *Vornichie*? C'est à Bucharest l'incarnation de la civilisation naissante, avec sa justice expéditive et peu scrupuleuse. On y tient boutique d'arbitraire et de coups de bâton.

Exemple. Votre cocher vous a un peu versé dans un de ces énormes tas de boue liquide amassés avec un soin paternel dans les rues de Bucharest. Vous le menez à la *Vornichie*. Il y reçoit vingt coups de bâton, et vous vous retirez satisfaits l'un de l'autre. Votre cuisinier brûle vos rôtis et manque vos sauces, vous l'envoyez avec une petite lettre de recommandation à la *Vornichie*. Il en revient plus habile que Carême. Une patrouille de police rencontre un *tchiné-acolo* endormi le long d'une borne: le *tchiné-acolo*, c'est-à-dire le veilleur de nuit, est réveillé à coups de bâton, sans préjudice de la ration légale qui l'attend à la *Vornichie*.

Vous avez compris à l'avance que cette civilisation, dont la trique est l'alpha et l'oméga, est une infiltration russe.

Cette ville est au bout du compte gaie et sympathique : ces habitants sont spirituels et bons. Ce climat est souvent pernicieux, mais il est plein d'inexplicables attractions.

Suivez-moi dans une de ces rues pittoresques, bordées de maisons peintes.

Sous cet auvent en ruines, le long de ces murs recrépis à la chaux, dont la chaude blancheur se détache si bien dans les tableaux de notre Décamps, un marchand de melons d'eau s'est établi au milieu d'une véritable colline de pastèques. Ce fruit délicieux et son camarade le concombre sont les complices du Danube dans l'œuvre meurtrière de la dépopulation. Une armée qui, après une marche pénible, sous un ciel de feu, trouve à sa portée ces fruits homicides que la nature prodigue, est une armée décimée.

Il faut bien, malgré tout, qu'il y ait quelque vertu particulière dans ces eaux, dans ces plaines, dans ces montagnes ; il faut que le sol des contrées arrosées par le bas Danube soit essentiellement sympathique, car vous verrez une foule d'étrangers se fixer pour toujours dans les Principautés.

Est-ce l'attrait des mœurs qui les retient, est-ce la vie de cette aristocratie spirituelle, élégante, voluptueuse ? Je ne sais, mais peu d'entre ceux qui sont venus en Valachie ou en Moldavie résistent à ce prestige. Ils restent là, ils veulent y mourir.

Un Anglais à qui je demandais les motifs de cette préférence me répondit par le proverbe valaque :

Denbovitza appa doultze ; tzine bea nou se maï doultze.

« Denbovitza (c'est la rivière qui coule à Bucharest) roule des eaux douces ; quiconque les boit ne peut plus s'en aller. »

C'est qu'en effet l'aristocratie valaque est hospitalière par excellence et sociable au suprême degré. Le Français surtout est accueilli avec une sorte d'admiration passionnée. Notre langue est la langue de tous les gens du monde : vous chercheriez longtemps avant de trouver dans une bibliothèque d'autres livres que des livres français.

Un salon de Bucharest donne une idée de la situation intermédiaire de la Principauté entre les deux civilisations de l'Orient et de l'Occident. L'habit noir y coudoie le magnifique costume de quelque boyard valaque arriéré ; le chapeau de madame Herbault, la robe d'Alexandrine s'étalent à côté du féredjé ; l'aventurier allemand, grec ou polonais y fait la partie avec le riche Arménien, que souvent il dépouille. Ce mélange, qui se retrouve à un plus haut degré dans les rues, où se confondent les Juifs, les Tatars, les Tsiganes, les Russes, les Européens, constitue à Bucharest une sorte d'originalité qui s'en va tous les jours.

Bientôt, grâce aux progrès de la civilisation, le gaz, l'habit noir, l'asphalte envahiront tout, et Bucharest s'élèvera à la hauteur de Brives-la-Gaillarde ou de Carpentras.

Mais il me faut quitter ce pays sympathique ; le bateau du Lloyd ne m'attendrait pas. Je m'élance vers le bureau de la diligence ; vous allez voir que j'emploie ce mot faute d'autre, car mon véhicule n'a pas de nom.

Nous sommes à la fin de l'été ; aussi, toute ma route à travers plaines et villages sera-t-elle faite, à quelques exceptions près, au milieu d'une poussière fine et pénétrante, qui aveugle et qui étouffe. Eh! bien, l'hiver, cette poussière, composée des détritus d'une terre desséchée, se change en une boue noire, gluante, empestée. Et puis, étonnez-vous de l'insalubrité de ce pays.

Un chariot titanesque, une *araba* qui doit ressembler au *plaustrum* des temps antiques, au chariot de Nausicaa, est attelé de huit chevaux : je crois qu'on va partir, mais voici encore des chevaux qui arrivent et qu'on place à la suite des premiers ; en voici douze, seize, dix-huit enfin. Dix-huit chevaux, c'est magnifique! En irons-nous plus vite? Pauvres chevaux, ils ont des côtes effrayantes qui percent un cuir rudement éprouvé par les lanières du fouet : ils sont petits, ils sont maigres.

Mais le postillon s'est élancé en selle. Ces petits chevaux malingres secouent leurs oreilles au son d'un terrible coup de fouet ; ils s'ébranlent, ils tirent, ils volent, ils vont comme les morts de la ballade. En vérité, je n'ai plus qu'une peur, c'est qu'ils n'arrivent tout seuls, après avoir oublié dans quelqu'une des ornières immenses du chemin la voiture et son contenu.

Mais non, mon petit postillon valaque m'a jeté un coup d'œil rassurant : on voit que le gaillard est sûr de lui. Dans sa chemise grossière, à larges manches, la taille soutenue par une ceinture de cuir à ornements dorés, avec ses bottes à genouillères bordées de rouge et de bleu, couleurs nationales du Moldo-Valaque, avec son chapeau à larges bords garni d'un ruban flottant, il semble le démon de la rapidité. Il jette au vent, pour exciter encore son attelage endiablé, des notes grêles et mélancoliques dont l'effet s'harmonie admirablement avec ces vastes plaines uniformes.

Nous arrivons à un relais. J'aperçois une longue poutre transversale, en équilibre sur une autre poutre horizontale et portant à une de ses extrémités une pierre de taille attachée par un câble. A l'autre bout est un demi-tonneau. Ceci est un puits, et autour de ce puits s'élèvent, mais s'élèvent fort peu, quelques huttes de terre et de paille, dont un tiers au moins est caché sous terre, et dont la toiture est recouverte de roseaux. Ceci est un village.

Le village, puisque village il y a, est en rumeur. Il paraît que c'est fête ici. Des jeunes filles s'avancent d'un air curieux et bienveillant vers ma voiture. Elles sont vêtues, elles aussi, d'une chemise à larges manches, par-dessus laquelle est posée une étroite tunique de laine rouge. Leurs cheveux abondants, noirs comme l'aile d'un corbeau, sont nattés et ornés seulement d'une sorte de voile en soie écrue. Elles sont belles, de grande taille, de figure intelligente ; mais elles ont la déplorable habitude du fard, qu'elles étendent par couches invraisemblables sur leur figure.

Les garçons, eux, portent un caleçon bouffant en toile, une veste courte en drap, brodée de couleurs éclatantes.

J'entends une musique criarde et mélancolique : c'est l'orchestre de la fête. On danse, ou on va danser. L'instrument de prédilection, c'est la *cobza*, sorte de mandoline que le musicien râcle, c'est le vrai mot, avec une plume effilée, et dont les sons monotones paraissent être ici l'accompagnement obligé de tout plaisir.

Revenu sur les bords du Danube, je montai sur le pont du steamer autrichien. C'était faire mes adieux à l'Orient et entrer en Europe.

Riche et malheureux Orient, terre à la fois misérable et prédestinée! sur la route liquide du Danube, je ne le retrouvai plus qu'à Belgrade. C'est là que commence sérieusement l'Europe. Le minaret y coudoie la grande maison européenne en forme de caserne ou de commode.

Misère des habitants, misère du gouvernement, misère des palais, des maisons et des chaumières, tout est misère à Belgrade. Le Séraï est en planches recouvertes d'un torchis de plâtre colorié, qui tombe par écailles comme le fard d'une vieille coquette. Il y a des fenêtres à ce palais en ruines, mais les carreaux sont absents. Il y a un toit, mais l'air et la pluie en traversent les lattes pourries.

Comme la plupart des villes empreintes du caractère oriental, Belgrade n'est bonne à voir que de loin. Ses riches collines rayées

de blancs minarets et de maisons peintes, offrent à l'œil un panorama délicieux. Mais n'approchez pas, si l'été est brûlant, si le soleil tombe d'aplomb sur les verdoyants marécages du Danube. N'approchez pas, surtout, de ce quai aux émanations pestilentielles, que sillonnent incessamment des bandes de porcs grognants et fouillants. Le corbeau abonde dans ces parages : il doit y avoir beaucoup à faire.

Étrange incurie des habitants ! un hôpital est planté juste au-dessus de ce cloaque.

Chaque nation, chaque race fait entendre ici son cri national, l'Allemand son *hourra* germanique ; le Madgyar son *eljen*, accompagné des effroyables juremenls légués aux Hongrois par les Huns leurs ancêtres ; le Croate, son gai *zivio* ; l'Italien, son *evviva* passionné.

Que d'idiômes différents se confondent à cette frontière de l'Orient et de l'Europe ! c'est le turc des anciens ennemis du monde moderne, le polonais des Galliciens, le tchèque de Bohème et des Moraves, le slovaque, l'illyrien des montagnes autrichiennes et du Tsernagora, le madgyare des Hongrois, le roumain des provinces danubiennes. Les langues allemande, française, anglaise et russe viennent compléter la discordance de cette tour de Babel.

Voici des Bosniaques, avec leurs barbes épaisses, leurs amples kaftans. Voici des Morlaques aux longs cheveux serrés par un cordon et tombant sur leur dos comme la tresse des paysannes de Suisse. Leur ceinture est pleine de pistolets et de poignards aux agréments de corail et aux plaques de cuivre, d'or et d'argent reluisantes au soleil. Des Dalmates circulent dans la foule avec leur vêtement mi-européen, mi-musulman. De belles jeunes filles à la taille élancée, aux jupons rouges, aux corsets rouges, aux cheveux nattés sur le front en couronnes, s'avancent comme les vierges des antiques Panathénées.

Il y avait là aussi quelques-uns de ces Madgyars de la Theiss, Hongrois pur sang, pâtres chevaleresques, dont le courage fit, en 1849, passer de mauvaises heures à l'Autriche. Ils portaient le vieux costume national, un peu oublié à Buda-Pesth pour l'habit noir et le chapeau rond. L'un d'eux surtout était magnifique de caractère, avec ses cheveux noirs bouclés, ses moustaches noires effilées, son teint blanc : sa belle tête était négligemment coiffée d'un vaste chapeau de feutre aux bords retroussés, soutaché d'ornements bizarres, de galons d'or et de verroteries. Sa robuste poitrine était couverte d'une jaquette gros-bleu passementée de rouge et passequillée de clinquant d'or ; à la jaquette se rattachaient des *gatjes*, retenus par des bretelles de cuir, sorte de pantalons blancs à franges rouges, très-bouffants et ballonnants comme des jupons de femme. Ces pantalons s'engouffraient dans des bottes armées d'effroyables éperons qui me remirent en mémoire l'éperon terrible des cavaliers d'Abd-el-Kader. Le dirai-je, ce magnifique et riche cavalier n'avait pas de chemise, car je ne saurais appeler de ce nom une sorte de devant de chemisette en toile fine qui ne dépassait pas le sternum. Tout l'espace entre les *gatjes* et la jaquette restait à nu.

Une femme accompagnait ces pasteurs du désert hongrois. Elle aussi était à cheval, car on vit à cheval en Hongrie et les enfants y sont de la race des centaures. Petite et nerveuse, cette charmante amazone des bords de la Theiss portait un costume à peu de chose près semblable à celui des hommes de son escorte. Elle avait la taille serrée dans un spencer gros-bleu à triple rang de boutons de cuivre doré. Ses *gatjes* bleus se renouaient sur la cheville dans des bottes élégantes aux longs éperons d'argent. Seulement, du spencer tombait sur les *gatjes* un jupon bleu, assez court, tout constellé de passequilles d'argent et de larges franges rouges. De son feutre surmonté d'une coquette plume de héron, tombaient deux énormes tresses de cheveux noirs lustrés.

Le caractère oriental de la Hongrie se déduirait suffisamment de l'immobilité des coutumes et des types. Le costume national a à peine changé depuis dix siècles. Il s'est conservé, je ne dirai pas dans sa pureté, mais dans sa vérité primitive. Ce sont les mêmes haillons prétentieux, recouvrant les mêmes sauvages insensibles à la douleur.

Voyez, par exemple, cette légère charrette qui court dans la lande emportée par ses petits chevaux ; dans la paille de la charrette est couchée une véritable horde. Les hommes ont la chevelure longue et huileuse, la veste de cuir enduite de graisse, les pantalons larges et la peau de mouton de leurs ancêtres du IVe siècle. Il est vrai que ce sont des paysans, des manouvriers et des plus pauvres.

Enfin, voici un dernier échantillon de l'Orient qui va disparaître, c'est le Monténégrin. Celui-là, bien que chrétien, est plus sauvage et plus attardé mille fois que le Turc lui-même. C'est plus la faute de son pays que la sienne.

Le Monténégro est entouré de forteresses ennemies, je dis ennemies car le Monténégrin étant l'ennemi de tout le monde, il faut bien que tous ses voisins lui soient des ennemis. Les Turcs et les Autrichiens ont donc entouré la Montagne-Noire de citadelles. Au bord de l'Adriatique, celle de Cattaro; aux bords du lac de Scutari, celle de Jabliak; dans l'Herzégovine, celle de Niksich.

Quant aux Monténégrins, ils n'ont pas eu à se donner ce mal; car le pays qu'ils habitent est lui-même une citadelle. Les bastions et les fossés en ont été fournis libéralement par la nature.

Enfermés dans un si petit espace, les Monténégrins ne peuvent évidemment pas remuer les coudes sans toucher un voisin. Or, ils sont d'un naturel chatouilleux à l'excès, et tellement faits, que colère et joie, tout chez eux s'annonce par des coups de fusil. Se tirer des coups de fusil entre hommes du même sang est même une excellente plaisanterie. Aussi les Turcs, les Illyriens, les Autrichiens frontières, sont-ils incessamment menacés d'une vengeance ou d'une plaisanterie de ces voisins incommodes.

Traverser les montagnes de ces sauvages européens, ce serait un acte de folie, même avec un sauf-conduit du prince ou *vladika*. Et cependant il y a un moyen, moyen fondé sur un sentiment honorable, général chez les Monténégrins. Le Monténégrin respecte partout et toujours une femme. Aussi un peintre allemand réussit, m'a-t-on dit, à parcourir toute la Montagne-Noire sous l'égide d'une vieille femme dont il avait acheté la compagnie.

Amie ou ennemie, Monténégrine, Illyrienne, Turque ou Autrichienne, une femme est sûre d'être respectée. Cette inviolabilité du sexe le plus faible vient, m'a-t-on assuré, du mépris que le Monténégrin conçoit pour un être incapable de faire la guerre. J'aime mieux croire au bon sentiment.

La culture est rare dans le Monténégro, le seul pays de l'Europe centrale où l'on puisse rencontrer encore quelque chose qui ressemble aux forêts vierges du Nouveau-Monde. Cependant il y a un légume qui est partout cultivé avec honneur dans le pays, et qui l'a sauvé plus d'une fois de la famine : c'est la pomme de terre.

La *krumbiri*, mot évidemment dérivé de l'allemand *grundbirn* (poire de terre) est cultivée dans la Montagne-Noire comme l'est en France la vigne dans la vallée du Rhône. On creuse des trous dans le roc, on transporte de la terre végétale dans ces trous et on y plante le précieux tubercule.

Ce sera là le dernier refuge de l'Orient eopéuren qui va disparaître et dont j'ai voulu, dans ces notes de voyage, vous annoncer la fin, avec les regrets de l'artiste et la joie sérieuse de l'homme civilisé.

CONCLUSION

Encore la question d'Orient, pourquoi elle est éternelle. A qui restera la proie. — Un dernier mot sur les paysages du monde oriental, conclusion humoristique.

Sur le pont du *steamer* aux aubes bruyantes et rapides ou sur la felouque emportée par le vent; sur le dos du cheval arabe, de l'éléphant indien, ou dans l'antique *araba* traînée par deux bœufs; dans la *cange* du Nil ou dans la barque du Danube; dans les rues tortueuses et bruyantes de Constantinople ou dans les silencieuses et gigantesques avenues de Memphis, nous avons assisté ensemble, cher lecteur, à des spectacles bien divers. Ce *Kaleïdoscope* tout chargé d'images brillantes ou ternies, de formes grandioses ou bizarres, a reflété à vos yeux les traits changeants d'un monde aux mille facettes. Eh! bien, maintenant qu'en dites-vous? Quelle leçon tirerez-vous avec moi de ces comparaisons nécessaires entre des mœurs, des caractères, des paysages si tranchés?

J'en conclurais ceci pour ma part, à savoir que ce que nous allons chercher bien loin, nous l'avons à notre porte ; que l'intelligence, la vitalité, l'avenir ne sont pas en Orient, mais y retournent ; que sans nos arts, notre industrie, notre génie civilisateur, toutes ces contrées merveilleuses seraient mortes à jamais. Si vous me demandez une conclusion politique, je vous la donnerai aussi courte, aussi peu pédante que possible. Et la voici:

Le véritable conquérant de l'Orient, le possesseur futur et le régénérateur inévitable de ces admirables pays de la lumière et de la chaleur, ce sera tout le monde et personne ; ce sera le génie de l'Europe. Et qui voudra s'approprier l'Orient de nos jours, s'y brûlera les doigts. Demain, Constantinople délivrée d'une longue obsession, d'une incessante menace, sera la capitale, le terrain neutre, l'auberge et l'entrepôt de l'Occident.

Et il en sera ainsi bientôt, croyez-moi, de tous les points importants de l'univers. Suez, Panama n'appartiendront ni à celui-ci, ni à celui-là, mais à l'humanité. Le temps des conquêtes est passé pour les nations isolées, il commence pour les nations réunies en une seule. Voici que s'accomplit sous nos yeux la transformation des diverses personnes sociales en une seule société, la fusion des peuples en un seul peuple, composé de tout ce qui travaille, de tout ce qui sait, de tout ce qui produit sur la terre.

Et c'est ainsi que sera définitivement résolue, ou plutôt métamorphosée, l'éternelle question d'Orient.

Mais, pour terminer par une conclusion moins sérieuse, je vous dirai encore que parmi tous les climats passés en revue dans ce rapide voyage, qu'entre tous les paysages apparus à mes yeux soit dans les déserts de l'Égypte, soit sur les côtes de l'Asie-Mineure, soit en Grèce, soit en Turquie, je n'ai pas, en vérité, rencontré de climat qui vaille le nôtre, de paysages qui l'emportent sur ceux de notre chère France.

C'est chose étrange et que ne saurait comprendre celui qui n'a pas beaucoup voyagé, combien on revient en France avec plaisir, combien on la trouve belle par comparaison. Je n'ai bien admiré la terrasse de Saint-Germain qu'après avoir parcouru les plateaux de l'Asie-Mineure. Les Pyrénées et les Alpes ne m'ont révélé leurs charmes que lorsque j'ai eu contemplé les croupes du Liban. Je vous le dis bien bas, et n'allez pas le redire, Montmartre est bon à voir

après le Pausilippe et je n'ai rien rencontré de plus charmant en Grèce que la vallée de Fontenay-aux-Roses.

Et n'allez pas croire que, voyageur d'une heure, j'aie borné mes excursions à celles que je viens de vous raconter, au fond de ce petit lac qu'on nomme la Méditerranée. Non, c'est en touriste infatigable, en hôte du monde entier que je vous parle.

J'ai foulé du pied ces montagnes gigantesques de l'Inde qui s'élèvent à la hauteur de quatre Etnas superposés ; j'ai vu, sur la pente du vieux Paropamisus, à l'ombre du pin *deodvara* ou du chêne à larges feuilles, s'étaler la puissante végétation des fougères arborescentes et des majestueuses orchidées ; j'ai senti passer sur mes épaules frissonnantes l'air froid descendu des cîmes neigeuses du Dhawalagiri, et je préfère à ces spectacles grandioses, mais excessifs, les montagnes d'Auvergne et la forêt de Fontainebleau.

Oui, chère banlieue parisienne, objet des extases de tant de voyageurs anglais qui ont promené leur ennui par l'univers connu et inconnu, je vous préfère aux plus excentriques, aux plus saisissants paysages des deux mondes.

Ce sont, par exemple, de délicieuses campagnes que celles qui entourent la Nouvelle-Orléans : Donaldsonville, Opelousas, Saint-Martinsville, Schrevreport, Plaquemine, Saint-Francisville, Madisonville sont comme les joyaux d'une brillante couronne autour de la cité mère. C'est dans les cottages admirables de cette poétique banlieue que se réfugie tous les ans, à la saison d'été, l'élégante aristocratie *financière* de la Nouvelle-Orléans. Les pieds de ces palais champêtres se baignent dans les eaux profondes du Mississipi, et les gazons frais des pelouses témoignent du voisinage de ce père des eaux.

Là, on vient fuir la fièvre jaune, ce fléau d'un pays admirable. La végétation des parcs a un magnifique caractère de grandeur sauvage, inconnue à nos climats. Ce sont des haies de lauriers-roses, des touffes d'acacias aux fleurs rouges et orangées, des groupes de chênes à la cime sanglante que je n'ai rencontrés nulle part, ailleurs que sur les rives du Mississipi. Le pacanier à la large tête, aux grosses noix friables ; le plaqueminier aux prunes dorées, qui donne du miel sans le secours des abeilles ; le somptueux magnolia aux fleurs si blanches et si fières, complètent cette flore féerique.

Eh ! bien, les bords de notre petite Seine, les verts massifs de Saint-Cloud, les fraîches retraites d'Ermenonville, le moindre petit

coin sans nom avec nos modestes acacias, nos maronniers aux grappes blanches et roses, nos saules mélancoliques, nos liserons de prairies valent mieux que tout cela.

C'est que, voyez-vous, comme l'a si bien dit le bonhomme :

L'excès en tout est un défaut.

Le mérite de nos paysages, c'est une certaine médiocrité douce, préférable aux oppositions turbulentes ; c'est là aussi l'avantage de notre climat. Et ne cherchez pas ailleurs que dans cette harmonie de nuances, que dans cette sobriété d'effets, que dans ce bon sens de notre nature physique, les causes de qualités semblables de notre nature morale, de notre intelligence. La France est une *moyenne* dans l'univers : c'est là le secret de sa force.

L'Orient est beau, mais vive la France ! S'il fait bon aller là-bas, il est meilleur encore de vivre et de mourir ici.

TABLE DES MATIÈRES

FIN DE LA TABLE.

POISSY. — TYPOGRAPHIE ARBIEU.